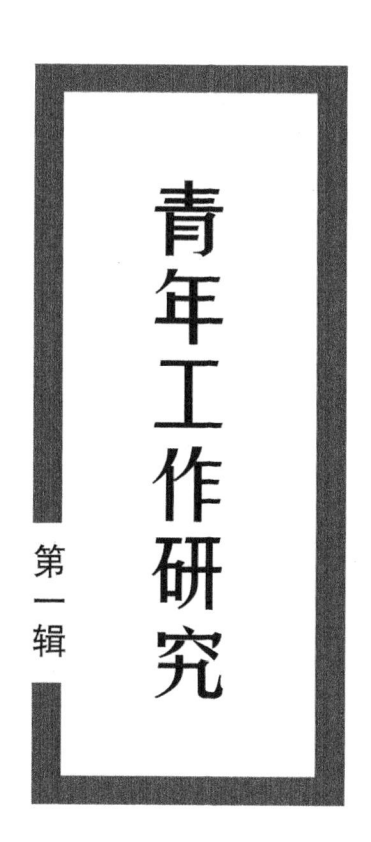

楚国清 ◎ 主编

青年工作研究

第一辑

知识产权出版社
全国百佳图书出版单位

图书在版编目（CIP）数据

青年工作研究. 第一辑 / 楚国清主编. —北京：知识产权出版社，2018.9
ISBN 978-7-5130-5109-5

Ⅰ. ①青… Ⅱ. ①楚… Ⅲ. ①青年工作—研究 Ⅳ. ①D430

中国版本图书馆 CIP 数据核字（2017）第 217943 号

内容提要

青年是祖国的未来和民族的希望。党的十八大以来，习近平同志在不同场合反复强调要一如既往地重视青年工作。北京青少年教育与发展研究基地是北京市教育委员会与北京市哲学社会科学规划办公室联合批准成立的研究机构，致力于成为中国青少年研究的学术重镇、党和政府制定青少年政策的智库、青少年学术交流的重要平台。为积极服务青年成长，推进青年事业的科学发展，努力汇聚广大青年实现中国梦的青春力量，不断增强做好新形势下青年工作的坚定信心和历史责任感，研究基地组织编写了《青年工作研究》这本文集，汇集了有关研究文章。

责任编辑：高志方　　　　　　责任校对：谷　洋
　　　　　　　　　　　　　　　责任印制：孙婷婷

青年工作研究　第一辑
楚国清　主编

出版发行	知识产权出版社有限责任公司	网　址	http：//www.ipph.cn
社　址	北京市海淀区气象路 50 号院	邮　编	100081
责编电话	010-82000860 转 8512	责编邮箱	gaozhifang@cnipr.com
发行电话	010-82000860 转 8101/8102	发行传真	010-82000893/82005070/82000270
印　刷	北京九州迅驰传媒文化有限公司	经　销	各大网上书店、新华书店及相关专业书店
开　本	720mm×960mm 1/16	印　张	14.25
版　次	2018 年 9 月第 1 版	印　次	2018 年 9 月第 1 次印刷
字　数	275 千字	定　价	49.00 元

ISBN 978-7-5130-5109-5

出版权专有　侵权必究
如有印装质量问题，本社负责调换。

目 录

中国梦与当代青年成长成才 …………………………………… 楚国清　1

解读"第五代人" ………………………………………………… 余逸群　10

论青少年社会主义核心价值观的培育 ………………………… 王　颖　19

青年社团与青年需要 …………………………………………… 李兰巧　29

大学生责任教育的三个理论问题 ……………………………… 刘世保　38

综艺真人秀节目与青少年身份认同 …………………………… 周　敏　44

唐代诗歌中的"牧童"意象探究 ……………………………… 张靖华　49

青少年网络微公益参与行为分析与引导对策 ………………… 宋　爽　55

回顾与展望：我国青少年犯罪研究 …………………… 康树华　刘金霞　60

找准大学生铸魂工程的切入点 ………………………………… 邹为民　67

和谐语境下的大学生礼仪教育研究 …………………………… 王玉霞　74

中国大学生媒介素养现状研究 ………………………… 吴鹏泽　杜世友　81

中美青少年公民责任教育之比较 ……………………………… 王　琪　89

中美儿童电影产业化发展的对比分析 ………………… 周金凯　彭笑远　96

中美青少年社交媒体应用比较 ………………………… 李　伟　徐玲玲　102

"微语境"下青少年网络关注的引导框架
　　——以芦山地震微博传播为例 …………………………… 胡　蕊　108

北京市青少年吸毒主观原因与预防研究 ……………………… 胡　剑　114

青少年受教育权及其法律救济 ………………………………… 袁光亮　122

新时期青少年爱国主义教育内容的若干思考 ………………… 袁　曦　128

香港青少年游学旅游的多重价值诠释 ………………… 杨　晶　戈双剑　135

后现代主义思潮对我国青少年人格塑造的影响 ……………… 孙海亮　145

重大公共事件中青年志愿者利他动机的研究
　　——以2008年北京奥运会青年志愿者为例 ……………… 景晓娟　149
社区青少年社会工作服务的嵌入模式研究
　　——以北京社区青年汇为例 ……………………………… 王春晖　158
中亚留学生跨文化适应及其影响因素的实证研究
　　——以北京高校中亚留学生为例 ………………………… 朴美玉　166
高校留学生跨文化管理及对策研究 ………………………………… 刘　巍　177
青年院校图书馆青少年特色文献资源建设现状与对策 …… 王丽娟　李　伟　182
关联主义视角下的青少年微型学习研究 …………………………… 李　雯　188
北京青年金融消费的特点及发展建议 ……………………… 韩文琰　李一妃　192
情绪社会化与青少年价值观形成 …………………………………… 董　辉　197
女性青少年成长过程中的"林黛玉困境" …………………………… 杨茂义　200
从德育视角看青少年犯罪行为的防范控制 ………………………… 张子荣　209
高校青年教师专业化成长的阶段特征与路径分析 ………………… 田宏杰　214

中国梦与当代青年成长成才

楚国清

青年是祖国的未来和民族的希望。党的十八大以来,习近平同志高度重视青年工作,先后在多个场合、用多种形式表达了对广大青年的亲切关怀和殷切期望。他站在培养中国特色社会主义事业合格建设者和可靠接班人的战略高度,着眼于实现中华民族伟大复兴中国梦的宏伟目标,在研究新情况、解决新问题、总结新经验的基础上,把坚持继承和发展创新辩证地统一起来,肯定了近代以来广大青年对于国家振兴和民族复兴做出的重大贡献,阐述了当代青年对实现中华民族伟大复兴中国梦的重大责任,指明了新时期当代青年成长成才的必由之路,要求全党上下努力为青年成长成才创造条件。习近平关于青年工作的一系列重要论述,提出了许多新观点、新论断、新要求,体现了理论逻辑、实践逻辑和历史逻辑的高度统一,是当代青年在实现中国梦进程中建功立业的行动指南,也是指导青年工作的行动纲领。深入学习贯彻习近平关于青年工作的一系列重要论述,对于不断增强做好新形势下党的青年工作的坚定信心和历史责任感,努力汇聚广大青年实现中国梦的青春力量,具有十分重大而深远的意义。

一、实现中国梦是当代青年的历史使命

党的十八大以来,习近平同志反复强调,青年最富有朝气、最富有梦想,青年兴则国家兴,青年强则国家强[1]。他指出,青年是中华民族伟大事业的接班人,是将来社会的主人,是时代发展的生力军;青年一代有理想、有担当,国家就有前途,民族就有希望,实现我们的发展目标就有源源不断的强大力量[2]。

我国青年始终是推动社会进步的重要力量。在中华民族复兴的每个节点上,率先呐喊并勇敢走在时代前列的总是青年;而青年总以自己的行动,赢得

---

[1] 习近平.在同各界优秀青年代表座谈时的讲话[N].人民日报,2013-05-05.
[2] 习近平.习近平给华中农业大学"本禹志愿服务队"回信,勉励青年志愿者以青春梦想用实际行动为实现中国梦作出新的更大贡献[N].人民日报,2013-12-06.

了作为时代先锋地位的承认。2013年5月4日,习近平同志在同全国各界优秀青年代表座谈时,充分肯定了近代以来我国青年对于国家振兴和民族复兴做出的重大贡献。他指出,近代以来,我国青年不懈追求的美好梦想始终与振兴中华的历史进程紧密相连,广大青年在革命战争年代满怀革命理想,为争取民族独立和人民解放冲锋陷阵、抛洒热血;在社会主义革命和建设时期积极响应党的号召,保卫祖国、建设祖国;在改革开放历史新时期发出团结起来、振兴中华的时代强音,为祖国繁荣富强开拓奋进、锐意创新。习近平同志的这些重要论述,充分肯定了我国青年在推动社会发展、促进社会变革的历史地位和重要作用,强调青年是我国社会发展中一支最为活跃、最有生气、最具创造性的力量,蕴含着推动历史发展和社会前进的强劲能量。从鸦片战争以来的170多年的历史看,一代又一代先进青年为争取民族独立和人民解放,为实现国家富强和人民幸福,进行了不懈奋斗,建立了卓越功勋,是中华民族百年追寻强国之梦道路上的中坚力量。

　　重视青年和青年工作,是中国共产党重要的方针政策,也是优良的工作传统。中国共产党从来都把青年看作祖国的未来和民族的希望,从来都把青年作为党和人民事业发展的生力军,从来都支持青年在人民的伟大奋斗中实现自己的人生理想。习近平同志指出,在革命、建设、改革各个历史时期,中国共产党始终高度重视青年、关怀青年、信任青年,对青年一代寄予殷切期望[1]。党的十八大以来,习近平同志在不同场合反复强调要一如既往地重视青年工作,为青年成长成才创造条件。习近平同志的这些重要论述,与中国共产党四代领导集体重视青年工作的思想一脉相承。中国共产党自成立之日起,就把青年与无产阶级政党所肩负的历史使命紧紧联系起来,与建设有中国特色社会主义事业的兴衰成败紧紧联系起来,将青年工作与党的工作有机结合起来,将青年工作与党的建设紧密结合起来,牢牢把握青年工作的主导权,通过建立中国共青团,团结和带领全国各族、各社会阶层的青年,围绕更加有效地组织青年、解放青年、服务青年和促进青年发展来开展工作。我国青年工作的实践充分说明,只有在中国共产党的领导下,广大青年才能朝着正确方向奋勇前进,青年运动才能沿着正确道路蓬勃发展[2]。

　　一个时代有一个时代的任务,一代人有一代人的使命。在当代中国发展的进程中,青年被赋予了不同的历史使命。在革命战争年代,青年运动的主题是救亡图存,求得民族独立和民族解放。在社会主义革命和建设时期,青年运

---

[1] 习近平. 在同各界优秀青年代表座谈时的讲话 [N]. 人民日报,2013-05-05.
[2] 秦宜智. 汇聚实现中国梦的青春力量 [N]. 人民日报,2014-01-06.

动的主题是艰苦创业，建设社会主义新家园。在改革开放历史新时期，青年运动的主题是高举中国特色社会主义旗帜，推动中华民族伟大复兴。党的十八大明确提出了"两个一百年"的奋斗目标，特别是党的十八大之后，习近平同志从时代发展进步的角度，科学把握世情、国情、党情、民情，在全面建成小康社会即将到来、实现社会主义现代化大有希望的背景下，适时提出和阐述了实现中华民族伟大复兴的中国梦的奋斗目标。

中国梦从根本上说更是青年梦。习近平同志强调，中国梦是我们的，更是青年一代的，中国梦必将为当代青年实现人生理想、创造美好生活打开无比广阔的空间。习近平同志的这些重要论述，在理论和实践层面高度浓缩了中国特色社会主义现代化事业的依靠力量、现实要求和总体目标，既为青年群体实现群体自觉提供了具体的奋斗指向，又对青年个体践行和实现中国梦提出了具体要求，是当代青年奋斗的行动指南和力量源泉。为什么说中国梦从根本上说更是青年梦？一是因为中国梦是包括广大青年在内的我国各族人民的共同理想，为青年提供了不断前行的不竭动力；二是因为中国梦从近代中国的悲惨命运和新中国成立后的探索与前进，靠的是一代又一代青年的努力奋斗；三是因为中国梦的逐步实现过程也是广大青年在实际行动中磨砺与蜕变的全面发展过程，是中国特色社会主义事业合格建设者和可靠接班人培养的过程。回首中国梦百年来的演变过程，我们可以发现，中国梦与青年梦的目标是一致的。

实现中国梦是当代青年的历史使命。在实现中国梦的征程中，青年是不可或缺的社会群体，也是大有可为的中坚力量。习近平同志站在党和国家事业发展全局的战略高度，围绕中国梦与当代青年历史使命这一主题，与时俱进赋予青年新的时代历史使命。他多次指出，青年肩负着带领全国各族人民全面建成小康社会、实现中华民族伟大复兴的中国梦的神圣职责和光荣使命。他反复强调，实现中华民族伟大复兴的中国梦，需要一代又一代有志青年接续奋斗。他要求，广大青年要在实现中国梦的伟大实践中勇做奋进者、开拓者、奉献者，要在为人民利益的不懈奋斗中书写人生华章。习近平同志的这些重要论述，阐述了当代青年对实现中华民族伟大复兴中国梦的重大责任，体现了中国共产党对青年和青年工作的一贯态度，也反映了党对新时期青年发展和青年工作的新思考新要求。青年掌握着最先进的科学理论，有初生牛犊不怕虎的魄力，有了青年才使得民族力量不断加强。作为建设中国特色社会主义事业承前启后、继往开来的一代，当代青年个人的前途和命运与国家和民族的前途命运紧密相连，实现民族复兴的接力棒，已经交到当代青年手上。面对伟大的时代召唤，当代青年要自觉树立主体意识，怀揣梦想，大步前行。

让更多的年轻人成长起来，我们的事业才能万古长青。历史经验告诉我们，造就一代人是一项浩大的工程，有个工程周期，必须着眼于长远，着手于当前，着力于基础，扎扎实实地从早从紧抓起，这样才能保证我们在更加激烈的竞争环境中立于不败之地。

二、当代青年成长成才的必由之路

习近平同志根据党所处的时代环境和所肩负的历史任务的变化，在深刻总结历史经验教训的基础上，提出了更为明确、更为具体的新时期当代青年成长成才的必由之路。

要自觉践行社会主义核心价值观。青年时期是价值观形成的关键时期，青年社会历练相对欠缺，思想困惑较多，分辨能力较弱，"可塑性"的特点较突出，需要有正确的价值观指引。习近平同志指出，青年的价值取向决定了未来整个社会的价值取向，而青年又处在价值观形成和确立的时期，抓好这一时期的价值观养成十分重要。这就像穿衣服扣扣子一样，如果第一粒扣子扣错了，剩余的扣子都会扣错[①]。他要求，全社会都要高度重视青年群体的价值观教育，引导他们迈稳步子、夯实根基，真正将社会主义核心价值观内化为精神追求，外化为自觉行动。习近平同志的这些重要论述，为培育和践行社会主义核心价值观，为教育引导和服务青年成长成才指明了方向。社会主义核心价值观是兴国之魂，回答了我们要"培育什么样的公民"的教育问题。社会主义核心价值观被广大青年所践行，就会转化为实现中国梦的强大精神力量。当前，以互联网为代表的新媒体迅猛发展，给各种社会思潮提供了传播机会，影响了青年正确价值观的形成和发展。我们必须帮助青年扣好价值观形成链条的"第一粒扣子"，努力把社会主义核心价值观的要求转化为青年日常的行为准则，进而形成自觉奉行的信念理念，引导青年在时代大潮中建功立业，否则就有可能导致有的青年"一步错，步步错"。

要传承文化精髓。中华优秀传统文化是中华民族赖以生存、发展、复兴的根基，是实现中国梦的价值支撑。党的十八大以来，习近平同志多次就弘扬中华优秀传统文化做出深刻论述，认为"博大精深的中华优秀传统文化是我们在世界文化激荡中站稳脚跟的根基"[②]，"抛弃传统、丢掉根本，就等于割断了自己的精神命脉""需要薪火相传、代代守护""要认真汲取中华优秀传统文化的思想精华和道德精髓""更需要与时俱进、勇于创新"。习近平同志的这些

---

① 习近平. 青年要自觉践行社会主义核心价值观——在北京大学师生座谈会上的讲话[N]. 人民日报，2014-05-05.

② 习近平. 核心价值观是文化软实力的灵魂[N]. 人民日报海外版，2014-02-26.

重要论述，指出了中华民族伟大复兴的力量之源。文化的多元化存在已成当代中国不可回避的现实，异质文化的交流交融交锋必定会对青年产生极其复杂的影响。推进中华优秀传统文化的创造性转化和创新性发展，就是要加强对中华优秀传统文化的挖掘和阐发，把表达人类先进理念的中华优秀传统文化同当代社会发展紧密结合起来，实现中华优秀传统文化的现代转化，筑牢广大青年的思想文化根基。青年一代要肩负起实现中华民族伟大复兴的中国梦的历史使命，必须努力继承中华民族的优秀文化传统，汲取精神养分，不断革故鼎新，树立文化自觉、自省意识。

要练就过硬本领。我们正在从事的中国特色社会主义事业是伟大而波澜壮阔的，是前人没有做过的。我国发展起来后不断出现的新情况新问题，要认识好、解决好，唯一的途径就是增强我们自己的本领。青年的素质和本领直接影响着实现中国梦的进程。只有本领不断增强了，"两个一百年"的奋斗目标才能实现，中华民族伟大复兴的中国梦才能梦想成真。本领不是天生的，是要通过学习来获得的。增强本领就要加强学习，既把学到的知识运用于实践，又在实践中增长解决问题的新本领。当代青年学习的任务不是轻了，而是更重了，这是由我们面临的形势和任务决定的。在每一个重大历史转折时期，面对新形势新任务，全党上下总是把学习放在突出位置来抓；而每次学习热潮的兴起，都能推动党和人民事业实现大发展大进步。[1]学习是习近平同志长期身体力行、反复阐述的一个重大问题。他指出，"学习是立身做人的永恒主题，也是报国为民的重要基础。"[2]青年人正处于学习的黄金时期，应该"把学习作为首要任务"[3]，"为学之要贵在勤奋、贵在钻研、贵在有恒"。他强调，青年要"既读有字之书，也读无字之书；既要专攻博览，也要关注社会；既要向人民群众学习，向专家学者学习，也要向国外有益经验学习；既要善于向书本学习，也要善于向实践学习，在理论与实践的互动过程中，增长'能干事、干成事'的本领"。习近平同志的这些重要论述，深刻揭示了学习的本质和目的，指明了学习路径，有助于广大青年增强学习的自觉性、针对性和有效性。学习是成长进步的阶梯。广大青年要真正把学习当成一种生活态度、一种工作责任、一种精神追求、一种境界要求，使一切有益的知识入脑入心，融会到学习生活工作中，让勤奋学习成为青春远航的动力，让增长本领成为青春搏击的能量。

要勇于创新创造。改革创新是时代精神的核心内容。当前，全党全国各

---

[1] 习近平. 在中央党校建校 80 周年庆祝大会暨 2013 年春季学期开学典礼上的讲话[N]. 人民日报，2013-03-03.

[2] 习近平. 在欧美同学会成立 100 周年庆祝大会上的讲话[N]. 人民日报，2013-10-22.

[3] 习近平. 在同各界优秀青年代表座谈时的讲话[N]. 人民日报，2013-05-05.

族人民正在为全面建成小康社会、实现中华民族伟大复兴的中国梦而团结奋斗,我们比以往任何时候都更加需要强大的科技创新力量。习近平同志指出,"创新是一个民族进步的灵魂,是一个国家兴旺发达的不竭动力,也是中华民族最深沉的民族禀赋。在激烈的国际竞争中,唯创新者进,唯创新者强,唯创新者胜。"①他强调,"青年是社会上最富活力、最具创造性的群体,理应走在创新创造前列"②。习近平同志的这些重要论述,反映了我们党的深谋远虑,指明了青年创新的方向。创新是发展的灵魂,没有发展就谈不上实现梦想。历史和现实告诉我们,实现中华民族伟大复兴的中国梦,必须坚定不移走中国特色自主创新道路,不能总是指望依赖他人的科技成果来提高自己的科技水平,更不能做其他国家的技术附庸,永远跟在别人的后面亦步亦趋。③青年要充分发挥敢想、敢闯、敢为天下先的特点,找准先进知识和我国实际的结合点,把创新创造的理念融入自己的学习生活中,在挖掘创新潜能、提高创新能力上下功夫,以一往无前的进取精神投身到创新实践中去,力争有所突破、有所发展、有所建树,真正使创新创造落地生根、开花结果。

要勇于责任担当。什么是"责任担当"?从本质上讲,就是一种责任感和使命意识。敢于担当、善于担当,就是敢于和善于负起责任,这是一种工作作风,更是一种人生觉悟、个人优秀品质。④党的十八大以来,习近平同志在系列重要讲话中反复强调并身体力行责任担当,深刻阐明了只有尽责才能圆梦的道理,并把担当统一于实现国家富强、民族振兴、人民幸福和人类发展进步之中。他多次指出,"该承担的责任必须承担""要有担当意识""要在大是大非面前敢于担当、敢于坚持原则""要真抓实干,勇于担当,言必信、行必果,真正做到对历史和人民负责"。他告诫广大青年要牢记"空谈误国、实干兴邦",要立足本职、埋头苦干,从自身做起,从点滴做起,用勤劳的双手、一流的业绩成就属于自己的人生精彩⑤。习近平同志的这些重要论述,把广大青年的责任担当与实现中华民族伟大复兴的中国梦紧密联系在一起,为责任担当赋予了新的时代内涵和目标指向性,也为广大青年尽责担当、共筑中国梦提出了具体要求和努力方向。责任担当是中华民族精神的重要内容,无论是"春蚕到死丝方尽,蜡炬成灰泪始干",还是"先天下之忧而忧,后天下之乐而乐",体现的是"天下兴亡,匹夫有责"的家国情怀。近代以来,正是广大青

---

① 习近平. 在欧美同学会成立100周年庆祝大会上的讲话[N]. 人民日报,2013-10-22.
② 习近平. 在同各界优秀青年代表座谈时的讲话[N]. 人民日报,2013-05-05.
③ 习近平. 在欧美同学会成立100周年庆祝大会上的讲话[N]. 人民日报,2013-10-22.
④ 霍春辉. 梦想、责任和担当[N]. 光明日报,2015-03-18.
⑤ 习近平. 在同各界优秀青年代表座谈时的讲话[N]. 人民日报,2013-05-05.

年的这种责任担当，才冲破层层历史迷雾，推动中国社会向前发展。但是，我们应当看到，责任缺失、不敢担当已成为当下突出问题。责任的消解无异于青春的毁灭，广大青年要进一步增强责任意识，树立担当精神，认真履行职责使命，推动实现中华民族伟大复兴的"关键一跃"。

三、全党全社会都要关心青年成长成才

广大青年的成长成才，不仅需要自身的发奋努力，而且需要有良好的客观环境，其中包括离不开组织的培养和社会的支持。党的十八大以来，习近平同志就青年工作和共青团工作发表了多篇重要讲话。他要求全党全社会为广大青年成长成才创造条件，营造公平公正的社会环境，不断激发青年的活力和创造力，努力形成大批青年人才不断脱颖而出的良好局面。

各级党委政府要抓好青年工作。习近平同志指出，"各级党委要从巩固和扩大党执政的青年群众基础的战略高度，加强对团的工作的领导，为团组织提供良好工作环境和条件"[①]。他强调，各级党委政府要充分信任青年、热情关心青年、严格要求青年，各级领导干部要关注青年愿望、帮助青年发展、支持青年创业，做青年朋友的知心人，做青年工作的热心人。习近平同志的这些重要论述，充分体现了党对青年工作和共青团工作的殷切期望和有力指导，真正把青年工作和共青团工作作为根本性和战略性工作。青年命运始终与民族命运紧密相连，青年工作始终与祖国发展息息相关，共青团工作始终与党的工作环环相扣。各级党委政府要重视青年工作，从讲政治的高度，以对历史负责、对未来负责、对人民负责的态度，切实把青年工作纳入重要议事日程，把青年工作放到经济社会发展的大局中去审视、思考和把握，加快建立"党委统一领导、党政齐抓共管、共青团组织协调、有关部门各负其责、全社会积极参与"的领导体制和工作机制，努力形成全社会支持青年工作的强大合力，帮助团组织发挥好党联系青年的桥梁和纽带作用，及时提出青年工作指导性、方向性意见，为青年驰骋思想打开更浩瀚的天空，为青年实践创新搭建更广阔的舞台，为青年塑造人生提供更丰富的机会，为青年建功立业创造更有利的条件。

推动共青团事业不断开创新局面。共青团组织是中国共产党领导的先进青年的群众组织，是广大青年在实践中学习中国特色社会主义和共产主义的学校，是中国共产党联系青年群众的桥梁和纽带。2013年6月20日，习近平同志在同团中央新一届领导班子成员集体谈话时强调，共青团工作要把握住根本

[①] 新华社. 习近平在同团中央新一届领导班子成员集体谈话时强调，紧跟党走在时代前列走在青年前列，在实现中华民族伟大复兴的征途中续写新光荣[N]. 人民日报，2013-06-21.

性问题，把培养中国特色社会主义事业建设者和接班人作为根本任务，把巩固和扩大党执政的青年群众基础作为政治责任，把围绕中心、服务大局作为工作主线，加强团干部队伍建设，团结和带领广大青年在实现中华民族伟大复兴的征途中续写新光荣。2014年6月27日，习近平同志在对共青团工作批示中指出，实现中国梦需要依靠青年也能成就青年，要深入研究当代青年成长的新特点和新规律，大力推进团的组织和工作创新，牢牢把广大青年团结和凝聚到党的周围。习近平同志的这些重要论述，指明了共青团工作的前进方向、基本原则和工作重点。共青团要积极适应时代发展和青年变化，认真贯彻落实中央一系列重大决策部署，把为党和人民培养人的工作摆在首位、贯穿始终，帮助广大青年树立为实现中华民族伟大复兴的中国梦而奋斗的远大理想、坚定走中国特色社会主义道路的人生信念、自觉践行社会主义核心价值观，持续开展"我的中国梦——奋斗的青春最美丽"等主题教育实践活动，把基层团组织的积极性调动起来，把广大青年组织动员起来，推动共青团事业不断开创新局面。

重视高校人才培养工作。高校承担着培养中国特色社会主义事业合格建设者和可靠接班人的重大任务，肩负着为实现中华民族伟大复兴的中国梦提供人才保障和智力支持的重大使命。习近平同志指出，教育是人类传承文明和知识、培养年青一代、创造美好生活的根本途径[1]，要把教育摆在优先发展的战略位置，要提高教育质量，培养更多、更高素质的人才。他指出，"致天下之治者在人才"[2]，没有一支宏大的高素质人才队伍，全面建成小康社会的奋斗目标和中华民族伟大复兴的中国梦就难以顺利实现。他强调教师是办好人民满意教育、办好中国特色社会主义大学的关键，并对广大教师提出"三个牢固树立"[3]"四有"标准[4]要求。习近平同志的这些重要论述，深刻阐明了教育在实现中国梦伟大征程中的重要作用和战略地位，为我们全面贯彻党的教育方针提供了重要遵循。当今世界的综合国力竞争，说到底是人才竞争。"两个一百年"奋斗目标的实现、中华民族伟大复兴中国梦的实现，归根结底靠人才。教

---

[1] 习近平主席在联合国"教育第一"全球倡议行动一周年纪念活动上发表视频贺词[N].人民日报，2013-09-27.

[2] 习近平.在欧美同学会成立100周年庆祝大会上的讲话[N].人民日报，2013-10-22.

[3] 2013年9月9日，习近平在向全国广大教师致慰问信中提出"三个牢固树立"，即牢固树立中国特色社会主义理想信念，带头践行社会主义核心价值观，自觉增强立德树人、教书育人的荣誉感和责任感，学为人师，行为世范，做学生健康成长的指导者和引路人；牢固树立终身学习理念，加强学习，拓宽视野，更新知识，不断提高业务能力和教育教学质量，努力成为业务精湛、学生喜爱的高素质教师；牢固树立改革创新意识，踊跃投身教育创新实践，为发展具有中国特色、世界水平的现代教育做出贡献。

[4] 2014年9月9日，习近平同北京师范大学师生代表座谈时就怎样才能成为好老师这一话题提出"四有"标准，即做好老师，要有理想信念，要有道德情操，要有扎实学识，要有仁爱之心。

育在其中的基础性、先导性、全局性地位和作用更加凸显。教育的根本任务是立德树人。从"又红又专"到"四有新人",再到今天培养中国特色社会主义事业的合格建设者和可靠接班人,我们党的教育方针一脉相承。在全球化背景下,面对世界范围思想文化交流交融交锋的新形势以及当今时代思想意识多元多样多变的新特点,我国高校作为知识分子云集、培养青年人才的重要园地,要全面落实立德树人的根本任务,牢固树立以提高质量为核心的教育发展观,创新高校人才培养机制,培养富有民族自信心和爱国主义精神的社会主义事业合格建设者和可靠接班人。

扫除青年人才发展体制壁垒。制度顺,则人才聚,事业兴。党的十八大以来,习近平同志在调研、座谈讲话和批示中多次指出,要"建立集聚人才体制机制,择天下英才而用之""形成具有国际竞争力的人才制度优势"。他强调,"要着力破除束缚人才发展的思想观念,推进体制机制改革和政策创新""用好用活人才,建立更为灵活的人才管理机制,打通人才流动、使用、发挥作用的体制机制障碍""继续完善凝聚人才、发挥人才作用的体制机制,进一步调动优秀人才创新创业的积极性""开创人人皆可成才、人人尽展其才的生动局面"。[1]习近平同志的这些重要论述,抓住了制约青年人才发展的瓶颈和要害,要求我们敢于攻坚克难,向顽症痼疾开刀,扫除体制壁垒和身份障碍,最大限度调动青年人才创新创业积极性,营造有利于优秀青年人才脱颖而出的环境。今天,我们比历史上任何时期都更需要大力营造青年人人皆可成才的社会氛围,更需要广开进贤之路,更需要广纳天下英才。全面深化改革为创新青年工作体制机制提供了重要契机。我们要将创新青年工作体制机制纳入国家治理体系和治理能力建设范畴,放到努力实现"两个一百年"奋斗目标、实现中华民族伟大复兴中国梦的大局中,遵循社会主义市场经济规律和青年人才成长规律,破除制约因素和政策障碍,建立更加灵活、更加开放、更加有效的人才发展体制机制,让广大青年的创造活力汩汩涌动,让各行各业青年人才脱颖而出。

(本文系北京市社会科学基金特别委托项目"中国梦与青年发展研究"[13KDA026]研究成果,作者为北京青年政治学院党委书记)

---

[1] 孙学玉. 让人才事业兴旺起来——学习贯彻习近平总书记关于人才工作的重要论述[J]. 求是,2014(11).

解读"第五代人"

佘逸群

在当下中国，似乎还没有哪一个问题像"第五代人"一样能如此牵动众多国人的心：上达七八十岁的耄耋长者，下至不足二十岁的"花季"少年；在当下中国，似乎也没有哪一个问题像"第五代人"一样能滋生出如此之多的说法：不仅有"新人类"，还有"新生代"，更有"酷的一代"……正因为其关心者众，又众说纷纭，才凸显出对其进行系统而深入研究的学术价值。

一、"第五代人"界定

研究"第五代人"，"代"是一个至关重要的问题。当我们开始探讨什么是"代"的时候，首先就不可回避这样一个基本的事实：一定社会中的一代人总是由一定年龄层者所构成。代际关系反映的是一个同生理年龄有关的问题。人们由于所处年龄层的不同而自然地形成不同的"代"。这里，"代"有其自然的属性。通常所讲的"上一代""下一代"和"年青一代""年老一代"，就是在这个意义上而言的。但是，当人们称"思考的一代""进取的一代"和"迷惘的一代""颓废的一代"时，所强调的显然就不是年龄，而是一代人区别于其他代人的社会特质。因而，代又不仅是一个年龄的问题，不仅其有自然的属性，也具有社会属性。正是从这个意义上说，"代"可做这样的定义：是指一定社会中，由于年龄所规定着的人们成长和活动于其中的特定的时代和环境而造就的具有一定社会特质的人群。

由代的两重属性，我们可以得出划分"代"的两个标准。年龄是一个基本的标准。一代人之所以被看作一代人，首先就因为他们具有大致相同的年龄；年龄的一致性亦即共时性是划分一代人的基本前提。很显然，一代人之所以成为一代人而同其他代人相区别，主要地并不在于年龄上的特征，而在于他们的社会特质，即一代人所共有的社会性特征。或者说，使一代人真正成为一代人的，主要的不是由于他们的共时性，而是他们的共有性；代的差异也主要不是年龄的差异，而是其社会性差异。

根据以上对"代"问题及概念的分析，我们大致可以划分中国的五代人。新中国成立初期，老一辈革命家如毛泽东、周恩来、邓小平大多在四十多岁到五十多岁，他们是创立江山的一代。以他们为代表的这一代人是旧时代勇敢的叛逆者，他们身上带着传奇般的英雄色彩，具有坚定的信仰，百折不挠的意志，威武不屈的品质。他们设计、规划了新中国的建国蓝图，并在开国初期的各个方面担当着决策者和指挥者的角色，他们是共和国的第一代人。紧随其后的是他们的追随者——第二代人。他们的年龄在当时是二三十岁，有的是战争时代的"红小鬼"，有的是新中国初期参加工作的新人。他们是上一代忠实的响应者和得力的助手。第三代人是在20世纪40年代和50年代出生的一代人。他们即使不是在红旗下出生的，也是在红旗的海洋中长大的。20世纪60年代和70年代出生的一代属于第四代。他们伴随着"文革"的风风雨雨长大，从他们懂事时起就沐浴在政治时代的环境之中。

20世纪80年代和90年代出生的一代称为"第五代人"。因第五代人是在我国政府把"独生子女政策"作为基本国策之后出生的，相比较，不难发现前四代人所处的均为"政治运动时代"，他们之间就不会呈现出多少本质的社会性群体差异。作为第五代人则完全不同，他们从出生之日起就幸运地赶上了新中国成立以来最稳定的、巨大而深刻的、改革和发展的"经济建设时代"，他们是20世纪末最后20年改革开放成果的最大受益者，他们是与中国的"经济建设时代"共同成长的一代。所以他们敏感而可塑的心灵总是能最先触摸到时代跳动的脉搏与社会进步的节奏，这使得其身上必然会形成反映时代特点的社会性群体特征。

二、"第五代人"的价值观

"第五代人"是代表当代社会先锋力量的群体，作为社会变革中最活跃、最富生机的力量，置身于经济、思想、文化急剧变化的洪流中，他们价值观的特征很大程度上是社会变革的折射，常常代表着未来社会的价值观及意识。

1. 在义利观上，由重义轻利变为义利并重

中国传统价值观念有"重义轻利"的倾向。儒家创始人孔子说："君子喻于义，小人喻于利。"在这种价值观念的指导下，人们虽然实际在求利，但却得不到道德上的肯定。在计划经济时期，人们受这种价值观念的束缚，耻于言利，害怕言商，求利和赚钱就要受到道德谴责。随着社会主义市场经济的确立，"第五代人"内心深处的这种义利两分的传统道德观念从根本上发生了变化。据一项调查表明，高达95.4%的在校研究生同意或非常同意"钱不是万能的，但没有钱是万万不能的"这一观点。市场经济体制中市场主体之间的关系主要的是一种经济关系，市场主体行为的出发点和根本目的就是通过买卖获得

利润。衡量市场主体价值的标准就是看其是否获得利润。盈利越多，其价值越大，实力越强，其在社会中的地位也就越高。反之，如果不盈利或亏损，市场主体的地位就不断下降，甚至会失去生存的空间。市场经济从本质上讲就是一种经济利益导向的经济，社会主义市场经济体制的确立必然对重义轻利的道德思想造成强大的冲击。在社会主义市场经济条件下，物质利益原则是个人利益、集体的局部利益同国家的整体利益、长远利益的有机统一。当问及你是如何处理个人和集体的"关系"时，选择"集体利益为主兼顾个人利益"者有52.5%。我们一方面强调把人民利益和国家利益放在首位，另一方面又强调个人合法利益应当受到充分尊重。只要青年依靠专业技术、辛勤劳动和正当途径合法地挣钱获利，就会得到道德上的肯定，受到法律上的保护。这种把国家和人民的利益放在首位而又充分尊重青年个人合法利益的义利并重的社会主义义利观，适应于市场经济的需求，也是和建立社会主义市场经济的目的相一致的。

2. **在公私观上，由崇公抑私变为公私并重**

在计划经济时期，由于受"左"的思想的影响，在集体和个人的关系上，片面地强调集体利益的至上性，主张崇公抑私，忽视个人价值和自我的生机。改革开放后，特别是确定建立市场经济体制后，从根本上改变了这种蔑视个人自我价值的状况。市场经济是一种自主经济，任何参与市场竞争的主体，都能够充分发挥自己的自主性，把握自己的命运，人们在经济活动中可以八仙过海，各显神通。随着市场经济的能动性和自主性在经济发展和社会进步中的作用的凸显，个人的价值、尊严、权利成了青年的现实追求，人的个性得到发扬，独立人格得以实现。2000年共青团北京市委、北京青年研究会的调查反映出：94.2%青年认为"专业知识的学习和提高"有助于提升自身素质和实现自身价值。所以，目前电脑、外语、文秘、财会、法律等方面的知识和技术成为青年普遍青睐和热衷学习培训的内容。年轻人强调自我独立、自我奋斗、自我设计，通过完善自我，充分实现个人价值来为社会主义现代化事业做出更大的贡献。需要指出的是当代青年个人的自主性，重视自我价值的实现，同"个人为本位"的资产阶级个人主义有着本质的不同。他们一方面强调集体应尽力保障青年个人正当利益能够得到满足，促进青年个人价值的实现。另一方面还强调作为青年个人的"小我"与作为社会的"大我"的统一，提倡个人顾全大局，以整体利益为重，在必要的情况下，个人应当为整体利益放弃个人利益。显而易见，在公私观上，"第五代"青少年要求公私并重。

3. **在贫富观上，由安贫乐道、平均主义变为勤劳致富，能人勤劳先富**

中国自古推崇安贫乐道的做人信条，孔子说："国家不患寡而患不均，不患贫而患不安。"这种安贫乐道的观念，有利于维系数千年的中国封建社会的稳定，也对中华民族的道德心理产生了潜移默化的影响。改革开放促进了经济的发展，青年率先树立了勤劳致富，勤劳先富的道德观。44%的北京青年对生活的最大需求是"挣钱"。近些年来，在我国的青年群体中已经出现了一批勤劳致富的知识"资本家"和百万富翁、千万富翁，甚至亿万富翁，他们为广大人民勤劳、合法致富树立了榜样。当然，讲勤劳致富、勤劳先富绝不是要搞贫富两极分化，而是主张通过"先富带动后富"，逐步走向共同富裕。共同富裕才是"第五代"青年的最终目标。

4. 在消费观念上，由紧缩消费转变为适度消费

在实行改革开放政策前，由于社会物质财富的匮乏和教育文化的落后，人们只能省吃俭用，紧缩消费。"新三年，旧三年，缝缝补补又三年"，就是这种紧缩消费的真实写照。改革开放后，消除了短缺经济，物质产品逐渐丰富，文化生活设施得到较大改善，人们具备了适度消费的条件。市场经济要求人们既不能紧缩消费，也不能搞过度消费，必须维持与生产相适应的适度消费。适度消费是市场经济的要求，也成了当今青年消费的现实。青年是人们消费方式的前卫者和代言人。在饮食上，青年不仅追求营养结构上的平衡，而且讲究色、香、味俱佳。在衣着上，他们不仅注重服装的面料，讲究穿着舒适，而且追求名牌，追求时尚。在居住条件上，不仅要求宽敞明亮，而且讲究建筑结构的合理和室内装饰。在精神文化生活上，青年的消费层次也有了很大提高，看电影、影碟，听CD、音乐会，读书、上网、健身、跳舞、旅游、交友等均是当前青年精神文化生活的重要组成部分。

三、"第五代人"的创新精神

知识经济时代的到来，促使"第五代"青少年社会化的一个重要成果——创新精神独具特色和力量。"第五代"青少年的创新精神，不仅体现在他们接受社会的教化，发展自身的社会化，也体现在他们反作用于现代社会，以其特有的"敢为人先"的创新精神改造和变革社会。

1. 站在创业和创新的时代前列

伟大的时代孕育着伟大的创新，伟大的创新缔造了伟大的时代。这里，我们关注的重点是，在时代与创新的关系中"第五代"青年扮演的角色。"第五代"青年欣逢中华民族复兴伟业和知识经济时代，这个时代为他们弘扬自身的创新精神，发挥自己的聪明才智提供了广阔的舞台。

"第五代"青年的创业能力和创新精神一经开发就显出巨大的增值资源，一批由他们创业和支撑的高新技术产业异军突起，并在强手如林的国际市场上，为我国赢得了一片崭新的产业天地。以 IT 产业来说，它是当今世界最为

朝阳的产业，是竞争最为激烈的一个产业。IT 产业，更是青年人的产业。当今中国 IT 产业的"少帅现象"就是一个生动的例证。闻名于世的中关村科技园区的北大方正电脑公司现有员工 1800 人，平均年龄 27 岁，其中有博士 50 位，硕士将近 500 人，大专学历 100 人左右，其他均为本科学历。在以技术为本的方正，研究院起到了重要作用。该院的 450 人都是研究开发人员。他们中有 50 人是博士，200 人是硕士，其余都为本科学历。这 450 人中，有 300 人都是大学刚毕业两三年的年轻人，年龄在 22 岁至 25 岁。其余人员年龄也都在 25 岁至 30 岁。其平均年龄比公司整体平均年龄还要低。在技术全部依靠自己研究开发的方正公司，研究人员每年都要承担 100 多个项目，与以往相比，新方正人显现出更加年轻化、知识水平更高、科技层次更强的特点。在全国高校校办企业年度创造利润排行榜上，北大方正公司以每年创收 89 亿元居榜首。这给世人一个令人鼓舞的现实，科技含量最高的产业也是员工队伍最年轻的产业，他们在我国经济与社会发展中起着"领头羊"的作用。

伴随着"网络"成长的"第五代"青少年，紧追顶新的新科技，拥有较系统的知识技能，成为现代科技进步的代言人，成为当今中国创业的新主体。他们是备受关注的群体。通过对当前越来越多的"第五代"青年步入创业领域的热门职业的梳理及分析，不难发现，他们所从事的创业领域普遍具有较高的知识科技含量，较复杂的职业技能、较高的收入、较大的风险等特征，他们热衷于创业的领域主要表现在：

（1）知识创新、科学技术业。包括基础研究、应用技术开发、管理、制度、组织的创新活动等。它为人类社会的知识产业进步提供动力源。

（2）人力资本形成业。包括教育、培训等。如今的世界已进入终身学习时代。这将使文化教育与培训成为 21 世纪的最大产业之一。

（3）知识创造、传媒业。包括图书出版、报纸期刊、广告、文学、艺术、曲艺、影视、戏剧、音乐、广播电视、通信、信息机械（打字机、计算机、现代通信技术、自动控制系统、信号装置）等。

（4）专业服务、咨询业。包括金融、法律工程、建筑、物业、医疗保健、会计、审计及档案储存、贸易谈判、专门策划建议等。

新兴产业将建立在对高科技价值肯定的基础之上。因此，谁更好地把握高新技术并能使其迅速转化为生产力，谁更会赢得具有更高社会地位的可能性和现实性。但是从目前不同人口群体接受教育的程度来看，恰恰是"第五代"青年具有着得天独厚的条件。联合国教科文组织在《对世界青年问题的分析》中指出："青年一向是变革的动力，重大的社会变革都是在他们身上并通过他们实现的。事实上正是在培养性格的年代里，一个人才最容易在新的问题面前形成勇于创新的考虑问题的态度和作风。"由于信息网络的普及和内容丰富的各种媒体的影响,"第五代"青年在获取知识的渠道上要明显地优于其他成人群体。在这些有利条件下,越来越多的青年已成为掌握高新技术的骨干力量,成为社会发展需要的创新人才。可以说,今天的"第五代"青少年是代表着先进生产力的群体,明天他们将成为我国社会发展的中坚。

2. 创业逐渐走向理性

同样充满青春理想,同样充满创业激情。但与以往不同,对于目前在学期间,不少作为"第五代"青年的大学生持理性态度。这是上海团市委和大众出租汽车有限公司联合组织的上海市大学生创业竞赛集训中,对各高校走在创业前列的学生所做调查显示的结果。参与此次集训的学生都是参加"挑战杯"全国大学生创业计划大赛的选手,他们都参与设计了具有相当有可行性的市场计划。但调查表明,这些已有创业意识和创业经验的学生中,有38%对学生休学创业表示反对。上海交通大学的张宇是DATA-CENTRE数据及图档管理软件课题小组的带头人之一,本科三年级的他虽已有不少实践经验并且一直梦想成为像"知识英雄"比尔·盖茨那样的人,但是他依然不赞成退学创业,认为对一个渴望创业人来说,大学阶段无论从知识方面还是从经验方面来说,都是一个重要的积累阶段。

1998年,清华大学首次借鉴欧美一些高校模式举办创业计划大赛,并产生了"视美乐""易得方舟"等学生注册的公司,开了清华大学"休学创业"计划的先声。此后,创业成了大学生中最时髦的名词之一,其中也逐渐出现了一些盲目性,造成了不少大学生的浮躁心态。有些新生一入学就热衷于创业,选修课程时首选计算机课,而对数学这样的基础学科兴趣不大。学生看到的更多是创业的成功,选计算机课容易立竿见影,没有看到创业学生付出的艰辛,很少想到失败。经过几年的创业实践,清华的学风又回到踏实上来。

不但在清华,许多高校的大学生对创业的思考正在趋于理性化。面对激烈的市场竞争形势,创业者既是有市场观念、对技术发展前沿敏锐、富有创新精神的技术带头人,也是对未来发展具有远见卓识和准确判断力、有很强组织管理能力的专家。所以大学生愈加认识到:打铁先得本身硬,创业前大学学习和积累对将来创业的重要,唯有自己有本领,才能在创业的海洋中大显身手。对于如何创业的问题,有63%的学生打算毕业后会先选择单位工作积累经验等条件成熟后再创业。另外,对与成功创业者最需要具备的素质,40%的学生认为是坚强的意志和毅力,28%的学生认为是强烈的创业欲望,还有20%的人认为是合理的知识结构。对于毕业后创业最大的困难,有40%的学生认为是自身能力不足,18%的学生认为是资金不足。注重学习,勇于创新,满怀成才抱负在"第五代"青年身上，这些素质得到鲜明展现。

在从全国高校开展的"挑战杯"大学生创业计划竞赛项目来看，从最初的集中于网络的狭窄项目，扩充于迄今多个行业的项目。这也从一个侧面反映出作为"第五代"青年的大学生积极把理论知识同社会实践广泛联系起来，不断提高知识经济时代的创业的实际能力与全面素质。中信集团中国国际咨询公司高级咨询员张铁民担任了第一届和第二届全国大学生创业计划竞赛评委。他认为，与第一届相比，本届参赛作品整体水平有明显提高，绝大多数创业计划书写作严谨，准备充分；但更明显进步是，本届参赛作品内容多样化，涵盖了电子信息、生物医学、环境科学、精细化工、新能源、新材料、农林及服务行业等多类，而第一届比赛90%是网络方面的作品。这些作品创意新颖，技术先进，参赛范围广泛，充分体现了当代大学生强烈的创新意识。

四、"第五代人"的生活方式

提到"第五代人"生活方式，人们最先最直接想到的是非常前卫、新颖、个性，显然突破了父辈所熟悉的生活方式框架。由于他们身心特点，使得其身兼时尚倡导者和追随者的双重角色于一身。当今，新的时尚、风气总是在他们中间发轫、扩散乃至风靡一时，蔚为风尚。可以说，热衷于时尚是青少年文化和生活方式最为显著的外化表现。正如他们所说："我们引领的是生活的主潮，我们的生活方式日益显示出独到的魅力和社会作用。"

1. 追求前卫和新潮，孕育社会生活流行之前兆

成长中的"第五代"青少年是社会中消费量最大的群体。当现代消费的意义超越了维持基本生存而拥有享受、发展、表现自我等内涵后，消费生活在他们眼中就有了特别的社会学意义。他们已不再把消费仅仅作为生存需要的必需，而是当作展现自我，向社会展示我已长大、我很新潮前卫的大舞台。正如一句广告词所说："我就是我，晶晶亮，透心凉！"有人干脆把这种状态总结为"飘一代"。"飘一代"创造了只属于自己的一整套话语体系，比如网上流行的大话西游体，并不在乎别人能不能听懂，那才说明"我就是我"，能做到很我，就好。16岁的金某在长安大街上悠然而行。这个女生对自己扮"酷"的新形象很满意，暗紫色紧身立领上衣配简洁长发和清秀面容。几乎称得上"典雅"。她说，仅仅十几分钟前，她还是一副另类打扮，一件白色长袖T恤衫外面罩了一件大汗衫，泛着黄色荧光。为配合肥大的韩国裤子，特意穿了双40码很卡通的又高又笨的松糕鞋。"我们的选择标准就是：跟别人不一样。"金某强调说。他们出生于20世纪80年代以后，多是独生子女，用各自喜欢的发型、五花八门的服饰和不加掩饰的神情宣布：我有我的风格。但标新立异只是

外表，许多"第五代"青少年说：我们不需要反叛什么，我们生活在美满家庭，我们想做自己喜欢的事，喜欢不停地尝试新东西，只是拒绝被同化。生活在越来越开放的经济社会，没有信息封闭的精神苦闷，没有沉重的政治、历史负累。中国的现代生活方式和他们同步成长，独生子女的特殊背景又使他们享受家庭的宠爱，一帆风顺的成长经历，造就了"很我"的风格。

"第五代"青少年生活方式上不停地追求前卫和创新的特点主要表现在：（1）他们中一些有较高收入的"金领"阶层，如歌星、影星、球星等为社会关注的前卫人物，在其当红之时，青少年中的追星族们可谓无不对其顶礼膜拜，趋之若鹜。为了表现出自己与众不同而标新立异，用自己独创的服饰、发型等方式首创出令服务业、创造业为之兴奋的生活模式，引领社会消费的潮流。（2）一些经济虽不富裕但感知敏锐、想象丰富的青少年，能够超前的预示社会变化即将出现的生活时尚，并将此预先告知有关企业，成为企业开发流行商品的信息资源。因此，做生活时尚的首创者和倡导者，以自己独特的文化品位引领社会生活潮流是"第五代"青少年最为突出的生活方式的表现。随着社会经济和文化的发展，青年收入水平和消费能力的提高，他们在现代生活中的这种首创和引领的主体作用会更加突出，主体地位会更加明显和重要。近些年来，全球出现的影响较大的几次生活方式的变革和消费流行都与当代青年这一主体性参与和作用息息相关。如20世纪80年代欧美国家兴起的讲究名牌、崇尚豪华高档生活品的雅皮士时尚；20世纪90年代出现的主张低耗能源、减少污染、回归自然的节俭环保的生活时尚。其倡导者和践行者都是具有高学历、高收入并供职于大企业和科研机构的青年。再如，与曾经享受名牌一样，能够享受休闲也是一种炫耀，因而成为时尚。像"泡吧"、听音乐会、开"派对"、做健身运动、做美容、上"迪厅"、周末度假、假日旅游均成为当代青少年追求的休闲生活方式，为此，带动了我国较具潜力的音响、健身、旅游等行业的兴起。可见"第五代"青少年作为对时代变革最为敏感的群体，往往最先发现和领悟其变化，并以自己独有的生活方式表达出来，最先显示生活变化的前兆。

2. 率先示范的引领性，开社会生活之先声

现代社会生活方式的时尚和流行除"第五代"青少年中前卫青年的创新，还有很大部分是由市场的诱发和消费广告的刺激引发的，如生产厂家新产品上市前广告的轰动，市场调查公司新产品"排行榜"的炒作等。但是广告攻势、商业炒作的新的消费品和消费样式并不能一开始就被广大消费者认同。在芸芸众生中，青少年思想解放，好奇心强，注重个性，求美求异求新心切，最容易接受新事物、新观念、新行为，加上青少年正处在消费需求十分旺盛的人生阶段，无论是精神义化消费还是日常生活消费，他们都是整个社会消费领先

的群体。面对五彩缤纷、琳琅满目的商品世界，他们总是新产品的大胆实验者，新款式的最先接纳者，新消费方式的积极推进者。20世纪80年代初风靡世界的牛仔裤传入我国时，顶着批评和非议，以藐视常规的态度率先穿着的是青年。正是他们"另类"的示范效应，才使被称作"奇装异服"的服饰向社会各个年龄阶层扩展，最终得到社会各界的认同和仿效，形成迄今仍方兴未艾的牛仔时尚。20世纪90年代出现的高级音响、影碟机、手机、电脑、网络也是首先为青少年接受和使用，从而形成蔚为壮观的高科技家电新潮流。目前这种新潮流和时尚有低龄化的趋势。以手机消费为例，笔者曾对首都中学生购买手机现象进行调查，发现在自行车品牌、运动鞋和服装品牌之后，手机已成为不少中学生新的攀比目标。尽管有90%的被访者坦言，手机对他们的确没什么急用的价值，然而每一个被访者都提到拥有手机使自己有一种"好像一下子长大了一样"的满足感，觉得"自己更能够引人注意"。

在现代社会，如果没有"第五代"青少年对新的消费品和消费样式的敏锐感知，率先接纳，勇于示范，新的生活方式就难以走向大众，形成一个又一个改变人们生活观念和生活方式的消费流行。可以说，"第五代"青少年的生活方式折射着现代社会发展的脉络，因而，他们的生活方式就具有强烈的时代特性和社会生活的先声。

参考文献

[1] 张永杰，程远忠. 第四代人 [M]. 北京：东方出版社，1988.
[2] 武汉大学"研究生价值观研究"课题组. 武汉地区高校研究生价值观调查报告 [J]. 社会学研究，1995（4）.
[3] 共青团北京市委员会，北京市青年研究会. 北京青年发展报告（2000—2001）[M]. 北京：北京师范大学出版社，2001.
[4] 郗杰英. 新白领特征分析 [N]. 中国青年报，2001-08-26.
[5] 姜彭. 先读书，后创业 [N]. 文汇报，2001-07-29.
[6] 刘万永. 大学生创业走向理性 [N]. 中国青年报，2000-11-27.

（本文作者为北京青少年研究所所长、研究员）

论青少年社会主义核心价值观的培育

王 颖

社会主义核心价值观是社会主义核心价值体系的内核，不仅体现了社会主义核心价值体系的根本性质和基本特征，而且反映了社会主义核心价值体系的丰富内涵和实践要求。培育和践行社会主义核心价值观，既是推进中国特色社会主义伟大事业，又是实现中华民族伟大复兴中国梦的战略任务。青少年是祖国的未来，是社会主义事业的建设者和接班人；同时，青少年时期正是形成、确立价值观的关键时期，因此，培养青少年坚定的社会主义核心价值观，具有极其重要的现实意义。本文拟从三个方面来阐述培育青少年社会主义核心价值观的致思理路。

一、结合青少年时期的身心发展特点，确立合理的教育态度

根据发展心理学的观点，青少年时期是指十一二岁至十七八岁的阶段。这一时期的青少年在生理发展、认知发展和社会性发展等方面都表现出特别大的变化，处于不断成长的过渡阶段。因此，充分认识这一时期青少年的身心发展特征，确立合理的教育态度，是进行社会主义核心价值观教育首先需要思考的问题。

（一）尊重

青少年正处于青春发育期，在生理发展变化方面处于由儿童向成年人的过渡时期，伴随着身体外形的变化和生理上的迅速成长，青少年的人格出现跃进式的变化，他开始意识到自己是"成人"，而不再是小孩。"成人感"的出现，标志着其作为一个独立个体的意识加强，青少年开始在精神层面上渴求他人对其"成人"身份的确认与满足，开始特别要求他人的尊重态度，而此态度也直接决定了其对对方说教内容的接受度和认可度。

如果青少年感到对方将自己视为一个独立的个体，并得到其成人般的对待，则他的责任感、义务感会增强；这种责任感、义务感具有一种正向的助力，会起到不断修正其言行举止的作用，督促他不断朝着教育者所希望的方向

去发展。反之,青少年则会感到个人尊严没有得到认同,自尊心受到挫败,由此可能会导致或加强逆反心理,并进一步带来逆反行为,从而离教育者所希望的方向渐行渐远。因此,给予青少年以人格上的尊重,在言行态度等方面将其视作成年人一般平等对待,将有利于教育过程的顺利展开和教育效果的真正获得。

(二)耐心

伴随着身心的日益成熟,青少年的思维能力也渐趋成熟。具体表现为:创造性思维获得迅速发展,抽象逻辑思维能力日益加强。在其思维领域,表现出由感性经验的直接支持向用理论作指导来分析综合多种事实材料的过渡和转变。但这一时期的辩证思维能力仍未完全成熟。因此,青少年在看待、思考和处理问题时仍会显出不足,表现出片面化、表面化甚至是完全两极的二元对立观点。并且由于知识和经验的不足,青少年的道德认识和思想变化还不具有稳定性,时常处于一种起伏不定的状态。他不仅个人纠结于此,内心苦闷,而且还不容易接受他人的劝导。因为在他的思维世界中,他的观点各有其不同的理论支撑,这些论据在他看来如此具有说服力,以致那些看似背道而驰的观点在说理上处于势均力敌的状态,彼此间既无法说服,又无法融合,从而造成了青少年在行为选择上的两难境地。此时,就非常需要教育者的充足耐心,要使用青少年能接受的方式,能理解的语言,对他的差异性观点给予合理的论证和解释,使其能充分认识到何种选择是正确的,何种选择是错误的。

但需要特别关注的是,由于青少年辩证思维能力的不完善,可能在某时某地被说服,而到了另一时空条件下,同样的观点纠结又会出现。这就需要教育者长期保持耐心,持续关注此种状态,并及时地不断地给予反复纠正,从而保证青少年始终行走在价值观养成的正确轨道上。

(三)鼓励与赞许

青少年时期,伴随着生理上的急剧发展,其心理也在急剧发展,不仅在情绪上起伏不定,在价值观判断上亦经常摇摆。一方面他们已经掌握并认同了一定的原则和规范,并努力以此来调节自己的言行举止,表现出相当大的自律性;另一方面,他们的意志还很薄弱,还不具有强烈的稳定性,很容易产生动摇。"道德动机逐渐理想化、信念化,但又有敏感性、易变性;他们道德观念的原则性、概括性不断增强,但还带有一定程度具体经验的特点""他们的道德意志虽已形成,但又很脆弱""这个时期,既是人生观开始形成的时期,又是容易发生两极分化的时期。品德不良、走歧路、违法犯罪行为多发生在这个时期"。所以这一时期的青少年特别需要来自外部力量的鼓励和赞许。这些正面评价，会引导他们不断坚定和强化自律性，坚持正确行为，对抗以至远离错误行为；不断强化其正面品质，清除负面品质，从而使其正面品质完全驱逐掉负面品质，以至于占领全部阵地，最终使青少年成长为一个符合社会主流价值观要求的合格公民。需要注意的是，鼓励和赞许并不意味着对青少年所有言行的无原则接纳和包容，而是要根据具体情况，有选择地结合善意的、温和的、易接受的批评进行。

二、深刻认识环境对青少年社会主义核心价值观培育的重要性，不断优化外部环境

人是环境中的人，人是环境的产物。马克思说："人创造环境，同样，环境也创造人。"荀子说："蓬生麻中，不扶自直，白沙在涅，与之俱黑。"这都是在强调环境对于人生存和发展的同化作用。对于个体价值观的形成而言，其所处环境的经济条件、政治条件、文化条件甚至自然条件等都会在其成长过程中带来深刻的印记，而这个印记又往往雕刻于不经意间；环境的外在影响因其潜移默化、润物细无声的特征而受到人们的广泛关注。这种影响无处不在、无时不有，既具有范围上的完全性，又具有时间上的绵延性，随时都在发生着作用及影响，对于个体而言终其一生都不能不受到生存环境的熏染。但无疑地，青少年时期所受到的影响最为深远。这是因为，青少年处于人生塑造的重要阶段，他们思想丰富、理想高远，对于人生和社会都充满了激情和憧憬，很容易受到环境的感染。因此，如何构建有利的外部环境，是能否培养青少年社会主义核心价值观的重要条件。

依据不同的维度，环境的划分可有不同的类别。从环境的存在方式上来看，有现实环境和虚拟环境之分（现实环境是由土地、水、社会制度、风俗习惯等客观真实的因素构成的，依托一定的时空而存在的环境；虚拟环境，则是不依赖现实时空，以数据化的方式存在的网络环境）；从环境的存在范围上来看，有家庭环境、学校环境、社区环境、社会环境之分；从环境的表现内容上来看，有经济环境、政治环境和文化环境之分；等等。这些环境形式并非绝对独立、互不相干，而是通常具有重合性、融合性，往往相互交叉在一起，共同形成合力，对生存其中的人发挥多重效应。由于篇幅所限，本文只重点阐述几种环境形态。

（一）家庭环境

家庭是人生活的基本场所，是人从出生到生长、成熟都离不开的地方。家庭对一个人价值观的养成具有深刻影响，一个人启蒙的原始初开正是在家庭

中完成的。

中国自古以来就非常重视家庭环境的营造。这种营造不仅要求庭院整齐干净、清洁卫生，更主要的是一种品格教养的环境氛围。此种氛围经由家族各代成员不断培育、整治而又忠实沿袭，逐渐形成了比较稳定的家风家习，家风家习的集中体现和凝练就是家训。家风家习反映出不同家族的生活行为模式，其中包含着一个家族的生活习惯和传统作风，它往往以不成文的形式对家族成员的言行起到严格约束和规范的作用；不仅如此，由于家族成员共同生活于同一空间，朝夕相处的过程中彼此间很容易发生相互影响。这些影响对于家族成员的个人行为和品质的养成方面，具有直接的感染和激励作用，这种作用往往发生于不知不觉中，却又会伴随终生。因此，良好家庭环境的营造以及在家庭中树立正确的价值标准，对于培养青少年的正确价值观是非常重要的。

（二）学校环境

学校是一个人接受教育的主渠道，在不同学校读书的学生，往往具有不同的精神面貌。这是由于学生受到不同风格校园环境的浸润所致。青少年时期正是求学的关键时期，因此，青少年的价值观形成与校园环境密不可分。

大致而言，校园环境可分为两大部分，即物化环境和人文环境。前者主要是指校园的校址、建筑、教学活动场所以及校园的绿化、美化情况。校园的物化环境可谓一所学校独特风格和文化内涵的基本载体，身处其中的学生于不知不觉中打上该校的特殊印记，在观念和行为上与该校的文化精神渐相融合。后者主要是指学校的人文环境，也就是人们常说的校风，即一个学校各种风气的总和。其中主要包括两个层面的内容。一是指学校在长期的办学过程中积淀而成的并在社会上具有极大影响同时受到普遍认同的、具有行为和道德意义的思想和行为风尚，其核心为学校的传统文化精神和学术探索所形成的氛围，是学校品位的重要标志。二是指学校领导的工作作风、教师的教风和学生的学风。正如中国著名的马克思主义教育理论家杨贤江所指出的，校风是一个学校内的人物在各方面生活上所表现出来的一种态度和趋向。这种态度和趋向内含着学校的办学特色、办学理念、育人方针和学术追求。因此，每所校园都应高度重视良好校园环境的营造，注重校园文化传统的积淀、继承与弘扬，从而在彰显其校园精神独特性的同时，为培养社会主义事业的合格建设者和接班人增加助推力。

（三）社区环境

在中国，社区的设置和建设已经逐渐成熟。作为居民的日常生活空间，社区本身也是一个相对独立的价值环境，其中涵盖了社会风气、民族传统和风俗习惯等。与家庭相比，社区的人群关系更为丰富；与社会相比，社区与人们的日常生活联系更加密切；社区既好像是扩大的家庭，又好像是缩小的社会。现代人的一生，其居住往往要依托于某个社区，既要接受社区的管理和约束，又有责任对社区的建设尽职尽心；社区内部的人群关系情况、价值观情况以及社区的整体风气等，无疑都会对其中的居民产生深刻的影响。特别是社区由不同的家庭构成，每个家庭的价值观不可能完全一致，居民的素养水平也是参差不齐，因此，社区要高度重视其规范环境的建设和管理，在更高层面上给处于不同文明素养水平线的居民以统一管理和约束，不断提高全体居民的文明素养，培养居民的正确言行，从而努力为青少年的健康成长营造一个健康、和谐的外部居住环境，在对社区中青少年价值观的正确引领方面发挥重要作用。

（四）社会环境

青少年最终要走向外面的广阔社会，接受社会的磨砺而实现社会化过程，成为社会性的存在。他在家庭、学校以及社区所习得的一切，是否符合生存、发展的需要，是否符合社会主流价值观的评判标准，是得到舆论世界的鼓励赞许还是否定讥讽，最终都要经由他与社会中人的交往、实践而得到验证。验证的结果无非是两种：证实或证伪。如果证实，那么从前所习得的经验就会因得到确认而得到加强以至固化，蜕变成人生信条乃至于信仰，成为指导其人生的重要行为准则；如果证伪，那么在他经历系列的怀疑、动摇、痛苦之后，从前所习得的经验就有可能会被渐渐抛弃，取而代之的是其反面立场的经验。

苏联教育家苏霍姆林斯基曾经指出，教育的效果取决于学校和家庭影响的一致性。如果没有这种一致性，那么学校的教学和教育的过程就会像纸做的房子一样倒塌下来。事实上，作为青少年接受教育的四个重要平台——家庭、学校、社区和社会，这四者的教育目标与价值评价标准都应该在理论与实践两个层面上保持高度一致。唯此，才能牢固树立起青少年的社会主义核心价值观，否则，这四者的教育力量不仅无法形成合力，反而其教育效果还会相互抵消，最有可能出现的局面是哪个方向的吸引力强劲，哪个方向的教育效果就会凸显。所以，构建有利于青少年社会主义核心价值观养成的社会环境特别重要。

（五）网络环境

网络环境，是利用现代通信技术与计算机技术，通过通信线路和设备把分散在不同地点具有独立功能的多个计算机系统连接起来，按照网络协议在功能完善的网络软件的支持下，实现学习、交友、通信、商务等多种活动，进行资源共享和信息交换的数据化的领域。

近些年来，随着互联网的迅猛发展，网络已经成为人们生活的另一重要平台，通过网络，人们沟通信息，进行学习和工作甚至展开人际交往；网络在步步深入个体生活并与个体生活实践发生密切关系的同时，也开始对个体价值观的形成发挥作用。需要特别注意的是，第一，由于在互联网上发放信息的开放性和不可控性，网络信息往往因缺乏规范和有效筛选而鱼目混杂、良莠不齐；第二，与其他传统媒体形式相比，网络上的不良信息往往更具感官吸引力，更容易吸引青少年的关注和兴趣。第三，青少年的世界观和价值观尚不成熟，信息甄别能力还不强。综合上述三点，青少年很容易受到网络不良信息的影响，给他们的成长以及价值观的形成带来诸多方面的消极影响，甚至使他们形成不良意识、反主流意识。

因此，要动员一切社会力量，通过完善网络法规、强化网络信息过滤，同时大力加强网络监督和正面引导等方式来不断优化网络环境，并且积极引导广大青少年自觉抵制、规避网络不文明现象，从而共同建构起健康清洁、积极向上的网络环境，使网络平台成为营养丰富的一方净土，不断为青少年的学识增长与品行培养提供正面引导。

（六）舆论环境

所谓舆论环境，是指在一定的社会时空范围内的多数人，通过多种形式所表达的关于某一观念、认识、情感和意志的舆论氛围。舆论环境，是一个人群的价值评价系统；它可能存在于家庭、学校、社区、社会或者网络中，与其他的环境平台是交融重叠的关系。因此，处于正常社会关系中的人，不可能脱离舆论环境而存在。

舆论的力量是强大的，对于身处其中的个体思想和行为具有相当权威和隐蔽的约束。在信息传播还不发达的古代社会，舆论制造往往是通过大范围的口耳相传来实现的；到了现代社会，则通过大量的舆论工具如报纸、期刊、电台、电视、电话等来进行传播。舆论环境能使人们在认识层面趋于一致，从而逐渐形成共有的价值观和人生观。舆论的作用又是多重的。作为一种普遍的强势话语，舆论会对一个人的言行举止产生压力或动力，具有强大的监督或制约作用，既可以纠正人们的不良行为，又可以强化人们的正确行为。具体而言，如果一种行为，在舆论世界中是被赞许、鼓励和肯定的，那么对于尚未具备此种行为的人，他会不断努力去生成；对于初具此种行为萌芽的人，他会千方百计促使萌芽长成大树；对于已经具此行为的人，他则会持续强化，使之渐渐固化为习惯，形成为一种存在方式。反之，如果本身具有与舆论相左的行为，则会因舆论的力量而产生被人群疏离的孤立感和羞耻感,从而督促自身不断修正相关的行为习惯,使之与舆论所推崇的模式渐渐相符。

因此,我们一方面要大力强化积极的主导性的舆论环境,使青少年受到有益思想的熏陶和激励,保持积极的思维习惯;久之,其思想和行为必然朝向主流价值观所认同的方向养成,从而进入一种对教育内容积极接受的良性状态。另一方面,还必须时刻阻击、清除那些容易造成青少年思想混乱、价值迷失的消极负面舆论话语,从而避免消极负面舆论环境的生成,以及对健康进步舆论环境的危害和破坏。

三、高度重视成年人对青少年社会主义核心价值观养成的影响,树立成年人的榜样作用

在青少年成长成熟诸种环境中,成年人的言行举止、品格样式以及看待世界、人生和社会的角度、观点都在发挥重要影响。从心理学上来看,青少年时期的模仿意识特别强,成年人往往成为他们有意或无意的模仿对象。因此,需要在全社会的成年人中进行广泛的宣传和教育,既要大力提倡成年人自觉修身,培养端正品格,树立正确世界观、人生观和价值观,又要突出强调对成年人教育和监督,从而保证成年人在各方面都能为青少年发挥榜样作用。

(一)父母

家庭是青少年接受教育的第一场所,父母是青少年的直接模仿者。在相关调查中,相当多的青少年认为自己的人生榜样就是父亲或母亲。

在家庭中,父母的行为倾向和道德习惯会通过言传身教和潜移默化的作用,直接影响、感染着其子女道德品质和价值观念的形成。中国古代的家族都普遍强调长辈的品行和德操对晚辈的影响和引导,特别强调父母的以身作则,要求通过长辈的榜样示范和表率作用去实现上行下效。实践经验表明,如果父母长辈品行端正、言语端庄,则后辈子女就会日习月演、身体力行;如果父母品行恶劣、言语无度,后辈子女也会恶习渐染、遂成不肖。在当今社会,有些家长自身的人生观、价值观和社会观出现偏颇,经常以一种非正常的情绪、态度和角度去观察、分析、认识社会上的某些现象,久之也给孩子带来负面影响,造成其思想上的扭曲。如此一来,在家庭教育方面,父母不仅没有起到行为示范的表率作用,反而误导了孩子的人生观、价值观和社会观。

因此,社会的有关方面要加倍重视对家长群体的教育、培训和指导,通过多种途径努力创办各种类型的家长学校,不断提高家长群体的综合素质,首先纠正和培养家长的世界观、价值观和人生观,以利于他们对子女

的正确教育和引导。

（二）教师

除了家长的影响外，学校的教师对青少年的品行和价值观的影响也非常大。在学校里，教师和学生的接触既直接又频繁，这就决定了教师对于青少年影响的直接性和深入性；同时，教师的职业内容是传道、授业、解惑，这又决定了教师在青少年心目中的权威性和严肃性，故此，教师的思维方式、治学态度和行为准则不仅会影响到青少年知识的积累和才干的增长，而且还会对青少年的品德养成和价值观的形成产生鲜明的导向性。教师在青少年成长成才的道路上具有举足轻重的作用，所以必须注重对教师的教育和培训，培养其端正厚诚的人格品性，积极向上的世界观、人生观和价值观。

此外，学校领导的言行也会对青少年学生产生深远影响。学校领导更该具备高尚人格并严于律己。在通常情况下，与对教师的态度相比，学生对学校领导怀抱更多的尊重甚至敬畏，在其心目中学校领导具有更高的权威性，并因而对其生出更多的道德期待。如果学校领导的言行和品格表现与这一期待相符，则会给予学生无尽的道德激励，甚至成为其一生崇敬和追随的人；如果学校领导的表现与这一期待完全不符或者有所偏差，则会使学生倍感沮丧，甚至可能造成其在价值观上的动摇和挫败感。

（三）公众人物

公众人物，也被称为公共人物，是指在一定范围内具有重大影响力，为人们所广泛知晓和关注，并与社会公众利益密切相关的人物。比如各个领域中的知名人士和明星等。

当前，随着娱乐业的日益发达，许多明星都成为青少年心目中的偶像，并视其为自己学习的榜样。近年来，中国青少年研究中心进行了题为《少年儿童的偶像崇拜与榜样教育研究》的问卷调查。调查结果显示，有近七成的青少年选择了明星作为自己的偶像，有九成的青少年认为"偶像在某些方面也是学习的榜样"，有76%的青少年承认"常用偶像来激励自己"。据该项调研的主要成员朱松的观点，明星崇拜是青少年发展过程中的正常的阶段性现象，是青少年在探索自我的过程中对理想人物的社会认同和情感依赖。这表明，以明星为代表的公众人物，理应对自身的责任感和使命感具有高度的清醒认识，不仅要注意外在仪表举止，更应注重内在的品性修养，从而积极塑造和维护自身良好的正面形象，谨记为青少年做出榜样和表率，给青少年以心灵上的激励和鼓舞，为其健康成长注入更多正向引导和能量。可以说，这些偶像明星实际上就是青少年设计未来的标杆和参照，其一言一行、一举一动，都可能会对青少年的未来之路造成重要的影响，所以公众人物理应比普通人群具有更高的社会责任感，要充分利用公众所赋予的社会话语权，帮助青少年树立正确的世界观、人生观和价值观。

（四）普通人

孔子说："三人行，必有我师焉。择其善者而从之，其不善者而改之。"又说："见贤思齐焉，见不贤而内自省也。"这实际上都是在强调人际交往中他人对自身品性习惯的影响。这个"他人"，应该是包括社会当中的所有人的，不仅有高官权威、社会贤达，而且有乡曲小子、贩夫走卒。也就是说，每个在社会生活中与我们发生联系的人，都可能成为我们学习和效仿的对象，反言之，我们可能会受到那些与我们曾经发生联系的任何人的影响。我们经由与他们的接触、学习和内省，而实现不断提升自身学识与品性修养的目的。这种学习、效仿或者说影响，不仅存在于成年人之间，更存在于成年人与青少年之间；对于正处于世界观、人生观和价值观塑造时期的青少年来说，这种学习显然更富意义。

在青少年的成长过程中，任何成年人，即使是一个极为平凡的普通人，也可能会因为某时某地的一句话、一种行为而对其观念和行为产生过深刻的甚至是长远的影响。虽然在每个青少年的心目中都可能存在一个或者多个名气远播的偶像，但与普通人相比，偶像与青少年自身在多个层面上可能都更具差异感，这种差异感又势必带来效仿和学习的难度，从而降低了学习的效果；而那些就生活于青少年身边的普通人，则因其各方面条件与青少年自身的过分接近和高度一致，致使其可模仿性更强，并且由于这些普通人乃日常所见，触手可及、举目可视，因而其榜样作用更具直接的感染性和传播性，重复性与稳定性，可对青少年产生长期的反复的刺激，从而使青少年在相关问题上的认识得到巩固和深化，最终确立起正确的思维方式和行为习惯。

因此，全社会的所有成年人，无论其年龄、性别、民族、身份、地位如何，都不能也不该驰掷其责任，都应怀抱一份对青少年成长的深切责任心，清醒意识到自身的言行举止可能会对周边的某个或某群青少年发生影响，因而积极传达正能量，努力为青少年的健康成长带来示范作用。

参考文献

[1] 林崇德，李庆安. 青少年身心发展特点[J]. 北京师范大学学报（社会科学版），2005（1）.
[2] 马克思，恩格斯. 马克思恩格斯选集[M]. 第1卷. 北京：人民出版社，1995.

[3] 摘自：《荀子·劝学》。
[4] 袁圣东. 网络环境下的中学德育研究［D］. 华东师范大学，2005.
[5] 根据百度百科整理。
[6] 摘自：《论语·学而》。
[7] 摘自：《论语·里仁》。

（本文作者为北京东方所道德研究所副研究员）

青年社团与青年需要

李兰巧

青年是社会的未来和希望，青年是社会改革和进步的原动力，青年的成长和发展关系到社会的成长和发展。那么，作为青年人群的团体——青年社团，这一亚文化群体，更是在社会的改革和发展中起着越来越重要的作用。本文拟从心理学的角度探讨青年社团与青年需要的有关问题。

一、青年社团形成的心理学墓础

人无"群"不成其为"社会"，荀子在《荀子·王制》篇中说："人力不若牛，走不若马，而牛马为用，何也？曰：人能群，彼不能群也。"并说："人生能无群。"近代严复在介绍西方进化论的《天演论·制私》按语中说："能群者存，不群者灭，善群者存，不善群者灭。"这都是说，人类是群体的生物，群体间的相互影响很大。

英国著名社会心理学家麦独孤认为：群集性是人类的本性之一，人类行为的一个重要特点是"合群"。倘若趋群性果真是人类的固有特性，那么在人生的青年期，这种意识和要求表现得最为强烈和鲜明。

进入青年期后，随着青年对自我认识及身体、心理的各种能力的显著发展，青年人开始追求父母影响不到的内部世界及社会活动，或者有意识地要求脱离父母的影响，开始从自出生以来一直保持着对父母的依从和从属关系中解脱出来。心理学家霍林沃斯把这一过程与乳儿期生理性断乳相对应，形象地称之为"心理性断乳"。这意味着，青年人要把依存关系扩大到父母以外，建立新的社会关系。这是一个不确定的有待探索的过程，而且由于这一时期的青年，在人性和社会性上还不能成为一个成熟的个人，认识与情绪还处于不安和动摇的过程之中，所以他们往往选择是由同龄层的朋友、伙伴组成的群体，或由共同的价值观及信念形成的群体，作为新的依存对象，以求得心理上的安定与发展，具体表现为：

（1）青年期心理上的一个重要发展，就是从儿童的依附状态走向自我独立。但青年虽有独立的愿望和自主的要求，却由于经验和知识的不足，无论思

想上还是行动上都需要别人的帮助和指导,还难以完全摆脱依赖的心理。因此,当他们在独立意向的驱使下勇敢地从父母的保护下走上社会之后,往往情不自禁地要去寻找新的支持和帮助,这时,青年很容易把目光转向由同龄人集结而成的社团。

(2)青年是充满自信和自尊的,但青年期由于"自我形象"还没有完全确立,他们不容易知道自己表现的行为是否适当,不能够确定自己能力的高低,所以在青年内心深处存在着莫名的行为是否适当,不能够确定自己能力的高低,所以在青年内心深处存在着莫名的自卑心理,这种自尊与自卑交织的心情常导致他们更多地寻求与年龄相仿、地位相近的同辈人交往,乐于加入各种各样的青年社团。因为在其中既可以得到别人的尊重和接纳,还可以从同伴的言行中找到认识自己的依据,从而克服自卑感,增强自信心。

(3)青年期是自我实现、自我完善的要求非常强烈的时期,他们希望能在学习、工作和社会生活中显示自己的才能,发挥更多的作用。但在客观上,青年由于缺乏丰厚的知识经验,社会地位又极不稳定,很容易受到挫折,因而,他们渴望能归属于某个强有力的社会群体,既可以得到群体的教育和保护,又可以通过群体施展自己的理想和抱负。这是青年进入社团的又一动因。

(4)随着青年对成年人依附关系的减弱,在心理上与家庭的疏远,使青年的感情生活留下了一块空白,他们感到孤独,渴望理解,希望把他们和成年人平等相待。他们渴望通过与人交往得到别人的爱和理解,也希望更多地了解他人。但青年由于心理发展上的闭锁性特点,又表现出不愿轻易暴露内心的秘密。为了填补这块空白,青年把眼光转向了周围的伙伴,在他们中寻找感情的支柱,因为同龄人年龄相近,生理发育、心理发展相似,有着共同的情感体验,而且处于平等的地位,这种心理上的平衡使他们感到亲切,可以畅所欲言。因此,青年一方面乐于交往,渴求友谊;另一方面又很注意选择交往对象,愿意和志同道合者结成社团,以保持固定的交往关系。

二、青年需要及其特征

人类的需要多种多样,纷繁复杂。需要与个体生存发展紧密相关,不同的发展阶段有不同的优势需要和需要特点。青年期是一个人成长的重要中介,是个体生理发育的一个高峰期,其变化的显著性和深刻程度是人的一生中其他时期所无法比拟的。随着生理上的发育和社会实践的日益增多,心理机制也出现了急剧的结构性改组,从而整个心理面貌发生了巨大的变化,形成了一系列青年人独有的需要特征。青年在这一时期不但具有人在各个阶段上所必需的需要，而且还有其特殊的需要，其优势需要与少年儿童期明显不同，并且有异于成年人。

青年的需要不仅与青年人的生理、心理特征相联系，还与青年人所处的社会环境相联系。现代社会，人民生活水平不断提高，国际交往日益频繁，处于转型时期之中的社会，各种思潮纷至沓来，人们的思想意识发生了前所未有的变化。青年人生活在这样的社会环境中，需要发生了结构性变化，以迥异于昔日的面目和态势出现在人们的面前，显示出强烈的时代特征。

1. 社交与归属的需要

儿童与少年时期，交往的主要对象是父母、老师和同学，对父母与老师的依恋使得他们在父母与老师的关爱下成长、社会交往面比较窄，需求并非很强烈。进入身心迅速发育成熟的青春期后，青年的自我意识不断成熟，随着青年对成年人依附关系的减弱，加上社会生活圈子不断扩大和深入，他们感到一系列不适应和困惑，从而导致心理的矛盾与冲突，出现不安情绪。他们感到孤独，迫切需要别人理解。在与人交往的过程中，需要和朋友建立一种友谊和亲情的关系，相互忠诚，相互信任；他们还需要依附于一定的团体与组织，被团体接纳，成为团体的一个成员，产生一种归属感。同时，他们还希望与父母家人以外的有着共同兴趣爱好的朋友融合，通过朋友间的非正式小群体，与更广泛的人群接触，被他人所接受。

社会需要和一个人的生理和心理特性、社会经历、文化教养、社会信仰等都有关系，因此表现出来的方式不尽相同。有些青年渴望得到知识，于是出现了寻找比自己高明的朋友，以满足得到帮助和提高的愿望；有的是为了找到"自我评价"的验证人，把朋友作为一面镜子，在镜子中可以看到自己的"映像"；有的是在寻求模仿效法的榜样；有的则为了摆脱孤独，以增强生活的信念和力量等。在归属方面，有的青年在正式的组织或大团体中感到如鱼得水，其乐融融；而有的青年则更喜欢三五成群，与自己有着共同兴趣爱好的朋友在一起，则使他们倍感愉悦。

2. 自尊与求知的需要

随着青年独立意识的发展，青年逐渐产生了自我尊重的要求。在他们看来，自己已经长大了，是一个成熟的人，渴望得到地位平等的尊重。青年的自尊是在集体生活中发展起来的一种心理状态或个性特点，它是个人在一定的社会群体中，希望受到别人尊重并取得合格成员资格与地位的一种意识表现。青年都期望自己在集体中居于适当的地位，得到较高的评价和重视，通过他们所获得的成绩，引起周围人的肯定性评价，此时，他们就体验了自我的存在，因而具有了人的尊严感。

青年处在长知识、打基础的阶段，渴求一切未知的东西，他们的兴趣和关心的领域在逐渐扩大，学习和受教育的要求特别强烈。现代科学技术迅猛发展，使人类所积累的知识量以几何级数剧增，知识更新的速度加快，周期缩短。广大青年意识到时代的要求，渴望掌握真才实学，用更多的文化知识和现代科学技术丰富自己；他们高度重视智力发展，要求有更多的学习条件，广开各种学习门路，解决升学和业余文化技术学习等问题。

3. 自我实现的需要

追求自我实现是当代青年精神需要上最明显的时代特征。1997—1998年，中国青年企业协会、共青团中央青工部和中国企业家调查系统对部分省市的青年进行分类调查，其中当代青年企业经营者主要的个人追求一项，调查结果显示，排在第一位的是"实现自我价值"，占 95.4%。又据对大学生择业观的调查，当代大学生在择业标准上虽呈多元化分布，但明显地集中于两点：一是注重个人才能的发挥和个人价值的实现；二是对经济利益的追求。51.4%的北京地区大学生把能否发挥自己的特长和能力作为择业标准，排在第一位。30.3%的大连市大学毕业生选择了发挥个人才能作为择业动机，排在首位。这说明青年人更注重个人才能的发挥与特长的施展，追求自我价值的实现。

对自我的关切，或者说对自我利益和需要的关注与追求，在当代青年身上表现得尤为突出，这既与青年期自我发展的本质特征有关，同时又与当代青年成长的特定社会历史条件紧密联系在一起。市场经济条件下的人才竞争、知识竞争和优胜劣汰的局面迫使青年更深切的关注自己的命运，关心自己的发展。随着社会责任义务的意识增强，并与个人价值实现互动，青年人表现出极强的才能发挥欲望，迫切希望将自己的精力、知识、能力、才华在社会中发挥出来，实现其价值。

4. 与异性交往的需要

我们不赞同弗洛伊德等西方"泛性论"者的观点，片面夸大性驱力的作用，认为性欲是人类一切行为及社会发展的最基本的动力源，但我们必须承认，只要是一个正常的人，就会有一定的性要求。青春发育以后，随着人体性激素的大量分泌，处于潜伏状态的各种器官急速地活跃起来，从而使人体的第一、第二性征明显地趋于成熟，同时也在青年心理上激起微妙而强烈的反响，使青年日益深刻地意识到两性的差异，对异性开始产生某种越来越强烈的异常感觉和特殊知觉，出现了对异性的好奇、喜爱和吸引等思想情绪，表现为关心异性、寻找异性朋友、想象两性生活等。同时，青春期对性的强烈需要不仅仅是生理需要，而且对推动青年人的心理质变、促进行为的成熟起关键的作用，甚至在很大程度上影响着青年人的世界观、人生观、价值观的形成。青年期需要解决恋爱婚姻、成家立业的问题，这是青年人一生中的大事，解决得如何，对青年人的工作、学习、生活和身心健康有很大影响。

　　5. 健康和休闲娱乐的需要

　　青年人正处在长身体的时期，十分关心自己的身体强健、姿势端正、体态匀称等重量方面的健康，也关心智力发育和精神生活等心理方面的健康，青年人有加强青春期卫生指导、关心并保护健康发育的要求。青年处于精力最旺盛的时期，随着经济的发展生活条件的改善，他们有活跃生活、强壮体魄、发展广泛兴趣的要求，有组织体育锻炼、开展各种体育比赛、游园、登山、旅游等活动，有组织并指导摄影、集邮、欣赏电影、戏剧、音乐、艺术的要求。

　　随着时代的发展，青年们对精神生活的需求，无论是质的方面还是量的方面，都超过了他们的父辈，要求有更多的文化设施，需要更多获得艺术享受、开阔知识视野、促进全面发的活动场所和学习园地。随着劳动自动化程度的提高，青年的社会劳动时间相对缩短。此外，现代青年结婚年龄的普遍推迟及国家推行的计划生育政策，令青年的家务劳动大大减少，尤其是城市青年，他们精力旺盛，兴趣广泛，时间充裕且具有相对独立的经济条件。因而，他们的闲暇生活内容较之其他年龄的人更为丰富。全国范围内五天工作制的实行，为青年提供了更多的文化娱乐活动时间。根据中国青少年研究中心 1996 年的调查数据，大多数青年闲暇时间比较充裕，每日在 3 小时以上者达到 58%。青年们都很重视自己的业余生活，迫切要求有丰富多彩而有意义的业余活动，发展自己的体力和智力，发展自己的个性和才能，从而促进身心的健康，获取生活的乐趣。青年时代，身心发育很快，精力旺盛，向往色彩斑斓的生活，不满足单调枯燥的生活模式。

　　除了以上介绍的几种需要外，青年还有物质的需要、审美的需要、追求刺激的需要等。青年的需要是客观存在的，需要产生动机，动机引发行为。因此，培养和满足青年正当的需要，有利于青年形成正确的动机和产生对自身和社会得有益的行为。

三、青年社团满足青年需要

　　只要稍稍留意一下现代青年的生活，便不难发现以群体形式出现的社会活动越来越多了。高校中的学生社团、文化沙龙如雨后春笋，遍布校园。青年社团受到广大青年的欢迎，主要原因在于：青年社团是青年生活中一个重要的小环境。它作为青年之间相互作用和交往的特殊形式，是青年接触社会、适应生活和确认自我的重要途径，因而在满足青年需要方面具有独特的地位与作用。

　　1. 满足青年交往与归属的需要

　　青年人不甘寂寞，渴望与更多人交往，但又缺乏社会适应能力，对复杂的人事关系感到迷茫和困惑，通过在社团内的反复互动，熟悉了各种不同个性特点的人，从而积累和深化了社会经验，为与各种类型的人友好相处创造了条件。另外，青年经常会遇到不顺心或难以启齿的事情，但由于青年心理上的闭锁性，又不愿意再向父母诉说自己的心事，于是就憋在心里。而在社团中，共同的境遇会使他们与同伴互诉衷肠，从同伴那得到同情慰藉，这就会减轻乃至消除紧张和压抑，使心理得到舒展和平衡。

社团内成员兴趣一致，爱好相同，成员对还未被社会接纳的前卫思潮、现代文化、先锋艺术容易产生共鸣。社团以文化为背景，某种程度上存在以条件类同为聚合基础的等比结构，成员的共同经历或相近状况会内化为强大的凝聚力和群体意识，内化为强烈的责任心和主体意识。这些意识使得青年社团在满足青年归属感的同时，也带动了自身的发展和进步。

2. 满足青年求知与信息沟通的需要

青年社团首先对青年人了解别人、了解社会起着一个"窗口"作用。青年在社团里可以自由地互通信息，交换情报，沟通各方面联系。大量的知识和信息，诸如文艺活动、体育新闻、市场信息以及社会生活方式的变化等，往往首先在这里被迅速传递，特别是那些成年人不愿与他们讨论的问题，如服饰、发型、社交手段以及爱情的问题、性的知识等也可以在这里得到充分的讨论和了解。

青年社团的信息具有面广、量多、传播快的特点，因而成为青年获得社会信息、沟通与社会联系的重要渠道。而无数事实证明，信息对人才的改造作用巨大，这种信息沟通的功能在一定程度上弥补了青年了缺乏知识和经验的缺陷，为丰富青年社会生活、开拓知识层面提供了途径。在青年社团中，不同知识结构，性格特点和思维方式的青年，在思想、观点的互相撞击中迸射出创造性和灵感，互相启迪以弥补自己的缺陷。由于青年社团内信息传递迅速，青年能及时了解许多新鲜事物，因此，头脑开放，视野开阔，知识更新更快。

青年在学校中学到的知识，无论专业程度多高，相对于青年对知识的需要而言，都是狭窄的。青年可利用参加的各种社会活动，在知识海洋里广泛涉猎，丰富自己各方面的知识；通过与同伴广泛的交流，扩大知识面，使求知与信息沟通的需要得到满足。

3. 满足青年个性发展与自我实现的需要

人与人之间的个性差异是客观存在的，不容忽视。不同的个性辅之以不同的教育或管理方式，才能最大限度地发挥人的积极性。青年处于成长阶段，多元化的教育管理方式显得尤为重要。但是，在现阶段，青年大都接受的是正规教育，正规的教育很难照顾到青年的个性发展。统一的教材，统一的教学方法，再加上应试教育的压力，使青年的个性发展受到压抑。而青年社团以其多样化的结构，新颖的形式，正好填补了正规教育留下的空白，在满足青年个性发展需要上发挥了其特有的优势。青年社团内部都弥漫着一种相当个性化的色彩。活动自由参加，社团内没有太多的约束，同时提倡平等协作，非常符合青年个性的特点。

青年社团是青年实现自我抱负和目标的舞台。社团创设的物质生活环境、教育环境、社会公德环境，对青年的培养、教育和发展影响很大。青年社团是青年自己组织、自己管理、自己规划、自己教育、具有自我改善能力的群体。在这样一个组织中，青年的各种能力与才干都能得到发展。具体来说，社团的讨论、实践，特别是面向社会的活动，将使青年的创造能力、口头表达能力、文字写作能力、组织管理能力、社交和活动能力、动手能力、参与社会改革能力、自我教育能力等都得到较全面的发展，增长其才干。通过这些锻炼，青年自身的价值得到了体现。

当代青年对事业有强烈的成功欲望，他们都有自己的奋斗目标，努力发展和创立自己的事业，并通过拼搏在激烈的社会竞争中取胜，是社会发展的主体力量。但是，社会生活是复杂的，机遇对每一个人来说并不是均等的，要受到许多主客观因素的影响，能否把握时机获得成功，都显得十分微妙和难以预测。青年社团对个人潜能的发挥和积极性的调动具有重要意义。科学的、富有创新能力的组织结构，既有合理的规范和严格的制度，注意培养集体情感和团队精神，又尊重个人的自主性、独立性和创造性，使人的积极性得到充分发挥；同时又具有强大的凝聚力，能把完成组织目标和为个人发展创造良好的心理环境结合起来，组织成员在活动中既能互谅互让、密切配合，又能相互启发、集思广益，利用集体智慧和组织优势，为个体的发展创造更多的机会，实现个人无法实现的目标。

以北京理工大学为例。现有各类社团 80 余家，涵盖了人文、科技、艺术、体育、公益五大领域，会员总数达到 6000 余人。其中人文类协会如新闻社、马列主义学会、文学社、演讲团等，涵盖广泛，充分投射了社会风云和生活风采；科技类社团如学生科协、网络开拓者、计算机协会等结合了专业优势，追赶最新科技动态，发挥同学一技之长；艺术类社团如艺术团、书画社、摄影协会、太阳剧社、乡琴俱乐部等，活动繁多，异彩纷呈，渲染出一种优雅的校园艺术气氛；还有公益类社团如勤工助学中心、红十字会、资源与环保协会体育类社团如足球俱乐部、网球协会、乒乓球协会等。这些社团，无疑对学生个性的发展和自我价值的实现起到了促进作用。

4. 满足青年的情感需要

青年社团的交往活动具有沟通个人与个人、个人与集体感情的作用。随着自我意识的发展，青年与父母的情感交流日渐削弱，作为一种补偿，便较多地把感情投射到同辈伙伴中去。同龄人在同一社会历史条件下成长，有着共同的感受和倾向，彼此容易相互理解，易沟通思想。同时，青年的感情丰富，彼此易产生情绪的共鸣。青年在这里既可以对别人感知理解，又容易得到友谊和支持。社团内往往是一人有事大家做，一人有难大家帮，这为青年的生活、工作、学习带来许多切实的帮助。

青春期有了婚恋的要求，通过社团内群体交往，能结识更多的异性朋友或获得更多有关这方面的信息。异性青年通过彼此交流、合作，培养美好的感情。一直在父母关爱下的青年开始学会了关心别人，也体会到了来自异性的关心，为恋爱婚姻打下一个良好的基础。因此，青年社团对于调节青年之间的感情，淡化人与人之间关系上的一些矛盾冲突具有积极意义，满足了青年的情感需要。

5. 满足青年文化生活的需要

改革开放以来，中国青年对文化生活需求的欲望，伴随着物质生活的日益丰富而逐步提高。

城市青年的闲暇时间被一阵阵交谊舞热、吉他热、时装热、迪斯科热、卡拉OK热席卷，还成立了相应的社团。除这些之外，青年中还涌动着其他各种文化色彩浓厚的浪潮，纷纷组织起集邮、摄影、绘画、书法、球迷、棋牌、家政、团艺等协会。各类社团应时代而生，进入了繁荣发展的新时期。自主、活跃、新颖的社团活动，能起到调节生活节奏、充实生活内容的作用，并以些转移兴奋中心，驱散疲劳，愉悦身心，使人们有更充沛的体力和精力来从事工作和学习，为各阶层青年提供了发挥个体优势，促进成长的机会。

例如，中国农业大学成立的"绿手套"登山组就是其中之一。"绿手套"完全是一派休闲风格，这体现了当代大学生的精神要求早已不仅仅局限于对专业的学习，对社会的思考。

他们需要更为广阔的空间释放自己青春的活力，去发挥自己独特的个性，而"绿手套"则为充满青春动态的青年人提供了一个良好的机会。"绿手套"的活动主要是组织社团成员利用空闲时间集体出外，通过登山、郊游等活动去感受自然，增进彼此间交流。

现代的闲暇生活正向着多样化、文明化、知识化和科学化迈进，青年社团则可以很好地帮助青年完成这"四化"任务。无论是娱乐性社团组织，还是学术性社团组织，可以满足青年兴趣的多样化发展；活动形式的新颖、时尚，可满足青年多元生活的追求和乐趣，实现其闲暇生活的文明化；青年社团以特长、兴趣、爱好为结合媒介，让所有参加者在参与中相互切磋技术，取长补短，可以实现青年闲暇生活的知识化和科学化。

青年已经在抵制大众文化带来的千篇一律的影响，这种努力可以在亚文化群——青年社团中创造的种种特殊文娱形式中看到。这种自发性的文化活动方式正在与制度化了的文化活动同时发展，它们赋予主流文化以某种"个性"，在为青年创设某种环境与条件的同时，刺激了青年文化生活需求。

（本文作者为北京青年政治学院教务处处长、研究员）

大学生责任教育的三个理论问题

刘世保

大学生思想活跃、求知欲强、学识水平较高，对社会其他群体有重要影响和示范作用，因此，大学生是社会主义核心价值观建设的重点群体，大学生责任教育在推动社会主义核心价值观融入国民教育全过程中具有重要地位。有必要对大学生责任教育的主体与客体、类别与性质、机理与途径进行分析与梳理。

一、大学生责任教育的主体与客体

大学生的责任教育就是在客观环境和主观能动性双重控制调节下，通过与其他个体与团体的相互作用实现社会规范和价值标准的内化，在这个过程中，责任主体和客体的认定是一个关键环节。

由于责任总是涉及"谁对谁负责"的问题，所以责任中总有一个承担责任的主体、一个主体应对之负责的客体（间接客体）和一个所要完成的任务对象（直接客体）。

按责任的主体来说，主要可分为：个人的责任（承担责任者是个体）；集体的责任（承担责任者是包含个体在内的一个集体）；社会的责任（承担责任者是包含个体在内的全社会的成员）。

按责任的客体（间接客体）来说，可分为：对社会的责任，即社会责任；对他人的责任，即他人责任；对个人自己的责任，即个人责任，也可称自我责任……

按责任活动涉及的领域（与上述直接客体有关）来说，责任可分为：社会公德责任、民族责任、政治责任、经济责任、文化责任、职业（预期职业）责任、学习责任……

研究大学生责任感按责任的主体来说，应该是大学生的个体责任感；按责任的客体（间接客体）来说，主要定位应该是对自己的责任、对他人的责任、对家庭的责任、对集体的责任、对社会的责任等；按责任活动涉及的领域（与上述直接客体有关）来说，主要定位应该集中在学习责任、职业（预期职业）责任、社会公德责任、环保责任等。

二、大学生责任教育的类别与性质

关于责任感的表述有很多种，其基本定位依据都来自责任的定义。责任，即职责、任务。"责"有索取、负责、责罚之意，"任"有任务、担负、任职之意。只要是社会主体，就应负有一般意义上的责任。责任的约束可以有法律、法规、规章及伦理道德等，就责任的追究来说可以有舆论批评、纪律处分、行政处分、诉讼责任、侵权赔偿、刑罚处罚等。

根据《责任心理学》的研究，责任分类按复杂程度大致可以分为二分模式和层次结构模式。二分模式包括"事前责任与事后责任""积极责任与消极责任""社会责任与个人责任"等；层次结构模式则分为五个层级三大类别（三大类别包括行动责任、角色和任务责任、普适性道德责任）[1]。

我们在研究中，对责任结构进行了划分：将责任分为义务层面的责任、职务层面的责任和代价责任。义务层面的责任是指在一个群体内每个成员都应该遵守一定的责任规范，主动承担相应的义务，这是最起码的责任底线，如果做不到或做不好，都会受到该群体的排斥、谴责、批评；职务层面的责任是指在其职谋其责，这个层面的责任是具有强制性质的，必须履行，不可推卸，对其约束可以有法律、法规、规章及伦理道德等，改革开放以来，在管理思路上不断完善的目标责任制，责任落实到人，就是对职务层面的责任的认知和应用；代价责任是指职务层面的责任如果不能完成，将要受到责任的追究，这些追究可以有舆论批评、纪律处分、行政处分、诉讼责任、侵权赔偿、刑罚处罚等，换言之，失职的人，要付出被追究的代价。

我们平时提到的社会责任感指的是义务层面上的责任，研究青少年责任感发展也应该集中在这个定位。

责任类别	性　　质		时间特征	主要特点
义务责任	主动	自律	事先	自我认同、舆论监督
职务责任	主动+被动	强制+自律	事先+事后	有待遇、有约束、有权利、有义务
代价责任	被动	强制	事后	因责任而承受责罚

为了责任教育的方便，我们提出来一个同心圆模型。我们说，责任主体

---

[1] 况志华，叶浩生. 责任心理学[M]. 上海：上海教育出版社，2008.

就是一个圆环。对自己的责任，是由圆环指向圆心的；对社会的责任由圆环指向外部的。对社会的责任距圆心由近及远依次为对他人的责任、对集体的责任、对学校的责任、对社会的责任、对环境的责任等。图示如下：

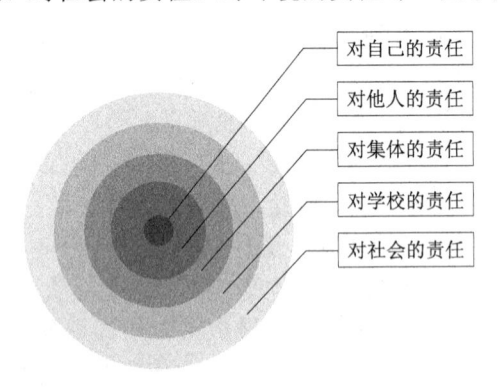

对自己的责任
对他人的责任
对集体的责任
对学校的责任
对社会的责任

三、大学生责任教育的机理与途径

通过对责任教育概念的检索，我们发现出现最多也是最不易区分的概念往往是责任意识、责任感、责任心等。《责任心理学》中就认为西方学者用责任一词的表述是理性的、准确的，进而提出，在国内，责任感、责任意识、责任心、责任观是用在不同学科和不同领域的"责任"概念表述……作者用"莫衷一是"和"冗长"等措辞对国内学者的多种表达进行负面评价，如"使用上莫衷一是的局面可以看作是汉语丰富性、多样性的写照""或简略或冗长的定义、描述或解释，不难发现，这些概念是很难相互独立的——它们所表达的内涵十分接近，甚至完全相同……"[①]

三个词之所以最不易区分，一个重要的原因是这三个词都来源于同一英文单词 responsibility。在我国的研究中，为了将这三个词进行区分，有的研究者认为责任感侧重于与责任承担和行为后果相关的情感成分；责任意识从字面上似乎更多的是一种意识状态和活动，较少含有情感、动机、意志、信念和价值观等成分。相比之下，"责任心"一词既可以包含责任心理的认知成分，也能够包含责任心理的情感和意志成分，因而更具有当前认知心理学的特色[②]。

也有研究者认为责任心是一个总体的概括的概念，是指个人对他所承担的各种责任的意识，尤指一个人对他所属群体的共同活动、行为规范以及他所承担的任务的自觉态度。从认知过程上看责任心包括责任认知、责任情感和责

---

① 况志华，叶浩生. 责任心理学 [M]. 上海：上海教育出版社，2008.
② 李明，叶浩生. 责任心的多元内涵与结构及其理论整合 [J]. 心理发展与教育，2009（3）：123–128.

任行为[①]。还有研究者从理论上对责任心的维度做出分类,如姜勇、庞丽娟等人根据心理结构和过程,将责任心分为责任认知、责任感和责任行为三个维度[②];燕国材认为责任心由责任认识、责任感、责任意志、责任行为四个因素构成[③]。

从以上的表述可以看出,责任意识、责任感、责任心等概念的梳理影响着人们的理解思路,进而影响着分析责任教育的途径和切入点,影响着进一步加强责任教育。

(一)基于责任事件的责任教育概念分析

我们首先区分和确认责任意识、责任感、责任行为的概念,进而明确责任教育是什么。

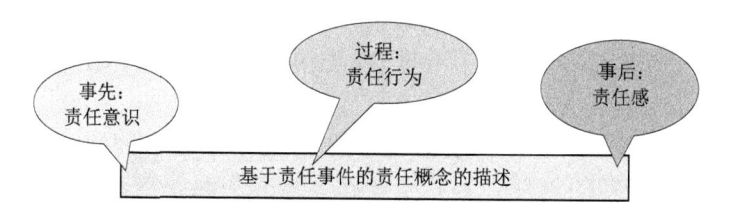

事先:责任意识　　过程:责任行为　　事后:责任感

基于责任事件的责任概念的描述

由示意图可以看出,责任事件的全过程是由责任行为来实施的,责任意识是责任事件之前产生的,而责任感则是责任主体事后的情感体验。人们评价责任状况则是针对责任行为的。这三个概念的性质关系如下表所示:

概念	性　质		时间特征	主要特点
责任意识	主动	自觉	事先	内部激发、指导行为
责任行为	主动+被动	强制+自律	过程	被评价
责任感	深刻	自觉体验	事后	深刻、反思、反馈

从心理学角度看,责任意识是一种事先的主观自觉;责任行为是责任感的外在表现,是衡量责任感与否的最直观的标志,贯穿于责任事件全过程,是被评价对象;而责任感则是指个体对自己在承担人类社会和自身发展的责任中做出的行为选择、行为过程及后果是否符合内心需要而产生的不同态度的情感体验。正向的责任感是依据责任认知而产生的对应尽责任和尽责行为的一种肯定与积极的情绪。能否以严肃负责的态度对待人生表现了人们对人生的一种负

---

① 张积家. 论责任心的心理结构 [J]. 教育研究与实验, 1998 (4): 43-47.
② 姜勇, 庞丽娟. 幼儿责任心维度构成的探索性与验证性因子分析 [J]. 心理科学, 2000 (4): 417-421.
③ 燕国材. 论责任心及其培养 [J]. 中小学教育, 1997 (3): 3-7.

责任态度，肯定者人生目的明确，人生态度积极，对人生价值有正确的认知。

责任心是对责任教育的最广义概括。它既与人的心理过程有关，也与人的个性特点有关，牵涉到人的心理的各个方面，评价要素包括责任认知、责任情感、责任意识和责任行为，通常评价语境是"有责任心"。

分析之后，我们得出这样的结论，责任教育最终目标是形成责任行为的自觉，而这种自觉既取决于责任行为的长期训练，也取决于责任主体的主观自觉，即责任意识。

（二）责任行为形成机理研究

前已述及，责任教育最终目标是形成责任行为的自觉。这种行为自觉的形成有以下五种形成机理，这种机理以存在决定意识为根本原理，以责任事件为依据，以责任行为为目标，突破了在责任教育设计上机械地坚持"知情意行"而无法设计实施方案的现状，有着极现实的教育意义。

人们对责任的评价，一般情况下是看责任行为。我们责任教育的目的，也是形成自觉的责任行为。责任行为培养的路径有两个：一个是通过"行为训练—行为无意识—行为自觉"来完成的，另外一个是通过培养责任意识来支配行为的。

责任意识的形成，除去人格差异外，有三个切入点：第一个通常是从认知开始，通过"责任认知—责任判断—责任意识"的过程形成；第二个是通过责任事件事后的情感体验之反馈及深化形成，第三个是通过人们对责任行为的评价、激励和强化形成。

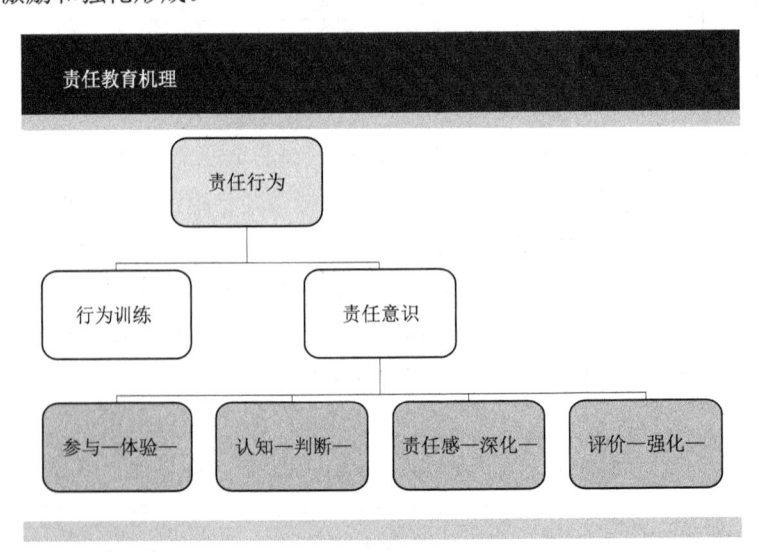

责任教育机理

```
              责任行为
            ┌────┴────┐
         行为训练   责任意识
            │    ┌────┼────┬────┐
       参与—体验— 认知—判断— 责任感—深化— 评价—强化—
```

（三）责任教育途径研究

因此，责任教育的途径归纳如下：

1. 人格差异（先天为主）

唯物主义者承认客观存在。人们的人格差异是客观存在的，在进行责任教育时我们要注意到每个个体在先天的遗传因素上就存在着差异。这表现在灵活性、兴奋性、适应性、易感性以及智力水平上各有不同，这就使得个体在接受责任教育时的表现会有所不同，有的个体对责任教育易于理解，且容易产生同理心，当产生责任感后易于坚持，并能采用灵活的方法来实施责任行为。但有的个体则会相差甚远。所以我们在进行责任教育时一定要针对个体先天的人格差异来施与不同的教育。

2. "行为训练—行为无意识—行为自觉"（行为训练）

责任教育是通过行为训练来养成习惯的。通过责任行为的训练，个体可以接受和学习积极的责任行为方法，并实践这一方法。在这一过程中，积极的责任行为方法会潜移默化到个体的思维结构中，形成行为无意识。这样当再面对责任事件时，个体的行为无意识会自动化地发生作用，而自觉地做出责任行为。

3. "责任认知—责任判断—责任意识"（后天教育）

这一途径是以责任认知为起点，个体通过接受责任教育和对责任行为的观察形成对责任的认知；当面对责任事件时个体会根据自身的责任认知产生对责任事件的判断；而这一责任判断会使个人形成认同或否定的感受，从而使得个体面对责任事件时形成自身的责任意识。

4. 情感体验之强化（后天内省）

经典行为主义学派代表人物斯金纳指出自我强化是塑造行为的最有效途径。根据这一原理在责任行为形成中通过事后责任感的自我强化，即将自身在责任事件中的体验、积累、反馈到大脑中，使得个体受到这一事后责任感的正强化或负强化，来使得个体的责任意识得到激发并稳固下来。

5. 责任评价之激励（外界作用）

通过对责任行为的评价，加深责任主体的体验，进而深化为责任意识积蓄下来，逐步成为主观自觉。当主体的积极责任行为发生时，教师和同学进行正面的评价，并给予微笑或鼓励，主体的积极行为会持续下去，并形成主观自觉；当主体的消极责任行为发生时，教师或同学进行负面的评价，并给予批评或斥责，主体的消极行为会消退，并形成不再发生消极行为的主观自觉。

（本文作者为北京职业教育与人文北京研究中心主任、教授）

综艺真人秀节目与青少年身份认同

周 敏

从 2004 年《超级女声》算起，综艺真人秀节目已进入国人视野 10 年。在中国电视发展史上，能保证稳定的收视率，并持续引发社会热点、引发社会各界思考，带给社会触动的节目并不多见。从《超级女声》到《中国好声音》《我是歌手》《爸爸去哪儿》，10 年间，一种节目类型塑造了一批批青少年偶像，也通过电视的传播力及媒介融合时代的多元互动渠道培养了大批忠实的青少年观众。一种节目类型与一个群体的关联，看似细小却异常宏大的命题往往能够解答当下青少年的语言、外形、情感、行动等方面不同于 80 后以前的青少年的缘由。有学者将 80 后、90 后青少年的表征及心理问题部分归咎于综艺真人秀节目。事实上，从青少年的心理发展的角度，综艺真人秀节目在一定程度上解决了青少年期的"焦点问题"。

青少年在青春期恰恰处于生理、心理的相对成熟与社会机能相对匮乏的矛盾之中，认同的路径是个体、群体与社会复杂对抗与融合的过程。不得不承认，当前中国青少年的生活圈子异常狭小，学校、工作、家庭是大多数青少年的日常轨迹。学校教育、单位工作、家长教育等均是成人世界对青少年强制性社会化、成人化的路径。而存在于其中的媒介消费则是少有的青少年个体寻求认同的重要路径。因此，本文从电视节目着手，从青少年收视率居高不下的综艺真人秀节目入手，一起去探寻媒介与青少年身份认同的互动规律。

"我是谁？""我在社会中占有什么样的位置？""我要到哪里去"，这些成长困惑伴随着青少年生理的成长而日益凸显，是青少年成长中的最根本最关键的问题。作为青少年成长中的重要因素——大众媒介，电视节目如何解答这些问题？我们不妨从过去 10 年中国电视节目的冷热变迁说起。

一、热门综艺节目与青少年认同需求匹配度

如果说"娱乐至上"是当下中国电视综艺节目的精神内核，那么，"教化"与"娱乐"相互博弈应是 2000 年年初中国电视综艺节目的精神内核。以

《综艺大观》为代表的强调"教化"功能的综艺表演类节目逐渐退出历史舞台，在"教化"与"娱乐"的相互博弈中形成并深受青少年追捧的节目呈现了三大类别：明星游戏类娱乐节目、益智竞猜类节目、明星访谈类节目。

1997年7月11日开办的《快乐大本营》将综艺节目推进了游戏娱乐时代。1999年和2000年陆续开播的《幸运52》和《开心辞典》使得益智竞猜类节目走红。2000年，《艺术人生》掀起谈话类节目热潮。十多年过去了，《幸运52》《开心辞典》悄然离开荧屏，《艺术人生》出现收视疲态，《快乐大本营》虽然收视稳定，但是也受到新类型节目的冲击。为何节目不能常青？一方面，节目都有生命周期；另一方面，作为综艺节目收视主体的青少年早已从70后过渡到80后、90后，收视主体所处的社会历史时期不同，媒介需求也大不相同。而媒介需求对于青少年来说，大多来自认同需求。事实上，从媒介与青少年的关系来说，节目的生长周期一定程度上决定于节目与青少年身份认同需求的不断调适与匹配度。青春期是个体不断获得"自我同一性"的过程。所谓的"自我同一性"即青少年同一性的人格化，是指青少年的需要、情感、能力、目标、价值观等特质整合为统一的人格框架，即具有自我一致的情感与态度，自我贯通的需要和能力，自我恒定的目标和信仰。如上文所说，中国80后、90后青少年不仅面临着特定年龄阶段的"焦点问题"，同时也遭遇着社会环境带来的各种压力。在双重因素的作用下，"我是谁？""我在社会中占有什么样的位置？""我要到哪里去"期待更有力的解答。而10年前，中国电视节目中最重要的节目形态——电视综艺节目似乎与这样的身份认同需求相差甚远。以上三类电视节目中，青少年依旧是被动接受主体，没有更多的参与性；偶像明星是综艺节目的重要元素，但是，偶像永远是偶像，青少年永远只能甘做崇拜者，找不到自己在"社会中占有什么样的位置"；至于"我要到哪里去？"三类节目也多是给青少年描述了名人、智慧者"高大上"的成功路线，很少有"小人物"的路径推介。事实上，这样的来自成人世界的通过媒介反映的规约与限制，与家庭、学校的教育没有根本不同。青少年的"身份认同"需求在当时的综艺节目中得不到满足。

二、青少年认同需求与综艺真人秀节目兴衰起落

电视选秀节目发端于西方，2001年英国《流行偶像》、2002年《美国偶像》均在英美创下了收视传奇。选秀节目走进中国源于2003年《美国偶像》中香港男孩孔庆翔糟糕表演后遭受嘲笑，其淡定的"我已经尽力了，所以完全没有遗憾"。一时间，"自信地面对人生"简单得不能再简单的道理在美国风靡，并传向亚洲。2003年《超级男声》诞生，2004年《超级女声》掀起国内

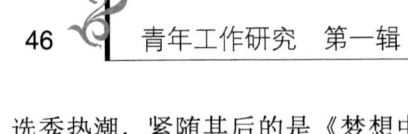

选秀热潮，紧随其后的是《梦想中国》《我型我秀》《加油！好男儿》《绝对唱响》等；2006年至2011年，选秀节目一度陷入恶性竞争的低潮；2011年《中国好声音》掀起"明星导师+草根学员"的选秀新模式；2013年《爸爸去哪儿》则开启了"明星爸爸+星二代"真人秀节目的新篇章。不得不承认，在众多的真人秀节目中，"毒舌评委""逃学风潮"等现象与"审丑哲学""娱乐至死"等潜在本质对青少年健康成长有一定的影响。但是，"存在即合理"，从青少年认同需求出发，我们不难发现，青少年的"认同需求"在真人秀10年中得到一定程度的满足。

1. 海选机制与能力实现需求

在各地设立海选点，只要能唱、愿意唱的青少年都可以参与海选，找到自己的表现舞台。"想唱就唱"表达了青少年在社会中争取能力实现的态度。埃里克森指出，人一生的需求有八个，其中青少年期一个重要的任务是获得勤奋感，克服自卑感，体验"能力的实现"。而放眼过去10年青少年所处的环境，虽然精英教育已转向大众教育，但是大众教育也带来了青年知识分子激增与社会岗位需求"供大于求"的矛盾。因此，在复杂的社会环境中争取平等表达与表现的机会显得尤为珍贵。在80后、90后眼中，选秀节目给了年轻人"能力实现"的平等舞台，李宇春等平民偶像的成功给了青少年更多的参与欲望。事实上，从青少年心理发展层面来说，选秀节目为疏解青少年焦躁心理、满足青少年能力实现需求、平等发展需求提供了平台。

2. 民意票选与被尊重需求

在选秀节目中，"选"不仅来自专家评委、媒体评审，还更多地来自大众评委。通过短信等即时通信工具进行投票，决定选手的去留。在这样的"参与"中，青少年成了节目的主动参与者，"被尊重需求"得到满足。事实上，节目中的民意票选机制在过往十年中已经延展到了现实生活中，青少年生长环境中，公开选拔、民主推选等被普遍使用。甚至在一些中小学及幼儿园，运动会的旗手、优秀学干评选都采取民主投票，竞选产生。

3. 一夜成名与自我发展需求

《快乐男声》2007年冠军陈楚生说，原本以为比赛结束之后睡一觉就是第二天了，结果发现一切都改变了，再也不能像以前那样生活了。事实上，在选秀节目的巨大造星工程下，很多草根变成了明星，实现了一夜成名的梦想。这是"能力实现"的较好平台。但是，如前文所述，青春期是"自我同一性"实现的过程，青少年的需要、情感、能力、目标、价值观等特质整合为统一的人格框架并不是一蹴而就的。这也就意味着，一夜成名会带来极强烈的"自我矛盾性"。青少年必须在不断的自我心理和生理的调适中，完成"同一性"的构建。于是陈楚生有逃离，李宇春也发行了《Why Me》单曲，并以此为演唱会品牌，自问"我是谁""为什么是我""为什么不能是我"，等等。但是，在不断社会化中，不断调适具有自我一致的情感与态度，自我贯通的需要和能力，自我恒定的目标和信仰，青年就真正成熟了。其实，青少年"自我矛盾性"出现，"自我同一性"形成的过程不仅仅在选秀节目中呈现，适应于李宇春等参选者，也同样适用于社会中工作、学习和生活的普通青少年。媒体对选秀偶像的报道已经将偶像制造成青少年的模仿对象。"为什么是我""我该怎样""未来如何"，80后、90后在不知不觉中跟随着选秀偶像构建"自我同一性"。

4. 膜拜草根偶像与忠诚需求

"粉丝"伴随着选秀节目成为热词，也带动了青少年的一种新文化——膜拜草根偶像。选秀节目在与青少年的亲密互动中，将一批原本普普通通的学生、酒吧驻唱歌手、自由职业者等推上了被关注舞台，"草根偶像"诞生。埃里克森指出，青少年在12～18岁是体验"忠诚"的实现的阶段。青少年观众在电视观赏中不自觉地产生了对草根偶像的膜拜。事实上，改革开放以来，中国青少年从不缺少偶像：港台明星、日韩偶像、好莱坞影星、美剧明星、国内明星等构建了青少年丰富的偶像崇拜图景。但是与对以上明星的崇拜不同，膜拜草根偶像体现了如下特征：首先，粉丝范围更大，更具群体性，忠诚度普及化；其次，对某选秀明星的忠诚具有排他性，比如喜欢李宇春的一定不喜欢张靓颖，忠诚度较高；最后，与其说是对偶像忠诚，不如说是对自己的兴趣偏向忠诚，青少年膜拜偶像的过程也是身份区别的过程。例如，张靓颖和李宇春的粉丝都有对自身文化取向的充分的自我肯定。

5. 中性取向与性别发展需求

性和性别发展的需要是青少年期主要的发展需要。他们对两性概念逐渐清晰，对异性产生好感，并逐渐萌发爱的需要。这是从青少年个体发展的普遍心理层面的解释。但是，对于80后、90后，我们不得不将其放在过去十年的社会环境中考量其性别发展需求。80后、90后是普遍的"独生子女"一代，他们在当代家庭中被50后、60后父母进行了不同以往的家庭教育模式：女孩像男孩一样培养独立、勇敢、自信的性格；男孩在普遍的女性教育环境中拥有了温柔、内敛、外秀的性格。于是，"女汉子""花样美男"在青少年中普遍存在，中性取向成为青少年的一种较为集中的性别取向。有学者认为，选秀节目中出现了两性模糊化现象，误导了青少年。事实上，从笔者多年的高校工作经验来看，中性取向是一种较为普遍的青少年外在文化现象。因此，选秀节目一定程度上匹配了青少年的性别发展需求。但是，无论性格中如何中性，从青少年向成年发展过渡的角度来看，对异性的关注与崇拜是大多数青年的基本取向。因此，中性取向大抵只是一定社会阶段与青春期的碰撞，不用过于担心成人世界的性与性格偏向。

参考文献

[1] 张文新. 青少年发展心理学［M］. 济南：山东人民出版社，2002.

（本文作者为北京青年政治学院传播系主任、副教授）

唐代诗歌中的"牧童"意象探究

张靖华

唐代是我国诗歌的极盛时期。唐代诗歌中关涉到牧童及其生活情态的作品也相对较多。储光羲"圆笠覆我首,长蓑披我襟"描写概括了牧童的典型服饰。李涉的"荷蓑出林春雨细,芦管卧吹莎草绿"与杜荀鹤的"渔父晚船分浦钓,牧童寒笛倚牛吹"则凸显环境的恬静与清幽。杜牧的《清明》更是脍炙人口,传诵至今。仔细品读这些作品,唐代牧童丰富多彩的生活跃然纸上。既有"山果怀中落"的悠闲,又有"前溪风雨恶"的仓皇;既有横卧牛背"牛上横眠听秋深"的悠然自得,又有放牧归来"不脱蓑衣卧月明"的疲惫不堪。"骑牛、吹笛"是牧童的典型行为特征,牧童"无忧世事,乐于天性"的精神面貌也每每使人神往。因此,是唐人确立了"牧童"的基本特征。而牧童形象自唐朝开始逐渐成为中华传统文化中特定的文学意象和理想化身。

一、唐代诗歌中的牧童形象

(一)生活化的牧童形象

这些牧童身披蓑衣、手执短笛、起早贪黑、与牛相伴。或群聚嬉闹,或调皮惹祸,虽少不谙事,但背后也有着不为人知的苦楚和无奈,这些牧童有时也成为诗人揭露社会现实的代言者。

可以想见,唐诗中的牧童生活的地方或是江南水乡或是山间人家,多为常下雨的地方。山中之雨说来就来,一种用草或棕毛制成,具有防雨、防晒、防寒和防潮功效的蓑衣就成为牧童放牧时的常备之物。而牧牛生活单调、寂寞,短笛往往也成为他们闲来无事的把玩。短笛声清脆悠扬,既可以表达内心的情感,又可以缓解独行的恐惧。唐代诗歌中描写牧童身着蓑衣、手执短笛的诗句比比皆是,而牧童与短笛同出者亦甚众。"牧童披短蓑,腰笛期烟渚。"(于濆《山村晓思》)"朝阳未出众山晴,露滴蓑衣犹半湿。"(隐峦《牧童》)"饷妇窒翘而领寒,牧童拥肿蓑衣湿。"(韩偓《雨》)"圆笠覆我首,长蓑披我襟。方将忧暑雨,亦以惧寒阴。"(储光羲《牧童词》)"草铺横野六七里,笛弄

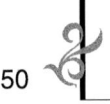

晚风三四声。归来饱饭黄昏后，不脱蓑衣卧月明。"（吕岩《牧童》）"暖暖村烟暮，牧童出深坞。骑牛不顾人，吹笛寻山去。"（成彦雄《村行》）"蚕娘洗茧前溪渌，牧童吹笛和牛浴。"（贯休《春晚书山家屋壁》）"远岸牧童吹短笛，蓼花深处信牛行。"（刘兼《莲塘霁望》）"渔父晚船分浦钓，牧童寒笛倚牛吹。"（杜荀鹤《登石壁禅师水阁有作》）"荷蓑出林春雨细，芦管卧吹莎草绿。"（李涉《牧童词》）"青山青草里，一笛一蓑衣。"（栖蟾《牧童》）

"牧童见人俱不识，尽着芒鞋戴箬笠。朝阳未出众山晴，露滴蓑衣犹半湿。二月三月时，平原草初绿。三个五个骑羸牛，前村后村来放牧。笛声才一举，众稚齐歌舞。看看白日向西斜，各自骑牛又归去。"隐峦的《牧童》诗真实细腻地描绘了牧童三五成群牧放羸牛的清苦生活、"齐歌舞"背后的单调与寂寞、牧童世界的些许缺憾与无奈。更别说刮风下雨给牧童带来的麻烦，甚至还有恶风邪雨、猛虎欺犊的危险。刘驾《牧童》"牧童见客拜，山果怀中落。昼日驱牛羊，前溪风雨恶。"就是牧童生活的现实描述和真实写照。面对自然风雨和山中猛兽，弱小的牧童总是值得同情、引起怜悯。李涉《牧童词》："朝牧牛，牧牛下江曲。夜牧牛，牧牛度村谷。荷蓑出林春雨细，芦管卧吹莎草绿。乱插蓬蒿剑满腰，不怕猛虎欺黄犊。"在诗中猛虎虽然没有真的出现，但它对牧童形成了实实在在的威胁。为了防止"猛虎欺黄犊"，牧童胡乱插一些蓬蒿在腰间当剑，吓唬野兽、给自己壮胆。天真的举动令人为之一笑。同时也不免让人心存忧虑：假如猛虎真的突现，稚嫩的臂膀柔弱的蓬蒿真的能够保护好黄犊吗？恐怕到时候小小牧童都会有性命之忧啊！

"远牧牛，绕村四面禾黍稠。陂中饥鸟啄牛背，令我不得戏垅头。入陂草多牛散行，白犊时向芦中鸣。隔堤吹叶应同伴，还鼓长鞭三四声。牛牛食草莫相触，官家截尔头上角！"张籍这首《牧童词》诗中可以看出，牧牛可不是轻松的工作，既要警惕牛儿不去贪吃庄稼，又要留意啄食牛背的饥鸟。隔岸的声声木叶在召唤，可是牧牛的责任使自己只能暂时放弃游戏的诱惑，也只能抽空胡乱吹上几声木叶以示回应对方。牧童因照顾牛儿不能痛痛快快与同伴游戏的焦急、矛盾心理呼之欲出、跃然纸上。甚至在懊恼之余，小小牧童将一肚子不快冲着牛儿发泄，愤愤然地猛甩长鞭，警告起那些不太听话的牛儿：好好吃草，不要抵角打架。如果再不听话，就让官府差役把你们头上的尖角都给锯了去！

或是出于淘气，或是实在抵不住游戏的诱惑，偶尔牧童也会放任牛儿偷食禾苗庄稼。李涉《山中》："无奈牧童何，放牛吃我竹。隔林呼不应，叫笑如生鹿。欲报旧舍翁，更深不归屋。"

（二）诗人理想中的"牧童"形象

诗人笔下的牧童往往是融入作者理想的诗化的牧童形象：自由自然、无忧安闲、快乐无穷。这些"牧童"形象往往寄寓着诗人的人生理想，与真实生活有一定距离。这些诗化的"牧童"形象逐渐成为一个意象化的符号，承载着中国古代文人"桃花源式"的出世梦想。

箬笠、发际插上几朵野花，是爱美牧童的装饰。也有以真实的生活面目示人的牧童，"乱搔蓬发笑看人"（韦庄《赠野童》）、"不脱蓑衣卧月明"（吕岩《牧童》）。结伴出行的牧童更是"笛声才一举，众稚齐歌舞"。而这些牧童所处环境大多优美舒适。或是"草铺横野六七里"，或是"草满池塘水满陂"，因水草丰美、牛羊饱食，牧童自然也可仰身躺在草地之上，沐浴着融融春日"向日眠春草"，安心享受青山绿水、蓝天白云。即使是"春风细雨飞"，霏霏细雨更增加一种迷离的美感。他们"日出唱歌去，月明抚掌归""何人得似尔，无是亦无非"。（栖蟾《牧童》）诗人对牧童的心向神往在诗中毫无遮掩、自然流淌。"无是亦无非"的牧童是诗人所渴望的理想人生状态。也只有这些"无知野性"的不羁牧童，才能"闲冲暮雨骑牛去，肯问中兴社稷臣"。（韦庄《赠野童》）这些牧童或横吹短笛悠然而去，或枕臂酣睡忘乎所以，虽突出牧童生活的"乐趣"和"野性"，但承载着人们对乡野生活的想象和对纯真童年的依恋。可无知野性会随着年龄的增长而消失，这正是诗人惆怅之所在，也有诗人借他们来完成对繁华陨落的哀叹之意。

唐人笔下的牧童，往往都有短笛、老牛相伴。牧童和短笛、老牛融为一体，超凡脱俗、无欲无求，既是诗人追求的理想人生境界，也寄寓着诗人对于生命的深深理性思考。这在两首《牧童》诗中展现得淋漓尽致。栖蟾《牧童》："牛得自由骑，春见细雨飞。青山青草里，一笛一蓑衣。日出唱歌去，月明抚掌归。何人得似尔，无是亦无非。"卢肇《牧童》："谁人得似牧童心，牛上横眠听秋深。时复往来吹一曲，何愁南北不知音。"

这种典型的"牧童"形象以及由此传达出的诗人理想人生境界，可以弥合因时空而造成的阻隔和距离，达到沟通不同时期、不同种族人心的现实功效。只要童心未泯，借助"牧童"，又"何愁南北不知音"。可是，诗人所艳羡的"牧童"人生又是可望而不可即的，诗人赞叹之余剩下的只有羡慕、赞叹、无比向往却又难以达到的感慨，"何人得似尔""谁人得似牧童心"。可以说，有短笛、老牛相伴的牧童意象，所描摹的是中国古代文人雅士所追求的最高理想，也逐渐成为代代文人的梦想和理想人格的优雅化身。

二、"牧童"意象在唐代开始形成的原因

"牧童"这个词语，在中国古代很早就有。自《诗·小雅·无羊》始，牧人与牛羊相携闯入人们的眼帘。而最晚在东周，就有关于我们祖先开始服牛耕田的记载。《庄子·杂篇·徐无鬼》中所描写的牧童，虽是庄子借以表达其哲学思想的一个虚拟的形象，但其知识广博、谈吐睿智却也给人留下深刻印象。《吕氏春秋·疑似》中"人于泽，而问牧童；人于水，而问渔师"的记载，更明确指出牧童因谙熟地形常为迷路之人导引指向。但"牧童"真正作为诗歌创作中具有特殊文化意蕴和独特审美内涵的一个文学意象却晚至唐代。究其因由，大概有三。

（一）"牧童"意象是唐朝繁荣稳定的社会现实和农耕技术空前发展的表征

始于汉末的社会动乱一直延续到魏晋，农业生产和社会秩序遭到极大破坏。饿殍满道、哀鸿遍野、妻离子散、家破人亡。"白骨露于野，千里无鸡鸣"，是社会现实的真实写照。唐朝初建，社会趋于安定，人口迅速增长。唐朝政府重统治集团主张"民为邦本"，积极恢复农业、发展生产。唐太宗认为"水能载舟，亦能覆舟"。"驻哗抚田畯，回舆访牧童"也隐含了问民意于林泽之意。从唐太宗到唐玄宗，唐政府先后推行了一系列重视农业的政策：偃武修文、静民务农；轻徭薄赋、劝课农桑；兴修水利、奖励垦荒。而均田令和租庸调法的推行更是有效促进了唐初农业生产的恢复与发展。加之水利灌溉工具和耕作工具的进步，唐初农业生产得到极大稳定和提高，农业产量不断增加，农业经济加速发展。农业的发展为唐朝的社会稳定、发展提供了经济基础。

在社会的长期稳定和农业经济的飞速繁荣的大背景下，耕作、牧牛渐次成为农村常见的劳作场景和主体事项。儿童也因年龄、体力等原因无法承担劳动强度大、技术要求高的农活。但繁忙的农业生产要求人数量众多，甚至儿童也要干一些力所能及的事情。于是，相对简单、轻松的牧牛就成为儿童的主要工作之一。牧童呼朋引伴、成群结队，自然会引起人们的关注。而如此安乐祥和的田家景象，正是唐代盛世文明的反映。

（二）"牧童"意象是唐代社会儒、释、道三教合一社会思想观念的诗意投射

汉魏六朝，尤其是六朝时期，门阀等级观念炽盛。"上品无寒门，下品无士族。"士族文人崇尚名节、推崇高蹈飘逸的"渔父"。他们鄙薄耕牧，对纯真

质朴的"牧童"没有兴趣。这一时期，儒、释、道三教相互冲突、相互整合、相与激荡。"儒家和道教不排斥也不调和，道教对儒家有调和无排斥。""儒家对佛教，排斥多于调和，佛教对儒家，调和多于排斥；佛教和道教互相排斥，不相调和（道教徒也有主张调和的）。"[1]作为土生土长的道教，因缺乏义理形而上的思辨在三教论衡中每每败北。而佛教体系宏大完整，加之富有逻辑和思辨色彩的因明论辩证思想使得佛教更加雄辩。

时至唐代，为了加强对意识形态的控制，统治者大力倡导三教调和。于是，三教会通，儒、释、道三位一体初步建构。道教不仅借鉴、吸收了佛教的一些思想理论，而且还采用和化用了佛教的一些意象，甚至出现了道教从佛教中窃取教义的做法。古印度很多关于神牛崇拜和牧童神话传说故事在道教释教化的过程中通过俗讲等方式为世人所广知、接纳。

关于心性问题，道教宣扬自由心境与自然生活，禅宗讲求"明心见性"。佛、道相互调和，都主张顺任自然、保其本心、修心复性。文人靠拢宗教，最感兴趣的是也正是自然生活、自由心境。尤其是当文人不达不济，或久居闲职之时，开始反思人生，"自由无累"占据思想主导地位。随处可见的悠然自得、淳朴真诚的牧童，闯入诗人视野，撞开了诗人渴求自由的心扉，逐渐成为文人雅士对自然人生的美好寄托。

（三）"牧童"意象是佛教宣传教义的直接展示

佛教传入我国，其"自我解脱、离尘出世"的主张和价值追求对中国影响甚深甚远。受其影响，中国文学界逐渐形成了清淡悠远的艺术风格。而受尘世俗气影响较小的儿童经常成为文学中描述的对象，成为佛家弟子借用来讲经释义、弘扬佛法的道具。

唐代袁郊《甘泽谣·圆观》讲述了这样一则故事：唐大历末年，洛阳惠林寺有一位僧人名叫圆观。他与落难住在寺院的士人李源一同下山去访道求药。途中，圆观托胎于一王姓孕妇而投生。之前，圆观和李源两人约定十二年后的八月中秋节夜晚，在杭州的天竺寺外见面。十二年后，李源"直诣余杭，赴其所约。时天竺寺山雨初晴，月色满川，无处寻访"。正在怅然若失无所适从之际，李源忽然听到有人唱着《竹枝词》走来。走近发现是一牧竖打扮之人："乘牛叩角，双髻短衣。俄至寺前，乃圆观也。"两人略表问候，无由叙话。"圆观又唱《竹枝》，步步前去，山长水远，尚闻歌声。词切韵高，莫知所诣。初到寺前，歌曰：'三生石上旧精魂，赏月吟风不要论。惭愧情人远相访，此身虽异性长存。'寺前又歌曰：'身前身后事茫茫，欲话因缘恐断肠。吴越山川游已遍，却回烟棹上瞿塘。'"[2]"乘牛叩角，双髻短衣"的牧童，是圆观转世托身。而作者之所以以乘牛唱歌的"牧童"形象作为圆观的转世化身，应该是有所讲究和寓意的。

唐代以后，在佛教典籍中每每会出现由短笛、老牛相伴的"牧童"形象和《牧童歌》。如《古尊宿语录》卷十一《牧童歌》："牧牛童，实快活，跣足披蓑双角撮，横眠牛上向天歌……"[3]《古尊宿语录》卷十九："师入院上堂，僧问：'如何是杨岐境？'师云：'独松岩畔秀，猿向下山啼。'进云：'如何是境中人？'师云：'贫家女子携篮去，牧童横笛望源归。'"[3] 牧童看似随意的吟诵，其初衷不一定为了创作诗歌。但借牧童之口讲经释义、传播义理，在一定程度上启发、拓展了诗人以诗歌阐释哲理的视域。

参考文献

[1] 范文澜. 中国通史简编（第2编）[M]. 北京：人民出版社，1964：442–443.
[2] 唐五代笔记小说大观 [C]. 上海：上海古籍出版社，2000.
[3] 颐藏主. 古尊宿语录 [M]. 北京：中华书局，1994.
[4] 彭定求. 全唐诗 [M]. 北京：中华书局，1960.
[5] 王成，李晓丽. 牧童·牧笛·牧牛——古诗词中的"牧童世界"[J]. 文史知识，2008（12）.
[6] 梁海燕. 论唐诗中的"牧童"意象 [J]. 河北工程大学学报，2008（3）.
[7] 刘继刚. 从唐诗看唐代的牧童 [J]. 兰台世界，2009（8）.
[8] 周晓芬. 古代诗歌中的牧童形象 [J]. 名作欣赏，2010（12）.
[9] 张同胜.《水浒传》中张天师的牧童形象探源 [J]. 水浒争鸣，2010（12）.
[10] 王伟萍. 中国古代诗人的牧童情结 [J]. 南都学坛，2012（4）.

（本文作者为北京青年政治学院文秘与法律系副主任、副教授）

青少年网络微公益参与行为分析与引导对策

宋 爽

2013 年 5 月 31 日，慈善蓝皮书《中国慈善发展报告（2013）》发布暨中国慈善事业发展研讨会在北京举办。该蓝皮书提出，"微博打拐""免费午餐"等为代表的微公益开启了全民公益时代。微公益借助网络平台普及了人人都可参与公益的意识，激发出越来越多的社会资源，微公益参与主体也出现了可喜的变化，青少年群体正成为重要的力量参与其中，并开始作为发起者发挥作用。

一、星星之火可以燎原——微公益在中国

微公益，顾名思义是指以公益精神为核心，从微小的社会需求入手，注重积少成多的公益事件。本文所探讨的微公益主要是指借助网络尤其是微博平台开展的网友自发参与的狭义的微公益活动，相对于传统的公益事业而言，它不需复杂的形式和大量的资金，它也通常不是由专门的公益组织发起的，而是借助网络的力量，通过网民的参与和体验而形成的一种草根性质的民间自助形式，它将人们微不足道的爱心积聚起来形成新的巨大社会力量。[1]

在中国"微公益"概念较早是由"多背一公斤"网站的创建者"安猪"在 2009 年提出的针对贫困学校的援助计划，主要是为了号召网友们出游时多背一公斤学校需要的物品。而微公益真正为公众所接受则与微博的迅速推广密不可分，微博开放的环境和强大的号召力，使依托网络平台的微公益成为网友热衷的一种公益形式。人民网舆情监测室的统计数据显示，2012 年由微公益引发的大型网络热点事件超过 40 次。同时微公益的社会关注度也逐渐不再局限于网络，而成为主流媒体关注的焦点，掀起微公益热潮的"微博打拐"事件就曾当选为 2011 年度十大公益新闻，而"免费午餐"事件则赢得政府回应，国务院决定启动实施农村义务教育学生营养改善计划，成功促成了政府与民间在公益活动中的合力。

尽管微公益在中国出现的时间不是很长，运作模式在很大程度上也借鉴了国外较有影响力的微公益网站，但微公益所倡导的从微不足道的公益事情入

手、积少成多，以及"公众付出、公众受益"的理念在中国却有着深厚的文化底蕴和广阔的发展前景。"勿以善小而不为"，正集中体现了中国古人对善心善行的倡导，告诉世人，行虽微小，善心乃大，生活中点滴的善举，也会为别人带来帮助，这也为微公益行为奠定了思想基础。随着中国社会的不断发展，微公益以其独特的优势在构建和谐社会过程中，发挥着巨大的作用，与"微博打假""微博反腐"不同，微公益赋予了微博更多"扬善"的特质，成为传递社会正能量、建设良好道德风尚的有效载体。

二、网络助力青春力量——微公益与青少年

根据中国互联网络信息中心（CNNIC）在 2013 年 1 月 5 日发布的《第 31 次中国互联网络发展状况统计报告》，截至 2012 年 12 月底，我国网民规模达 5.64 亿，全年共计新增网民 5090 万人，互联网普及率为 42.1%，较 2011 年年底提升 3.8%。互联网在中国呈现越来越普及的趋势，而从网民的年龄分布结构看，10~19 岁人群比例占到了 24%，20~29 岁占 30.4%。由此可见，青少年作为网络的主要使用群体，其参与微公益活动的主要平台也将主要依靠网络这一方便、快捷的媒体。[2]

（一）参与形式

依靠互联网进行微公益活动已成为目前青少年参与微公益活动的主要途径，其形式主要是公益网站及微博。

（1）公益网站——以腾讯公益网为例。微公益网络平台，使更多的青少年能够有时间、有途径参与到以往可望而不可即的公益活动中来，从而成为公益活动中的一部分。腾讯公司旗下的腾讯 QQ 自 1999 年问世以来，始终都是一代代青少年最热衷的即时通信工具，成为青少年群体的一种生活方式。腾讯公司搭建的网络公益平台——腾讯公益网正是借助现有 QQ 产品在青少年群体中的影响力，进一步普及、推广公益理念与慈善文化，通过月捐、乐捐、公益活动、微爱、公益人物等模块网聚 QQ 用户巨大的公益潜能，让更多青少年更便捷、低成本、持续性地参与公益，将公益塑造为一种习惯，在登录 QQ 聊天的同时，每天轻触鼠标便可参加公益活动，挣爱心积分、领公益徽章，变成青少年的流行时尚。[3]

（2）微博——以新浪微公益为例。随着互联网发展日益壮大的微公益，正是借助社交网络尤其是微博的力量逐渐为更多青少年所知的。而据 DCCI 互联网数据中心相关数据，青少年已成为微博用户主体，新浪微博用户的平均年龄是 24 岁，其中 80 后、90 后、70 后的比例是 5:4:1。[4]特别是在 2012 年新

浪微公益平台上线后，有效拓展了青少年参与微公益活动的途径。登录新浪微公益平台可以清楚地看到"我要寻求帮助"及"我要帮助他们"板块，浏览"最新项目""最热项目"的具体情况，还可以简单地选择"爱心捐赠""捐赠物品""转发微博帮帮他们"等多种微公益事件方式等。该平台最大的特点，就是通过简单容易寻找的流程降低了参与公益的门槛，网友可根据自身情况随时奉献爱心，对于青少年来说哪怕仅仅是转发也成为一种普遍的微公益行为。

（二）参与原因

青少年成为微公益的重要参与力量与微公益的传播特征有直接而密切的关系。

首先，微公益依托网络为主要传播渠道，而网络已成为当今青少年的重要生活方式，特别是社交网络和微博，青少年群体的使用比例明显高于其他年龄段用户（见图1）。

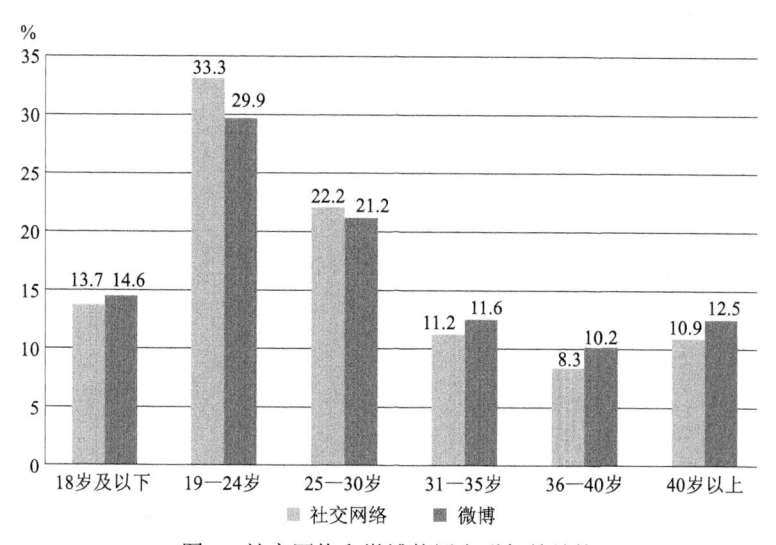

图 1 社交网络和微博使用人群年龄结构

正如上文所分析的公益网站及微博，相较于传统的公益方式，新媒体更能迎合青少年的消费理念、生活方式、接受信息的习惯和渠道，符合他们多元化、个性化的需求。

其次，微公益传播范围广，低成本、低门槛的性质与青少年的生存特点相吻合。青少年群体大多数为在校学生，没有独立稳定的收入来源，经济力量较为薄弱，而微公益的理念与实践方式使他们可以从事微小的公益行动、小额捐助，抑或小范围的公益理念传播，以微薄之力来实现公益梦想。

最后，微公益传播效率高，互动性强，增强了青少年的参与感，满足了青少年实现个体价值的精神需要。青少年时期是个体由依赖性较强向独立性社会成员过渡的时期，对社会责任会产生强烈的使命感与承担意识。微公益为他们提供了一个能够实现个人、社会和国家利益统一的平台[5]，契合了大学生追求个体价值并不断完善自我的精神需求。

（三）微公益对青少年自身发展的积极影响

微公益为青少年提供了便捷可行的平台，帮助青少年实现公益梦想的同时，以"润物细无声"的姿态对青少年的身心健康发挥着积极作用。

一方面，微公益有利于青少年的身心健康。网络为青少年提供便利、开阔眼界的同时也容易造成青少年群体的自我封闭，沉迷于网络的宅男、宅女逐渐脱离现实社会环境，对正常的社会交往产生回避甚至是恐惧的心理，长远看会极大地阻碍青少年身心的全面发展。而微公益在契合青少年网络使用现状的同时，有效地将青少年的注意力转移到有价值的公益活动中，引导青少年关注真实的社会现状，从网络逐渐走向开放社会，投身到社会实践中实现自我。

另一方面，微公益有利于青少年树立正确的价值观。当代青少年的成长环境不仅开放而且变化迅速，中国传统的价值观与社会主义市场经济价值观的冲突、计划经济条件下价值观与社会主义市场经济价值观的冲突、社会主义市场经济的价值观与西方价值观的冲突，不同程度地并存于当今社会[6]，这些都难免会对青少年的价值追求产生负面影响。不得不说，近年来青少年网络"炫富""拼爹"现象频出，是许多青少年价值观倒退的真实表现。而微公益的传播理念符合社会基本的价值取向，引领网络文化的健康发展方向，有利于引导青少年树立正确的价值观。

三、监管与教育并行——青少年参与网络微公益的引导对策

在充分肯定微公益对青少年全面发展所产生的积极作用的同时，我们也应清楚地看到目前微公益传播所存在的一些问题，未来如何保持青少年参与网络微公益活动的热情与可持续发展，还需多方努力加以积极引导。

首先，加强微公益监管的把关意识。目前我国微公益组织还处于探索阶段，没有专门的法律法规作为保障，也没有统一的监管机构进行监督，部分需要捐助的信息真伪难以辨别。而青少年群体往往缺乏信息辨别能力，面对纷繁复杂的网络公益信息时容易被虚假信息蒙蔽，仅凭美好的愿望和满腔热情投入其中。因此相关网络运营管理者要承担起把关职责，严格审核资料，规范微公

益信息的发布，发现虚假信息时要及时辟谣，并利用技术手段阻断谣言的传播。否则虚假信息或恶意炒作在给青少年造成经济损失的同时，更会打击他们对公益事业的信任以及参与公益的积极性，有损微公益的社会信誉与健康发展。

其次，重视青少年微公益理念教育。尽管青少年通过网络可自行理解微公益、参与微公益，但是学校在鼓励学生进行公益实践的同时，还应加强青少年对微公益理念的教育，避免盲目跟风、流于形式的微公益行为，使青少年认识到从节约用水到绿色出行，公益存在于生活的方方面面，真正理解微公益的本质不在于量的多少，而在于公益思想的传播以及公益习惯的养成。

最后，丰富青少年微公益活动形式。青少年只有将微公益理念付诸行动，才能充分领悟微公益理念，实现个体价值。对于相关部门来说应结合青少年的能力及参与微公益的特点，有针对性地开展面向青少年群体的多种微公益活动，使青少年群体在参与过程中得到有序的组织与及时的指导，更好地引导青少年对微公益知行并进。例如，2013年5月，由共青团中央、教育部、新浪微博共同举办的，倡导公益从身边点滴做起、以微行动之力点滴汇聚中国梦的"圆梦中国，公益我先行"第一届全国大学生微公益大赛正式拉开序幕。本次大赛在参赛资格、参赛环节及奖项设置等方面均有周密的安排，从创新性、可行性、社会效益及可推广性出发，全面考量青少年对微公益认知与实施能力，最终通过评审并票选出的100个公益项目在6月20日至7月5日间在新浪微公益平台提交项目执行计划并进行线上募捐，全面引导并充分发挥青少年群体在微公益传播中的主体力量。

参考文献

[1] 曹文星. 基于微博平台的微公益传播研究[EB/OL]. http://media.people.com.cn/GB/22114/150608/150615/17213460.html.

[2] 中国互联网络信息中心. 第31次中国互联网络发展状况统计报告[EB/OL]. http://www.cnnic.cn/hlwxzbg/201403.htm.

[3] 杨团. 中国慈善发展报告（2013）[M]. 北京：社会科学文献出版社，2010.

[4] DCCI 互联网数据中心.

[5] 艾瑞咨询集团. 2010年中国微博发展现状及用户研究报告[EB/OL]. http://www.iresearch.com.cn.

[6] 冯莹姣. 微公益——大学生思想政治教育的有效载体[D]. 浙江师范大学，2012.

[7] 杨业华. 大学生核心价值的内涵及研究意义探析[J]. 思想教育研究，2013（4）.

（本文作者为北京青年政治学院传播系讲师）

回顾与展望：我国青少年犯罪研究

康树华 刘金霞

一、青年兴则国家兴，青年强则国家强

青少年是一个充满活力，朝气蓬勃，最富有梦想的群体。它使人们浮想联翩：什么上天鹏程万里，探索太空美景；什么潜海入底，勇于捉拿蛟龙；什么入地敢于指点阎罗大帝；等等。

回到真切的现实，青少年的健康成长，则关系到千家万户的幸福、安康，关系到社会的和谐与稳定，更关系到老一辈创造的事业由什么人接班的问题，自然关系到国家和民族的大业未来之兴衰。

2013年"五四"青年节前夕，习近平总书记来到中国空间技术研究院，参加"实现中国梦，青春勇担当"主题团日活动，在同各界优秀青年代表座谈时强调："青年最富有朝气、最富有梦想，青年兴则国家兴，青年强则国家强。广大青年要坚定理想信念，练就过硬本领，勇于创新创造，矢志艰苦奋斗，锤炼高尚品格，在实现中国梦的生动实践中放飞青春梦想，在为人民利益的不懈奋斗中书写人生华章。"[1]他指出："历史和现实都告诉我们，青年一代有理想、有担当，国家就有前途，民族就有希望，实现我们的发展目标就有源源不断的强大力量。中国梦是历史的、现实的，也是未来的；是国家的、民族的，也是每一个中国人的；是我们的，更是青年一代的。中华民族伟大复兴终将在广大青年的接力奋斗中变为现实。"[1]他强调："广大青年要勇敢肩负起时代赋予的重任，把理想信念建立在对科学理论的理性认同上，建立在对历史规律的正确认识上，建立在对基本国情的准确把握上，永远紧跟党，高高举起中国特色社会主义伟大旗帜；增强知识更新的紧迫感，如饥似渴学习，勇于到条件艰苦的基层、国家建设的一线、项目攻关的前沿去经受锻炼、增长才干，不断提高与时代发展和事业要求相适应的素质和能力；勇于解放思想、与时俱进，敢于上下求索、开拓进取，在立足本职的创新创造中不断积累经验、取得成果；自觉树立和践行社会主义核心价值观，带头倡导良好社会风气，始终保持积极的人生态度、良好的道德品质、健康的生活情趣，努力使自己成为祖国

建设的有用之才、栋梁之材。"[1]

总体上看，我国的青少年，艰苦奋斗，积极向上，遵纪守法，已成为社会主义现代化建设的重要力量、后备军和"中国梦"的实践者。然而，由于青少年是一个占人口比例庞大的社会特殊群体，他（她）们在成长过程之中，辨别是非能力薄弱，存在着对外界不良影响与诱惑难以抵挡的幼稚性。因此，青少年之中的青少年犯罪问题乃成为一个国际化的沉重话题。有人将青少年犯罪问题列为继环境污染、吸毒贩毒之后的第三个世界性难以治理的公害。

二、我国青少年犯罪研究取得的重大成就

回顾新中国青少年犯罪的发展变化，改革开放前近三十年的青少年犯罪，只占全部犯罪的百分之二十几；改革开放以后，由于种种原因，我国的青少年犯罪，则一跃而上升为犯罪的绝对多数，有的地区甚至高达70%～80%，成为党和政府以及全国人民异常关注的问题。为此，党中央1979年发布了第58号文件——《全党重视解决青少年违法犯罪问题》的通知。根据这一通知精神，我国广大理论研究工作者、政法院校教师和政法实际工作部门的同志，纷纷响应党的号召，投身于青少年犯罪研究，开始走上研究青少年犯罪问题的征程，对我国青少年犯罪的历史、现状、特点、原因、趋势及其治理的对策，进行了广泛而深入的研究。因此，尽管我国的青少年犯罪研究与世界上一些国家比较，起步较晚，但收效异常突出。不仅在青少年犯罪研究进程中，组建了群众性学术团体——中国青少年犯罪研究学会、中国犯罪学研究会，建立起新兴学科——青少年犯罪学、青少年法学等，而且开辟了犯罪学在新中国复兴与发展的道路，填补了青少年立法的空白，促进了司法改革和完善了少年司法制度，培养和锻炼出一大批学术队伍，更在总结实践经验的基础之上，建立了家长学校，对失足青少年实施了社会帮教，扩大了社会效益，等等。其中，应该着重一提的是，青少年犯罪研究如何促进司法改革、完善少年司法制度和推动《未成年人保护法》与《预防未成年人犯罪法》制定的问题。回顾我国的司法改革，少年司法经常充当了一种开拓者的角色，一些人道、科学、富有成效的做法，常常是首先作为一种例外（超出法律规范之外），由少年司法所创造，并予以实践，然后再从例外之中总结经验，吸取教训，并上升为理论或原则，进而推广到整体的司法改革之中去。例如，国外的缓刑制度、不定期刑制度、恢复性司法等，都是如此发展起来的。在国内，最为明显的例证，就是我们所建立的少年法庭和所制定的《未成年人保护法》《预防未成年人犯罪法》以及在2012年新修订的《刑事诉讼法》（以下简称"新《刑事诉讼法》"）中关于"未成年人刑事案件诉讼程序"的相关规定。它们不仅填补了我

国司法与立法的空白，而且用法律形式将在实践中创造的少年司法成果固定下来。例如，《未成年人保护法》设专章规定的对未成年人要进行"家庭保护""学校保护""社会保护""司法保护"，并结合少年法庭的实践探索，在总结少年法庭司法实践的基础上，明确规定："公安机关、人民检察院、人民法院办理未成年人犯罪的案件和涉及未成年人权益保护案件，应当照顾未成年人身心特点，尊重他们的人格尊严，保障他们的合法权益，并可以根据需要设立专门机构或者指定专人办理。"（第 55 条）这样的规定，首先是由于在青少年犯罪的调查研究中发现青少年犯罪是由于家庭、学校、社会教育中存在着一定的问题，进而提出一些有针对性的对策，并在实践中进一步发展与补充，积累经验，然后将其上升为理论或原则，再推广到我国的司法改革之中去，并逐步予以完善。最后，在制定法律时，更将其上升为法律条文。我国《预防未成年人犯罪法》设立专章规定"对未成年人重新犯罪的预防"也是遵循了这样的规律。该法第六章"对未成年人重新犯罪的预防"中规定："对犯罪的未成年人追究刑事责任，实行教育、感化、挽救方针，坚持教育为主、惩罚为辅的原则。司法机关办理未成年人犯罪案件，应当保障未成年人行使其诉讼权利，保障未成年人得到法律帮助，并根据未成年人的生理、心理特点和犯罪的情况，有针对性地进行法制教育。对于被采取刑事强制措施的未成年学生，在人民法院的判决生效以前，不得取消其学籍。"（第 44 条）"人民法院审判未成年人犯罪的刑事案件，应当由熟悉未成年人身心特点的审判员或者审判员和人民陪审员依法组成少年法庭进行。对于已满 14 周岁不满 16 周岁未成年人犯罪的案件，一律不公开审理。已满 16 周岁不满 18 周岁未成年人犯罪的案件，一般也不公开审理。对未成年人犯罪案件，新闻报道、影视节目、公开出版物不得披露该未成年人的姓名、住所、照片及可能推断出该未成年人的资料。"（第 45 条）以及"依法免予刑事处罚、判处非监禁刑罚、判处刑罚宣告缓刑、假释或者刑罚执行完毕的未成年人，在复学、升学、就业等方面与其他未成年人享有同等权利，任何单位和个人不得歧视"。（第 48 条）这些都是经过了上述开展调研、发现问题、提出对策、总结经验、理论提升、司法改革予以推广到最后形成法律条文的过程。新《刑事诉讼法》第五编"特别程序"中所规定的"未成年人刑事案件的诉讼程序"，在进一步总结我国少年司法实践经验的基础上，以刑事诉讼基本法的形式确立了对犯罪的未成年人实行"教育、感化、挽救"的方针以及"教育为主、惩罚为辅"的原则，确立了未成年人刑事案件的专人办理制度、强制辩护制度、社会调查制度、（讯问未成年人时）合适成年到场制度、附条件不起诉制度、犯罪记录封存制度等。其中，许多都是在司法实践中，从无到有、从小到大逐步发展起来，并且从不完善到完善，最后在条件成熟的状况下,制定法律将其固定下来的。

总而言之,我国制定的两部全国性的青少年法律——《未成年人保护法》《预防未成年人犯罪法》,用国家基本法律的形式对我国在实践中创建的少年司法制度基本原则、方针、政策,以及组织机构和行之有效的做法,等等,都加以确定和明确规定,它不仅标志着我国少年司法制度进一步完善,更为少年法庭及其特殊审判制度在全国迅速建立和推广提供了重要的国内法依据。而新《刑事诉讼法》关于"未成年人刑事案件诉讼程序"的规定,更进一步将《未成年人保护法》《预防未成年人犯罪法》所创建的各项制度在刑事诉讼基本法中予以肯定和发展,对推动我国公安机关、检察机关设立专门的未成年人刑事案件办理机构、配置专门的未成年人刑事案件承办人员以及落实少年司法的各项具体的制度如社会调查制度、(讯问未成年人时)合适成年到场制度、附条件不起诉制度、犯罪记录封存制度等均具有里程碑式的意义,将我国少年司法向前推进了一大步。

在我们回顾我国青少年犯罪研究进程中所取得的一系列重大成就的同时,更值得着重一提的是,从1990—2009年全国法院审理青少年犯罪案件情况来看,我国的青少年犯罪占刑事犯罪总数,已从1990年占57.31%,连年下降,到2002年已降至31.05%,虽然2003年再次上升到31.22%、2006年上升到34.15%,紧接着又开始下降,直到2009年下降至30.2%。2010年全国各级法院共审结一审刑事案件779641件,判处罪犯1006420人,同比分别上升1.68%和0.98%。全国法院审理的青少年犯罪人数为287978人,其中,不满18岁的68193人,18~25岁的219785人,青少年犯罪人数占刑事犯罪总人数的28.61%[2]。2011年全国各级法院共审结一审刑事案件约840000件,判处罪犯1051000人,同比分别上升7.7%和4.4%。全国法院审理的青少年犯罪人数为282429人,其中,不满18岁的67280人,18~25岁的215149人,青少年犯罪人数占刑事犯罪总人数的26.87%[3]。上述数字表明,在2010年以后,我国刑事犯罪案件总数和犯罪人数都有所增长,但青少年犯罪数量却处于下降趋势。应该说,我国的青少年犯罪已经得到了相对有效的控制。毫无疑问,这是我国青少年犯罪研究进程中所取得的重大成就,也是全国人民特别是从事青少年犯罪研究的理论工作者和在政法部门从事实际工作的同志们,响应党的号召,三十多年来辛勤劳动与奋斗所取得的巨大成果。

三、未来我国青少年犯罪研究的重点

回顾过往,我国青少年犯罪研究已经取得了重大成就,但并不等于说我们可以满足于已取得的成绩。我们必须看到,过去所取得的成就,总起来说,尚属初创，带有填补科学空白的性质，还未形成具有较高层次的青少年犯罪研究的理论体系，也未完全把握我国青少年犯罪的规律。即使就已经取得的学术成果而论，转化为决策，见之于行动都还远远不够。我们必须清醒地认识到，进入21世纪之后，在和平环境下，决定我国社会治安好与坏、犯罪多与少，有两大犯罪类型起着决定性作用：一是青少年犯罪；二是有组织犯罪。而在有组织犯罪之中的团伙犯罪，青少年又占据多数。随着改革开放的进一步深入发展，青少年犯罪还将发生新的变化，出现新的特点，这就为青少年犯罪研究提出许多新的、更深、更广的研究课题。因此，我们决不能故步自封，决不能自满自足，决不能思想僵化，而必须紧跟时代步伐，认清新时代及其所展现出来的新前景，开拓新的视野，发现新的问题，提出新的观念，进入新的境界。

  展望未来，多年从事青少年犯罪研究的经历使我们深刻地认识到，青少年犯罪研究，是一项重大的战略性研究课题。它的意义重大，工程艰巨。

  青少年犯罪研究意义重大。从小处说，青少年犯罪涉及千家万户的幸福，关系到子孙后代的前途。从大处说，我国青少年大约占13亿人口之中的4亿，是老一辈的天然接班人，他们之中有极少数人产生犯罪现象，成为社会秩序不稳定的消极因素，是整个青少年一代健康成长的隐忧隐患，也是我国建设社会主义、实现小康社会的腐蚀剂和破坏力量。因此，通过对青少年犯罪进行研究，制定有针对性的刑事和社会政策，控制和减少青少年犯罪，成为我国建设小康社会之大幸，成为社会秩序是否良好之所系，系千百万户家庭之一大幸事，也是使得年青一代健康成长走上光明大道的重大举措。

  然而，青少年犯罪研究又是一项艰巨工程。这是因为青少年犯罪是一个复杂的社会问题，它更不是静止不动的，而是随着社会发展变化而变化的。因此，要将青少年犯罪问题放到整个社会中去观察、分析。如果以青少年犯罪问题为中心，辐射出去，进行考察，则涉及家庭教育、学校的道德和法制教育、社会教育等。既然如此，我们就必须有针对性地从解决青少年犯罪问题的角度去进行研究。因而必须从现实出发，探讨如何加强家庭教育、怎样帮助家长提高教育子女的水平。而在物质并不匮乏的今天，家长对孩子教育所付出的，决不能仅仅停留在满足于物质供养和严格要求，更为重要的是要拿出时间和精力来陪伴、引导，让孩子在诱惑重重、歧路条条的成长之旅上不要迷失方向，走上岔道。如何加强学校对学生的道德、法制教育和人身安全教育，很值得我们在以往的经验与教训的基础上，认真地加以总结，进一步提出行之有效的措施与方法，并为教师提供其所需要的资料和传授教育方法等。社会教育怎样才能转化为现实？我们认为，首先，要研究在我国如何形成一个人人都来关心青少年教育、都来做挽救失足青少年的教育工作的局面。为了预防青少年犯罪，必须净化社会环境，密切关注与树立良好社会文化、社会风气，关注与消除社会不良场所以及青少年与不良同伴交往等。这是青少年犯罪前的预防犯罪工作。至于青少年犯罪后，则涉及公、检、法、司等政法部门的工作者，如何执行党和政府所确定的对青少年犯罪的教育、挽救和改造的方针、政策。犯罪青少年回归社会后，社区广大群众则要进行帮教，以便挽救已失足的青少年。总而言之，解决青少年犯罪问题，大致可以划分为四个环节：一为犯罪前预防；二为犯罪后惩处；三为劳动改造的特殊教育；四为回归社会的帮教。这四个环节，涉及家庭、学校、社会各个方面，以及公安、检察、法院与司法行政，等等。这就要求整个社会各个方面，都要在自己的岗位上，尽职尽责，做出贡献，方能达到社会管理综合治理创新的要求。

　　由此可见。青少年犯罪研究与治理，是一个全社会的问题。它涉及多种学科知识和多方面的人员，并且都要付出十分艰苦的努力。改革开放以来，我们许多同志响应党的号召，积极投身于青少年犯罪研究和治理工作，已取得了巨大成果，我们应该进行总结，以便再接再厉，进一步开拓青少年犯罪研究新的征程。

　　回顾我国青少年犯罪研究的历史，可以说就是一个展望未来的发展过程，既是一个不断地总结经验与吸取教训的发展过程，也是一个由不够完善到较为完善的过程，更是一个创新与实践的过程。因此，我们展望未来我国青少年犯罪研究重点，首先要考虑国际形势和我国国内形势的历史背景。从国际形势来看，国际敌对势力出于意识形态偏见和自身利益的需要，将进一步对我国实施西化、分化战略，千方百计对我国进行思想文化渗透，遏制我国发展和破坏我国稳定。从国内形势发展来看，我国正处于社会转型时期，即从计划经济体制向市场经济体制转变，中国社会正从传统社会向现代社会、从农业社会向工业社会、从封闭性社会向开放性社会变迁和发展。这种转变，必然带动社会结构的改变，进而影响人们的行为方式、生活方式和对价值体系的选择。因此，价值观念多元化与道德缺失和信仰危机、贫富差距拉大与分配不公、平均主义心态与仇富心理，以及政府公信力下降导致的社会信任危机、社会竞争压力加剧、社会保障滞后、腐败问题严重、社会控制功能弱化，乃至城市化进程中出现的偏差、大量农民失去土地、失业就业压力增大、进城的农民工、流动人口与留守儿童的增加和离婚率攀升导致家庭不稳定与教育、医疗、住房等问题，不胜枚举，渗透到社会的每一个角落，从而使社会不稳定的因素、诱发犯罪的因素大大增加。考虑我国过去三十多年青少年犯罪研究的经验与不足，青少年犯罪中一些带有根本性的问题应该是社会转型时期我国青少年犯罪研究的重点，具体包括经济发展与青少年犯罪之间关系的研究、社会环境变迁与青少年犯罪问题研究、城市化与青少年犯罪关系的研究、农村青少年犯罪问题研究、城乡结合部青少年犯罪问题研究、"留守儿童"与"流动儿童"犯罪问题研究、青少年流动人口犯罪问题研究、网络与青少年犯罪问题研究、青少年犯罪规律研究、青少年犯罪的预测与预防研究等。

参考文献

[1] 关庆丰. 习近平：青年兴则国家兴，青年强则国家强［EB/OL］. 北青网（YNET.COM），http://bjyouth.ynet.com/3.1/1305/05/7990295.html.
[2] 诸葛平. 中国法律年鉴（2011）[M]. 北京：中国法律年鉴出版社，2011.
[3] 诸葛平. 中国法律年鉴（2012）[M]. 北京：中国法律年鉴出版社，2012.

（本文第二作者为北京青年政治学院文秘与法律系教授）

找准大学生铸魂工程的切入点

邹为民

我们通常把培育和践行社会主义核心价值观称为铸魂工程。在 2016 年 12 月 7 日的全国高校思想政治工作会议上，中共中央总书记、国家主席、中央军委主席习近平发表重要讲话，明确指出，要坚持不懈培育和弘扬社会主义核心价值观，引导广大师生做社会主义核心价值观的坚定信仰者、积极传播者、模范践行者。高校历来是意识形态工作的前沿，各种文化和思潮在这里汇聚碰撞。党的十八大以来，习近平同志对加强高校思想政治工作提出了许多新要求。深入学习贯彻习近平同志系列重要讲话精神，是做好新形势下高校思想政治工作的基本前提和重要保障。

在高校思想政治工作中，推进高校网络空间建设改革创新，真正成为运用现代传媒新手段新方法的行家里手，是我们解决"本领恐慌"的迫切需求，也是做好高校思想政治工作的题中应有之义。当前，互联网已经成为思想和知识传播的重要领域、师生学习生活的新空间、高校教学和管理的重要平台。这就要求我们充分认识互联网对高校思想政治工作的重要性，善于运用互联网做好思想政治工作，成为运用互联网进行思想政治工作的专家。

正确的价值观是社会主体基于对自身与社会关系的正确认识，在了解社会、热爱社会和服务社会等方面所体现的高度统一的主观自觉。大学生社会主义核心价值观的养成有赖于对人与社会关系认知的理性支撑、社会价值情感的体验升华和行为的自觉履行。高校思想政治教育工作者应充分认识网络参与影响大学生正确价值观发展过程的客观性、多元性和互动性，找准网络"正能量"在培育和践行社会主义核心价值观过程中的"切入点"。

一、发挥网络"信息窗"的作用，找准大学生价值观认知的切入点

从根本上说，正确的价值观源于对人与社会关系的正确认知。大学生只有在正确世界观、人生观和价值观的指引下，做出对自己与他人、自己与社会之间相互依存、相互作用关系的正确认知，才能产生对社会的深刻认同，将个

人需求与社会需要结合起来，从而在社会发展的宏大视野中找到自身肩负的责任并自觉承担其使命。

社会信息网络化已构成当代大学生成长成才的一个重要社会背景，网络既是信息生产、信息加工和信息传递的桥梁与中介，同时其自身也构成多彩的社会生活空间，参与到大学生价值观认知的形成和发展进程中。从积极正向的角度分析，网络是提升大学生正确价值观认知的"信息窗"：既能帮助大学生确立正确价值观认知的正确角度，又能帮助大学生扩充正确价值观的有效内容，还能帮助大学生提高正确价值观认知的综合能力。

（一）帮助大学生确立价值观认知的正确角度

正确价值观认知角度要求以正确的世界观、人生观为指引，运用马克思主义唯物辩证法观察和分析人的社会属性。网络推动大学生认知社会角色，确立以信息时代"社会人"的身份来感受正确价值观的角度。"人的本质不是单个人所固有的抽象物，在其现实性上，它是一切社会关系的总和。"建立"联系"是网络的基本运行机理，正是依托网络的互通互联，信息社会人与人之间的联系进一步加强，并且社会生产生活越发达，人们对这种联系的需求就越来越强烈。大学生正确价值观养成的关键就在于让大学生深刻感受到自己与他人、自己与社会不可剥离的紧密联系，从而自觉地体会和塑造自身的社会角色。信息时代，网络已然成为参与、影响大学生社会化进程的重要因素，社会的多层次面貌通过网络平台更加近距离地展示在大学生面前，促进大学生实现从社会的"旁观者"向"当事人"视角的转换，推动大学生从片面、单个的个体角色，逐渐转变为多面、生动的社会角色。大学生与社会紧密联系、不可分割的关系意识借由网络联系得到进一步强化，为把大学生培养成符合社会发展需要的具有一定态度情感、知识技能和信仰结构的人，进而引导大学生正确价值观的形成创设了社会条件。

（二）帮助大学生扩充价值观认知的有效内容

卓越的见识须以宽广的眼界为基础，大学生正确价值观的形成须建立在丰富的正确价值观认知基础之上。如果没有对"为什么要树立价值观""需要树立什么样的价值观"等问题有正确且理性的认知，个体就无法认识和认同自己与社会的必然联系，正确价值观的养成将成为无源之水、无本之木。以计算机技术和通信技术结合为标志的新信息革命极大地释放了人类社会的生产力，推动了生产关系的变革，也深刻地改变了社会知识文化传递类型。网络化生存的时代境遇中，人们在生产生活过程中形成的观念意识、伦理道德、制度习俗和行为规范等知识文化的传递突破单维、纵向、封闭的传统模式，运用多端、开放、交互的全新模式使得网络空间中信息总量与信息流动速率都得到巨大增长，网络信息突破了地域限制和时空限制，呈现在大学生面前，为他们打开了观察社会、触摸世界的窗口。在科学技术日新月异、知识更新周期不断缩短的时代，大学生能够便利地获取知识、增广见闻，紧贴社会发展的速度。网络资源的丰富性、便捷性有利于大学生克服认知矛盾，使主观符合客观，更好地了解世情、国情、社情，为大学生正确价值观的形成奠定良好的世界观基础。

（三）帮助大学生提高价值观认知的综合能力

网络资源的丰富多样以及网络结构对人际联系的加强，在扩充认知内容、确立认知角度方面为大学生正确价值观的形成提供有力支持；但同时网络信息的鱼龙混杂、网络与现实的虚实交织，客观上向大学生提出了增强认知能力的要求。在网络空间中，信息本身并不构成稀缺资源，信息海洋中资源的良莠不齐凸显出辨识信息、运用信息等能力的重要性。大学生是自身正确价值观的塑造主体，没有选择、接收、处理信息的认知能力，大学生就无法实现对网络资源的妥善利用，也无法对价值观产生正确的主观意识。网络生活的复杂性，要求大学生在接受和处理信息的过程中，增强判断能力、提高辨识水平、锻炼思考方法，从而在更加理性、更加深刻的基础上，把握社会化的正确方向，促进正确价值观的形成和践行。

二、发挥网络"孵化器"的作用，找准大学生价值情感的切入点

在引导大学生认知正确价值观的基础上形成稳定积极的价值情感，是大学生将正确价值观认知深刻内化于心的体现，也是促进大学生践行正确价值观的前提和动力。从狭义上说，正确价值情感的内涵就是个体对于担当社会责任的认同感、义务感和使命感等积极的精神状态。这种自觉主动的社会价值情感以必要的正确价值观认知为条件，而价值情感的积聚和发展又会促进践行正确价值观的实施。因此，价值情感是联结社会责任"内化于心"与"外化于行"链条的重要一环，引导大学生价值情感的生成与发展是培育正确价值观的关键。信息社会，网络在增强大学生价值情感体验和引导大学生价值情感发展方面有着不可忽视的特殊价值，是深化大学生价值情感的"孵化器"。

（一）增加大学生价值情感的丰富体验

自 20 世纪 90 年代中期我国全面接入互联网以来，网络逐渐从科技领域的专属工具发展为深刻改变社会、密切融入人们生活的日常用品。网络的发展

成为当代大学生成长生活的重要背景，大学生群体可以说是网络空间的"原住民"，网络生活构成了他们日常生活不可缺少的一部分，而网络空间也成为大学生社会化的重要场所。通过参与网络生活获得丰富的价值情感体验，是促进大学生价值情感形成的重要方式。作为现实生活的延伸，网络承载着社会百态、人情冷暖，并且依托网络信息传播的即时性和快捷性，使社会生活的方方面面得以更丰富、生动地展现。除了丰富大学生价值情感的体验，网络还为情感表达的多样化与情感交流的互动性提供支撑，有利于增强价值情感的感染力。网络有力地支持了新媒体时代人们的交往需要，人们不仅可以通过丰富的网络语言、生动的网络表情、海量的网络图片等网络资源更加恰当地表达自己的观点与态度，还可以通过网络联结实现情感的互动与聚集。一些网页在社会新闻报道文后设置了"观众反馈区"：如读者可以在文末的表情选项中选择阅读此文后的心情（包括"大赞""高兴""冷漠""悲伤""愤怒"等），并可以在选择之后查询到各选项的总选择比例，了解他人的态度与情感。又如设置评论区，并置顶热门评论、精华评论，给素不相识的读者提供表达和交流情绪的平台。网络信息的海量性和共享性、网络传播的即时性与交互性，促进了社情民意的汇聚，扩大了情感的表现力和影响力。在网络空间中，大学生们更广泛地观察社会现象、感知社会舆情，在参与意见、表达情感的过程中，依据自身对社会现象的认知，对社会事件及社会成员的行为产生爱憎好恶等情绪体验，并在"满意""振奋""感动"抑或是"不满""羞愧""反感"等情绪中逐渐塑造自己的是非观、人生观，从而促进成熟稳定的社会价值情感的形成。

（二）引导大学生社会价值情感的积极发展

网络空间中的情感表达、交流以及相互影响，来源于人们的利益诉求、立场观点的表达、交流和相互影响。"随着移动互联网和智能移动终端的发展和普及，网上信息源头和传播渠道急剧增多，网络舆论规模与影响越来越大，互联网日益成为各种社会思潮、各种利益诉求汇聚的平台。"网络已成为社会意见的重要生成地和影响社会舆论的重要力量，人们为自己认可的意见"点赞"，给自己反对的意见"拍砖"，用网络情感的表达、聚集和冲突，放大网络意见的影响力。我们应该注意到，从情感体验到价值选择，这是价值情感发展的方向。大学生在网络生活中，通过信息的对比、分析、辨别，增强价值情感体验；在明辨好恶、分清是非中，明确应赋予社会何种情感，正确处理社会与个人的关系，增强对社会的认同感和责任心，坚定服务社会的意志。总之，网络是大学生社会责任情感体验的重要场所，因此，要有意识地通过网络培养大学生对待社会的积极情感，将大学生的价值情感体验导向正确的价值选择，唤起大学生关心社会的热情，促进大学生产生热爱社会的情感，从而使大学生服务社会的热情得以发展。

三、发挥网络"集结号"的作用，找准大学生价值观践行的切入点

践行社会主义核心价值观是提升价值观认知和发展价值情感的目的所在。大学生的价值观认知和价值情感若不能在实践中得到确证、锻炼和深化，就不能促进践行正确价值观走向成熟稳定，也无法推动践行正确价值观从内心感知升华为实践行动，真正实现其社会价值。网络为大学生践行正确价值观的培育提供了广阔的实践平台、丰富的实践资源以及有效的实践方式，吹响了践行社会主义核心价值观的"集结号"。

（一）变狭为广：网络为大学生践行社会主义核心价值观提供更广阔的实践平台

大学生价值观的形成不是自然生发的过程，从价值观认知的获得到价值情感的产生，再到社会行为的实践，每一个发展阶段都面临着来自内在心理或外在环境的矛盾与干扰。只有适时提供条件与平台，去除阻力、提供助力，才能有效引导大学生价值观的形成，这也是大学生社会价值观养成的要义所在。在将价值观认知、价值情感转化为社会行动的过程中，大学生需要解决的是如何将主观见诸客观的问题，没有实践机会、缺乏榜样带动、缺少行动指导等因素都会使得大学生在知行转化上阻滞不前。而网络凭借其对时空限制的"解锁"，极大地便利了信息资源的发布与传播，在服务欲求与需要满足之间架构起四通八达的沟通桥梁。在网络这个广阔的平台上，既有社会服务信息的发布，也有各种公益团队的组织运行，还有实时信息的更新播报等，使得大学生能够感受社会服务氛围，获得实践指导，组成团队，超越时空的局限性，动一动鼠标就可以帮助他人，或与志同道合的伙伴一起行动和交流感悟。通过网络，大学生不受所处的时空和环境限制，认知社会、接触社会以及服务社会的范围都实现了由狭到广的扩充，社会价值观认知不断增强，社会责任热情得到发展，有力地促进和保障了正确价值观的践行。

（二）由散到聚：网络为大学生践行社会主义核心价值观提供更丰富的实践资源

网络的繁荣畅通极大地支撑了各类社会资源的交流、分享与聚合，每一位身处网络中的人都作为一个节点，参与到这张庞大社交之网的信息潮涌中。

"互联网+"模式的运用，使得传统社会事业在与网络的有机结合中焕发出新的生机，在人力与物力资源的汇聚和调配、精神资源的传播和舆论氛围的创造等方面弥补了传统社会保障的不足。2015 年 12 月第二届世界互联网大会在乌镇发出倡议："整合社会各界力量，上下联动共同推进。动员各企业、机构、网民及社会各界共同参与，统筹整合行业力量，促进公益信息互联互通、公益资源协同共享，推动线上线下联动，形成网络公益合力。"受益于网络所提供的丰富实践资源，越来越多的大学生通过网络投身服务社会的实践活动，产生了较好的社会影响。复旦大学研究生吴恒在网上发起名为"一本正经"的募捐计划，为其支教的贫困学校学生每人募得了一本正版《新华字典》；贵州民族学院大学生杨艾菁通过微博发起的"戒指换小学"活动成功帮助贵州山区孩子换得一栋"梦想小学"；孝心女儿申如意通过微信平台的"轻松筹"为瘫痪妈妈筹得治病钱，等等。网络通过积聚资源、减少成本，使得大学生践行社会主义核心价值观行动更易实施，助人为乐不再限于单纯的"面对面"式的募捐或是身体力行的现实参与，一条网线即可一呼百应，将点点滴滴的社会服务热情汇聚成爱心的海洋，促成大学生践行社会主义核心价值观的有效实践。

（三）从隐而显：网络为大学生践行社会主义核心价值观提供更有效的监督载体

大学生通过网络认识社会、感知社会、服务社会，同时，大学生在网络生活中的言行也要受到社会的检验和监督，这种来自网络的有效监督同样有助于大学生践行社会主义核心价值观。虚拟性是网络的一大特性，人们借由网络的虚拟性在一定程度上实现了对现实生活的超越，但虚拟不等同于虚假，网络的虚拟基于现实而产生，并服从于现实需要。随着网络与社会生活方方面面的融合，网络实名制的呼声越来越高，虚实结合、以虚务实才是网络生活的基本要则。在网络这一公共生活空间中，大学生们的言论、行为不仅仍然受到社会道德底线和法律法规的制约，而且借助网络辐射将在更大的范围内受到社会舆论监督，产生实际的社会影响。利用网络犯罪、发布不当言论、信谣传谣等行为，都会有迹可循，并且都应付出相应的代价。而大学生利用网络参与社会服务时，同样在网络平台上受到来自各方的监督。在这一过程中，大学生应主动接受社会监督，珍惜社会信任，及时、准确地发布相关信息，用公开透明的组织管理、踏实坦荡的行事风格将大学生践行社会主义核心价值观落到实处。

大学生正确价值观的养成需要树立正确而理性的价值观认知，保护和发展积极而持久的价值情感，并促进社会行为的持续践行。信息时代，网络世界是大学生践行社会主义核心价值观的重要阵地，培育大学生社会主义核心价值观不应有"惧网""怕网"的心态,而应在开放的信息社会中善于抓住机遇,勇于迎接挑战,充分重视培育大学生社会主义核心价值观的网络"正能量",同时还应认识到这种"正能量"不是自然生发的,应积极运用多种形式挖掘、释放"正能量",并在同网络"负能量"的比较斗争中,引导大学生分清善恶、明辨是非,增强"免疫力",切实提升大学生价值观认知,深化大学生价值情感,促进大学生践行社会主义核心价值观,把互联网建设成为培育和弘扬社会主义核心价值观的新阵地。

(本文作者为北京青年政治学院国际学院副研究员)

和谐语境下的大学生礼仪教育研究

王玉霞

礼仪是以建立和谐关系为目的的，在社会交往中受历史传统、风俗习惯、宗教信仰、时代潮流等因素影响而形成的为人们所共同遵守的行为规范和准则。近些年来，随着城市国际交往的日益增多，特别是北京奥运会的成功举办、上海世博会的筹备、北京"世界城市"战略规划的提出，为社会上"讲礼仪、学礼仪、用礼仪"营造了良好的文化氛围。国际大型活动的举办，使城市的外在形象更上层楼，但城市活动的主体——整体市民的礼仪素质并未随着城市脚步的变化而日新月异，离现代文明社会的要求及社会主义和谐社会建设的要求还相距甚远。即使是具有较高素质的大学生，也暴露出不容忽视的礼仪问题，其礼仪意识、礼仪素养还有待加强和提高。大学是高素质人才聚集的场所，理应成为推动和谐社会发展的主力军和主阵地。

一、大学生礼仪缺失的现状

中国素以礼仪之邦闻名于世，北京奥运会上大学生志愿者为奥运会的完美谢幕做了大量卓有成效的服务工作，充分展现了当代大学生崭新的精神风貌和礼仪素养。但在美丽的大学校园，我们依然可以看到某些学生不同程度的礼仪缺失情况。

1. 标榜个性

追求个性是当代大学生的特点之一，但一些大学生将与众不同的举止行为也作为"有个性"来自我标榜，如盲目追求所谓的社会潮流，服饰怪异、言语出格、行为不羁、我行我素、放浪形骸、反叛传统，甚至抵制学校纪律，把"个性"这一内在稳定的心理特征外化成表面的标新立异，淡化了对我国传统礼仪文化的继承和发扬，认为传统就是古板、守旧、落伍，甚至将个性与传统对立起来。更令人不安的是，有的大学生甚至把无视校规校纪、只顾自己不顾他人也看作有个性。

2. 无视学校规章

在相对宽松的大学环境里，大部分学生能够遵守学校的规章纪律，但依然有部分学生对校风校纪置若罔闻,如衣着不整出入教学场所,一双拖鞋横行校园却自以为惬意;教室和实验室的"墙壁涂鸦"和"课桌文化"屡禁不绝;集体宿舍深夜手机声经久不息等。

3. 诚信缺失

当前不少大学生不同程度地存在着诚信意识淡薄情况,主要表现在考试作弊五花八门,舞弊手段层出不穷;恋爱动机不纯,对待恋爱呈非责任化倾向,不愿承担责任;面试求职急功近利、信息失真;恶意拖欠贷款;等等。

4. 公德意识薄弱

一些公共场合中不该有的现象,特别是不该在受着高等教育的大学生身上表现出来的现象,却在校园里仍时有发生,如公共场合勾肩搭背大声喧哗;食堂买饭随意插队旁若无人;图书馆、餐厅等公众场合学生情侣举止亲昵自我陶醉;遭遇不满语言粗俗肆意发泄;在阅览室的书刊上乱写乱画或将喜欢的资料撕下据为己有等。

5. 尊重意识缺乏

很多在"四二一"家庭结构下成长起来的大学生,只要求别人尊重自己而不知尊重别人为何物,如入学报到面对父母跑前跑后,全权办理入籍手续而面无愧色;路遇师长视若未见;随意在刚清洁过的地面丢弃废弃物;与人交往缺乏谦虚、理解与宽容,动辄恶语相向等。

部分大学生身上表现出来的这种受教育没教养、有知识没文化的礼仪缺失现象,不仅影响着大学生的整体形象和人才素质,也成为影响和谐校园与社会的不和谐音符。

二、大学生礼仪缺失的原因

造成部分大学生礼仪修养缺失的原因,既有其个人自身因素、家庭方面的影响,也有来自社会、外来文化以及高校管理方面的因素。

1. 家庭成长环境的偏失和个人自身认识的局限

现代的大学生大多属于独生子女一代,在其个人成长过程中,处在祖、父辈亲属团的过分呵护和爱心泛滥中,不少家庭对子女是有求必应,往往过于看重物质的弥补而忽略了对子女做人的教育。在这样的环境中成长的孩子,往往以自我为中心,不懂得谦让、敬重他人,与中国传统礼仪敬人谦让的文化思想背道而驰,形成了对传统礼文化一定的抵制性。另外,不少父母在教育子女时,嘴上说的和行动上做的截然不同,难以对子女起到很好的引导和示范作用。父母的言行举止直接影响到子女的身心发展,再加上学生本人对他人和社会的认识和了解不足,缺乏对他人的宽容和理解,听不得不同意见,不能宽以待人，表现出一定的自私性，难以与周围的人和谐相处。

2. 应试教育制度的误导

多年来，应试教育始终占据中国教育的主体地位，从小学到大学各级学校的教育特点是重"知书"轻"达礼"。目前我国初、中等教育处在提高应试水平、追求升学率的较"低级"阶段，学生的大部分时间用在学习书本知识上，缺乏对他人和社会充分、必要的交往与接触，因而礼仪修养不足难以暴露，即使暴露出来但只要不"上纲上线"，一个好分数便会掩盖其不"达礼"的不足。在分数成为判断学生是否优秀为实际标准的应试教育制度下，学生礼仪素养的缺失也就不足为奇。

3. 外来文化的冲击

在世界一体化的今天，受市场经济大潮的冲击以及外来文化"新思潮""新事物"的挑战，伦理、道德领域出现了某些紊乱，处于各种观念初步形成时期的大学生对传统社会伦理价值观念的认同度普遍降低，加之部分大学生缺乏对新旧观念整合的能力和经验，在传统思想道德和现代生活方式交叉并存的状态下，某些大学生便会感到无所适从，这时西方外来文化的新鲜观念便容易为他们所认同与接纳。这些在很大程度上影响了些余大学生对传统礼文化的学习与接受。

4. 高校教育管理的相对宽松

高中生离开父母迈进大学校门开始相对独立的大学生活和学习后，脱离了父母和高中教师的严密"看管"，脱离了一考定命运的高考桎梏，新的学习压力相对减弱，处于一种脱离重压的轻松状态当中。这些新大学生们开始不再安于以往的苦读和封闭的校园生活，他们有条件、有时间、有精力通过不同的渠道和途径去感受外面精彩的世界。若此时高校的教育管理部门对礼仪教育没有足够的重视并采取有效措施，校园内缺乏浓郁的礼仪氛围，在社会大环境和学校小环境的双重影响下，一些大学生身上便会或多或少地表现出礼仪缺失问题。

三、大学生进行礼仪教育的必要性

和谐校园是和谐社会的组成部分，大学生作为和谐校园的最主要人群，对其进行礼仪教育，有助于大学生个人、群体、校园及社会的和谐。

1. 礼仪教育可以完善大学生人格，促进大学生个体和谐

大学生是高校最主要的群体，大学生个体的和谐是校园和谐的基础和前提，只有构建和谐的主体是和谐的，才能构建和谐的生活、学习和工作环境。礼仪具有道德功能，也是一种操作性很强的道德和行为规范，对大学生进行系统的礼仪教育，能正确引导大学生的思想认识，培养大学生明礼知耻的品格，

使之能明善恶、知是非、辨美丑，从而对大学生个体行为的发生、发展和修正起到引导作用，进而在实际生活中按照礼仪规范来约束自己的行为，真正做到"内诚外行"，把内在的道德品质和外在的礼仪形式有机地统一起来，成为名副其实的有较高道德素质的现代大学生，成为社会主义和谐社会的倡导者和实践者。

2. 礼仪教育有利于大学生建立良好的人际关系，促进大学生的身心健康

大学期间能否与他人建立良好的人际关系，对大学生的学习和成长有着十分重要的影响。美国心理学家约翰·戈特曼的研究结果显示，那些懂得以适当方式解决身边问题和处理生活中烦心事的孩子，其身心更加健康，而且更会关心他人，更富有同情心，朋友更多，学习成绩更好。戴尔·卡耐基的《成功之路》及吉米·道南与约翰·麦克斯韦尔合著的《成功的策略》都导出同一条公式：个人成功=15%的专业技能+85%的人际关系和处世技巧。礼仪本身是一种特殊文化，是一种为社会所接受的沟通方式，具有人际交往的"通行证"和"润滑剂"的作用，大学生学礼仪用礼仪，有助于其进行良好的人际交往活动并获得友谊，提高其对学习和生活的自信心和自尊心。这是大学生适应新的生活环境的迫切需要，是心理上独立的迫切需要，也是建立良好的人际关系、成功走向社会的迫切需要。

3. 礼仪教育可以促进大学生的社会化，提高其心理承受力

大学阶段的学习，一项重要的任务就是提高大学生在社会上生存和发展的本领，从实质上来讲，这也是大学生的社会化过程。大学生在社会化过程中，需要学习的东西很多，礼仪教育是一个人在社会化过程中必不可少的重要内容之一。任何一个生活在某一礼仪习俗和规范环境中的人，都自觉或不自觉地受到该礼仪的约束。自觉地接受社会礼仪约束的人，会被人们认为是"成熟的人"，符合社会要求的人。反之，则会被视为"异端""另类"而受到他人的排斥。大学生是处于社会和校园之间的"准社会人"，还不是完全真正的社会人，他们有走向社会的需求，同时也普遍存在着诸多心理困惑，如走上工作岗位后如何与领导、同事打交道，如何尽快适应社会等问题。而礼仪教育不仅为大学生的社会化提供了必要的思想和行为教育，并有意识、有针对性地强化了符合社会要求的思想和行为规范，使其在交际活动中遇到各种困难时保持沉着稳定的心理状态，根据所掌握的信息，采取合理有效的行为方式化解难题获取主动，从而培养其适应社会生活的能力，提高他们的自立能力。一个具有良好心理承受能力的人，遇到各种情况和困难时，都能够保持沉着稳定的心理状态，采取合理的行为方式，化险为夷，争取主动。通过礼仪教育，可以更好地促进其社会化，提高其心理承受力，实现大学生与社会之间的和谐有序。

4. 礼仪教育有利于大学生与自然环境的和谐

和谐的环境不仅是人与人、人与社会的和谐，还包括人与自然环境的和谐。2008年北京奥运会的成功举办，进一步确立了中国东方大国的地位，但比赛结束后场馆的狼藉现象还是让我们感慨——与环境的和谐之路漫长。和谐校园是和谐社会的构成部分，绿化、园林化、艺术化、整洁优美的校园环境无疑也会对学生的思想感情和精神状态产生积极影响，在其散步赏景之余，增长知识，陶冶情操，产生对环境的共生、感恩、爱护意识和审美情趣。一个具备礼仪修养的人，不仅是学会与人相处，还体现在与生活环境——校园环境和自然环境的和谐共处上。

四、加强大学生礼仪教育的途径

高校是对大学生进行礼仪教育的主场所，但仅靠一门课程难以解决，需要构建一个由课程教育、礼仪文化主题教育、校园文化熏陶及社会礼仪践行组成的完整体系来完成和实现。

1. 礼仪教育纳入教学计划

教学计划内的礼仪教育，是学生系统接受礼仪知识教育和训练的良好途径。要加强礼仪课程建设，健全礼仪教师队伍，丰富礼仪教育内容，创新教学方式。教学内容可分阶段进行：入学新生围绕个人仪容仪表礼仪、校园礼仪、社交礼仪、通联礼仪、自律礼仪等进行，中间年级以礼仪实践、礼仪主题活动为主，毕业生以形象设计、面试礼仪、求职礼仪、入职礼仪、商务礼仪、涉外礼仪、职业礼仪等为主。教学方式可以是必修课、公选课或利用小学期实践教学来完成。事实上，受过良好礼仪教育或礼仪行为训练的人，无论是内在素质还是外在行为方式，都与缺少训练的人截然不同。我校在2009年开始对所有的一年级新生实施礼仪教育，通过礼仪风采大赛、礼仪在我身边等比赛和主题演讲活动，调动学生们的学习热情，搭建践行礼仪的舞台，营造学礼仪用礼仪的校园氛围，树立、强化其礼仪意识，取得良好效果。

2. 开展礼仪主题教育

礼仪教育不仅是对礼仪规范的遵守，更需要让学生了解现代礼仪的社会及其文化意义，理解礼仪背后所隐藏的道德观、价值观以及与不同民族间的文化差异。礼仪不仅是塑"形"工程，更是塑"心"工程，它需要滴水穿石的耐性、潜移默化的影响和润物无声的培养。对于学校来讲，需要实现学校、家庭和社会之间全方位、多层次的配合，进行丰富多彩、形式多样的主题教育，主要是尊重、感恩、诚信、公德和责任教育。

尊重教育。尊重是礼仪的本质，也是礼仪的首要原则。所谓"敬人者人恒敬之，爱人者人恒爱之"，相互尊重，人与人之间的关系才会融洽和谐。尊重包括尊重他人的人格、自尊心和思想表达愿望。要使学生认识到，尊重上级是天职，尊重同（学）事是本分，尊重下级是美德，尊重客户是常识，尊重所有人是教养。感恩教育。可以配合不同节日如母亲节、教师节等开展主题演讲、主题班会、主题活动等进行不同形式的感恩主题教育。诚信教育。无数事实证明：个人无信不立，企业无信不旺，政府无信不威，社会无信不稳，国家无信不强。大学生应当从自我做起，在学业、交友、交往活动中以诚实为本、言行一致、内诚于心、外信于人。公德教育。大学生校园公共场所内的种种无礼行为，表面看是不拘小节、文明意识不足，实际是心目中没有他人、不尊重他人权利和尊严的表现。社会和谐是相互的，以人为本，同时也要以他人为本，以社会为本，"为他"意识才是礼仪的灵魂。责任教育。大学生在法律和身体上是成年人，在心理和形式上是半社会人，他们享有法律规定的各项权利，当然也要承担相应的各种责任和义务。

3. 校园文化建构与熏陶

校园文化建构，是有效抵御大学生受不良文化影响的途径之一。校园是大学生学习生活的主要环境，良好的礼仪氛围可以发挥环境的育人功能。一是要发挥高校教师整体的言传身教作用，通过教师群体的人格力量和表率作用对学生产生潜移默化的影响；二是要发挥组织制度的约束作用，学校制定并执行严格的管理制度，成立学生自律委员会，将礼仪的自律与他律结合起来；三是通过广播、电视、宣传栏等媒体工具，介绍名人处世修身逸事，推动校园文明环境建设；四是建立校园礼仪网页，采取网上聊天、辩论和咨询等方式进行礼仪教育；五是发挥环境宣传的警示作用，力求文明礼仪规范随处见、校园环境整洁优美，使学生在潜移默化中得到熏陶。

4. 礼仪实践践行

礼仪教育不是纸上谈兵，重在落到实处。在进行系统礼仪知识教育的基础上，还必须积极引导大学生参与礼仪实践活动，使内化的礼仪知识外化为大学生的礼仪行为。礼仪实践可以校园衣食住行生活、校园主题文化活动、岗位实习践礼和社会公共服务活动如社会志愿服务、赛事节庆礼仪服务等为载体，使学生不断积累礼仪实践经验，展示礼仪魅力和大学生的时代风范。通过积极向上的校园文化活动和校外礼仪践行活动进行正面教育和积极引导，逐步帮助和引导学生改掉陋习，弘扬良好的行为举止，实现学礼、知礼、懂礼、守礼、用礼的目的。

礼仪教育是建设和谐社会、和谐校园的润滑剂和立足点，通过礼仪教育，塑造学生内秀与外形的和谐以及与社会和自然环境的和谐。和谐社会的建立，大学生礼仪素养的普遍提高，需要学校、家庭和社会三者之间的互相配合和支持，大学及大学生应发挥其应有的主阵地和主力军的作用。

参考文献

[1] 邓剑华，陈万阳. 德育视阈下的礼仪教育［J］. 教育探索，2009（3）.
[2] 李清湘. 当代青年礼文化缺失现象的反思与对策［J］. 中国青年研究，2009（5）.
[3] 梁军，蒋立杰. 礼仪文化教育与大学生社会化研究［J］. 河北科技大学学报，2006（4）.

（本文作者为北京青年政治学院图书馆副馆长、副教授）

中国大学生媒介素养现状研究

吴鹏泽　杜世友

一、问题的提出

随着信息技术与经济、社会的迅猛发展，我国传统相对单一、同质的媒介形式和媒介内容正日趋多样化，这使得我国大学生面临着空前复杂的媒介环境。以数字技术为核心的网络媒介平台的发展，Web2.0 技术的日益成熟，大大扩展了大学生所能接触的信息和内容。作为特殊的社会群体和大众传媒的受众，大学生的媒介素养问题近几年受到了研究者的广泛关注，大学生媒介素养教育可以成为全社会公民媒介素养教育的突破口，进而提高全民族的媒介素养。

自 2004 年以来，我国的大学生媒介素养研究日益受到研究者的关注。围绕大学生媒介素养这一主题，研究者从不同角度、应用不同研究方法展开了一定数量的研究。但是到目前为止，还没有研究者对相关文献进行内容分析。我国关于大学生媒介素养的研究在研究目标、研究方法方面呈现怎样的态势，都主要研究哪些内容，现有的研究中存在哪些问题，今后的相关研究将走向何方？所有的这些问题都需要对我国的相关文献进行内容分析才能明确。笔者试图分别从研究目标、研究方法及研究内容三个维度对 2004 年至 2010 年间关于大学生媒介素养的研究成果进行分析，并总结其发展趋势。

二、大学生媒介素养简介

媒介素养就是指人们面对媒体各种信息时的选择能力（Ability to Choose）、理解能力（Ability to Understand）、质疑能力（Ability to Question）、评估能力（Ability to Evaluate）、创造和生产能力（Ability to Create and Produce）以及思辨的反应能力（Ability to Respond Thoughtfully）[1]。大学生媒介素养指大学生对媒体各种信息的选择能力、理解能力、质疑能力、评估能力、创造和生产能力以及思辨的反应能力。具体来说，大学生应该具有关于媒体的一般基础知识和技能；能主动获取所需要的信息；能自主选择能使自己在某个时候最便捷地获取信息的媒体；在接受特定的信息时能较为充分地理解媒体信息传播者的意图；对待某些特定的媒体信息具有一定的批判性思维等。

大学媒介素养教育在世界各国和地区发展极不平衡。英国、澳大利亚、加拿大等国家开展较早，已将媒介教育纳入正规高校学校教育的一部分。亚洲国家和地区还处于起步和发展阶段，日本、韩国、中国港台地区相对开展较早，其他国家和地区正在开展。中东地区，以色列将媒介教育作为选修课。中美和拉丁美洲 21 个国家媒介教育形式各异，但学校还没有正规的媒介教育课。在加拿大，安大略省大学首先将媒介素养教育引入课堂[2]。美国的媒介教育通常与健康教育相联系，也涉及暴力、性及性别角色等话题的媒介再现。台湾世新大学于 1991 年给大一新生开设"媒体、传播与社会"公共必修课，近年来又增设了更具实践行动的"媒体识读课程"[3]。1999 年 12 月台湾政治大学成立媒体素养研究中心。此后，慈济大学、中山大学、台北教育大学等 11 所专院校开设了媒介素养教育公共类课程。国内高校的媒介素养还处于萌芽阶段，在探索中前进。目前，中国传媒大学、上海交通大学、上海师范大学、复旦大学等高校已开设"媒介素养"课程。2004 年，上海交通大学在国内高校第一个开设了媒介素养公选课，中国传媒大学首次招收了传媒教育方向硕士研究生；2009 年，南京师范大学张舒予教授的博士生招生方向——"媒介素养教育"正式招生[4]。

三、中国大学生媒介素养的现状与研究

本文参照 Thomas C. Reeves 的教育技术研究分类框架（见表 1），采用内容分析法对中国期刊网收录的 2004—2010 年发表的关于大学生媒介素养的 139 篇论文进行统计分析，以了解国内关于大学生媒介素养的研究现状。

表 1　Thomas C. Reeves 的教育技术研究分类框架

研究目标分类	研究目标简介	研究方法分类	研究方法简介
理论研究	研究侧重于运用逻辑分析和解释现象	定性研究	主要涉及定性数据收集、运用理论和人种学途径分析数据的观察、个案研究、日记、访谈和其他方法
实验研究	通过检验与传播理论、学习理论、绩效理论和技术相关的假设，研究侧重于判断教育是怎样工作的	定量研究	主要涉及量化数据收集和运用推断统计分析的、实验的、准实验的、相关性的和其他方法
解释性研究	通过描述和解释与人类传播、学习、绩效和技术应用相关的现象，描绘教育是怎样工作的	批评性研究	"文本"解构和通过寻找二元对立，隐藏的过程和少数者选举权的剥夺来传播他们的技术

续表

研究目标分类	研究目标简介	研究方法分类	研究方法简介
后现代研究	检查以揭示隐含的过程和增强少数者权利为最终目标的，建立在人类沟通、学习、绩效的技术应用基础上的假设	文献分析	主要涉及其他研究形式的整合与分析的研究，例如频次统计和元分析
开发研究	为运用理论与技术提高人类沟通、学习和绩效而发明和改进途径的研究	混合方法	混合使用多种方法的研究途径，通常是定性和定量方法相结合
评价研究	侧重特定项目、产品或方法，通常是在一个应用情景中的研究，目的在于描述它、促进它或估计它的有效性和价值		

根据上述方法，笔者首先对 2004—2010 年发表的关于"媒介素养""大学生"的论文按照研究目标和研究方法分别进行了统计（见表2）。

表2　大学生媒介素养 2004—2010 年论文研究目标及研究方法类型统计表[5]

年份	理论研究	实验研究	解释性研究	后现代研究	开发研究	评价研究	定性研究	定量研究	批评理论	文献分析	混合方法	年度论文（篇）
2004	0	1	3	0	0	0	3	1	0	0	0	4
2005	0	0	9	0	0	0	9	0	0	0	0	9
2006	0	2	16	0	0	0	16	2	0	0	0	18
2007	0	4	36	0	0	0	36	4	0	0	0	40
2008	0	11	36	0	0	0	38	9	0	0	0	47
2009	0	2	5	0	0	0	5	1	0	0	1	7
2010	0	6	8	0	0	0	10	4	0	0	0	14
合计	0	25	93	0	0	0	117	21	0	0	1	139

（1）中国大学生媒介素养的研究目标（见图1）。

通过图 1 我们可以看出，我国关于大学生媒介素养的研究始于 2004 年。根据统计数据分析，我国关于大学生媒介素养的研究目标以解释性研究及实验研究（调查研究）为主，而理论研究、后现代研究、开发研究及评价研究均较少涉及。2004—2007 年，我国关于大学生媒介素养的解释性研究呈上升趋势，2007 年、2008 年相关研究达到最高值，2009 年相关研究迅速回落。从图中看，研究走向是一个迅速上升、迅速下降的过程。到 2009 年基本回到 2004 年的关注状态，2010 年有所回升。这说明在媒介素养这一较新的概念进入我国研究者视野之后，引起了较多学者的广泛关注。之后，我国的相关研究经历了一个理性的思考，逐渐开始开展大学生媒介素养实践研究。

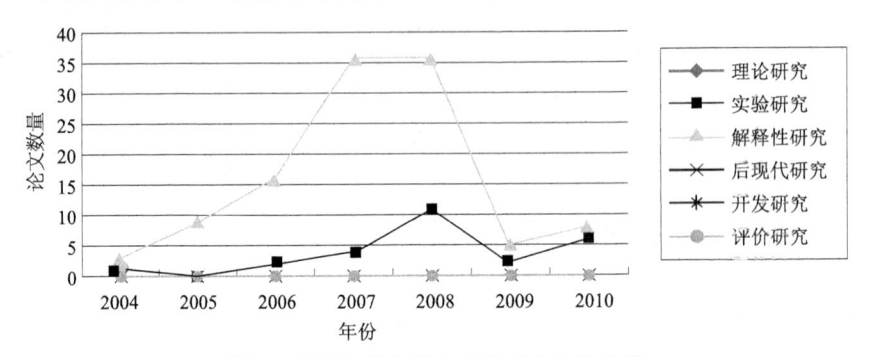

图1 我国大学生媒介素养研究目标分析

由图1可以看出，我国关于大学生媒介素养的研究都聚焦于对大学生媒介素养的含义、大学生媒介素养教育的重要性、国外媒介素养现状等进行解释性研究。这是由于我国的大学生媒介素养研究尚属起步阶段，而国外的相关研究已相对成熟并且开展了相当数量的实践研究，因此从各个角度开展大学生媒介素养的解释性研究是该领域进入研究者视野、引起相关部门关注的必经之路。

在研究者对大学生媒介素养有了一定的了解之后，对我国部分地区大学生媒介素养水平的调查研究也便顺理成章地丰富起来。研究者通过问卷调查法了解各区域大学生的媒介素养水平及对媒体的使用情况。只有了解了大学生的媒介素养水平，才能有的放矢地开展媒介素养教育，提高大学生的媒介素养。因此，关于大学生媒介素养的实验研究是我国相关研究的另外一大主流。

总体来看，我国大学生媒介素养研究尚未形成自己的理论体系，缺乏单纯的理论研究。我们知道，教育理论是对教育现象和教育实践的抽象、概括和总结的基础上形成的专门化、系统化的理性认识。我国的大学生媒介素养教育实践处于起始阶段，进行大学生媒介素养教育开发及评价研究的研究者及机构仍是少数，教育实践的贫乏直接导致相关教育理论的空缺。因此，理论研究、开发研究及评价研究三者直接存在一定的关联，有了大学生媒介素养教育课程、学习资源、教育模式等的开发研究，才能对开发的内容进行评价研究，并最终形成我国自己的理论体系。

（2）中国大学生媒介素养的研究方法。我国大学生媒介素养研究方法以定性研究为主，定性研究占所有研究成果的84%，多是对大学生媒介素养的综述。但近年来在大学生媒介素养研究中使用调查研究法的比例处于上升趋势。但由图2可以看出，尽管我国大学生媒介素养的定量研究有所提升，但与定性研究的差距依然显著，差异显著性系数＜0.05（见表3）。定量研究中，2009年之前的调查研究都是针对经济较发达地区开展，如刘佳于2006年进行的《上海大学生媒介素养现状调查报告》、韩燕等于2008年进行的《杭州地区大学生媒介素养现状研究》；2009年开始部分欠发达地区也开始加入大学生媒介素养调查的行列中，如甘彩霞于2010年进行的《北疆高校大学生媒介素养调查》以及张学霞于同年进行的《宁夏地区大学生媒介素养调查与思考》。但是，现有的关于我国大学生媒介素养定量研究中，较少对调查研究所依赖的调查问卷进行专家论证，因此在一定程度上无法保证研究结果的科学性。另外，定量研究应是"主要涉及量化数据收集和运用推断统计分析的、实验的、准实验的、相关性的和其他方法"，而我国现有的研究中，在大学生媒介素养教育过程中开展效果实证研究的却非常少。能将定性分析与定量研究结合的研究更是少之又少，在本文调查对象中仅有1篇可以归类为采用定量与定性结合的研究方法。

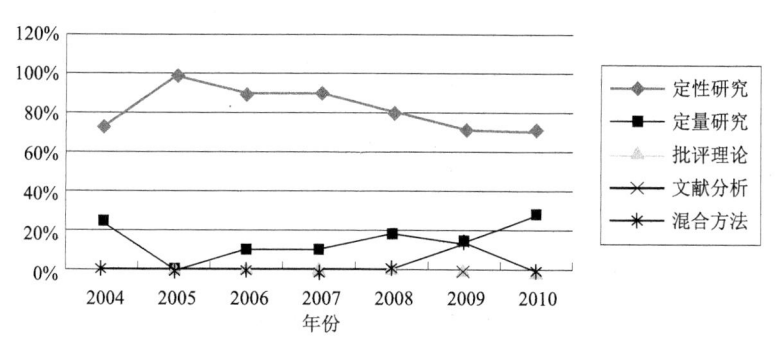

图2 我国大学生媒介素养研究方法分析

表3 定性研究与定量研究差异性分析

		\multicolumn{2}{c}{Levene方差齐性检验}	\multicolumn{7}{c}{差异检验T检验}
									\multicolumn{2}{c}{置信度为95%的置信区间}
		F	差异显著性系数	t	自由度	双侧检验概率值	均差	标准误差	下界	上界
文献数	假设两个组方差相等	10.882	.006	2.454	12	.030	13.71429	5.58789	1.53932	25.88925
	假设两个组方差不等			2.454	6.534	.046	13.71429	5.58789	.30767	27.12090

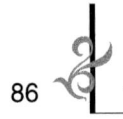

（3）中国大学生媒介素养的研究内容。本文将我国关于大学生媒介素养的研究从内容上分为五个大类（见图3），并经过访谈相关专家确定该分类框架为：大学生媒介素养的综述、大学生媒介素养水平调查、与课程教学结合分析媒介素养教育、大学生媒介素养教育策略及大学生媒介素养教育的内容及模式探讨。

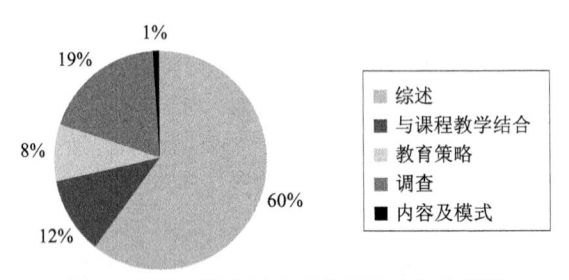

图3 我国大学生媒介素养研究内容分析图

1）关于大学生媒介素养的综述。综述部分占所有研究综述的60%，可以分为大学生媒介素养教育的重要性、大学生媒介素养现状及存在的问题、结合网络媒体、手机等分析大学生媒介素养，通过个案分析大学生媒介素养现状等。此类研究在我国已达到相对饱和，且大多数研究都大同小异。

2）大学生媒介素养现状调查也是我国大学生媒介素养研究的主要方向之一，有2004年对西安大学生媒介素养调查，2006年对上海高校大学生进行了媒介素养状况调查，之后，新疆、宁波、杭州、江西等地均开展了大学生媒介素养现状调查，为我国大学生媒介素养研究提供了大量的数据。目前已有的调查研究一方面需要论证其所使用的调查问卷的科学性及合理性，另一方面在深度方面仍需加强，提高调查的针对性及有效性。

3）"与课程教学结合"占已有研究总数的12%，主要是部分学科教师提出将大学生媒介素养与思想政治教育、外语教学相结合，但其主旨仍是通过媒介素养教育辅助其学科教学，以提高大学生思想政治教育及外语教学的效果。

4）大学生媒介素养教育策略占研究总数的8%，但研究中得出的大学生媒介素养教育策略多是简单的主观对策分析，部分在他人进行的媒介素养水平调查的基础上提出策略，但提出的策略多数与该调查相关性不大，且未能将提出的对策应用的实践中检验效果，因此实用性、适用性都比较欠缺。

5）媒介素养教育内容及模式仅占1%，要提高大学生的媒介素养，就要提出切实可行的媒介素养教育内容及教育模式，而我国在这方面的研究比较欠缺。有效的媒介素养教育内容及教育模式需要在实践中才能不断完善，而目前我国此类研究成果却不是来自上文中提到已经开设大学生媒介素养课程的学校。由此可见，已有的媒介素养教育内容及模式缺乏实践的支撑与检验。

四、中国大学生媒介素养研究趋势

根据上述从研究目标、研究方法、研究内容三个维度对我国大学生媒介素养研究现状的分析，我们可以得出我国大学生媒介素养的研究趋势：

（1）在研究目标维度，我国大学生媒介素养研究从以解释性研究及现状调查为主的感性跟风阶段逐渐向以开发研究和评价研究为主的理性探究阶段过渡，继而开展我国本土的大学生媒介素养理论研究。短时间内，仍将以解释性研究及实验性研究为主，并会陆续出现相关的开发研究及评价研究。

（2）在研究方法维度，我国大学生媒介素养研究将逐渐从定性研究及主观分析向定量研究转移，并最终走向定性与定量研究结合的混合研究。其中定量研究将朝以下三个方面转型：

1）定量研究将不止于对发达地区大学生媒介素养水平的调研，会有越来越多的针对欠发达地区大学生的媒介素养调查研究。

2）开展大学生媒介素养调查的问卷将不断规范化、科学化，以保证调研结果的准确性及说服力。

3）定量研究将打破现有的调查研究的范畴，更多转向对开展过媒介素养教育的大学生的学习效果研究。

（3）在研究内容维度，我国大学生媒介素养研究中综述性研究数量很多，在我国的媒介素养教育逐渐成熟之后，将会出现部分国内与国外的对比研究；调查研究数量将继续上升，但将不断规范化，且对调研数据的分析将不断深入，能够真正从调研数据中得出我国开展大学生媒介素养教育的策略、重点等。总体而言，此类研究内容将逐渐转向大学生媒介素养教育实践，媒介素养教育策略、课程开发及教学模式等，今后将出现大量的大学生媒介素养教学实验研究。此外，在不久的将来，我国的大学生媒介素养研究完成理念推广期之后，将会得到政府及各级教育部门的重视，大学生媒介素养的相关政策及标准研究将成为一个主要的研究方向。

五、结论

通过对我国 2004 年至 2010 年关于大学生媒介素养研究的文献分析，我们发现我国大学生媒介素养研究仍处于理念推广期，从研究目标而言主要集中于解释性研究及实验性研究，将逐渐向开发研究及评价研究过渡，并将陆续出现纯理论研究；从研究方法而言主要集中于定性研究及部分定量研究，但已有的定量研究存在问卷未经论证、调研结论重复等问题，定性研究与定量研究有机结合是大学生媒介素养研究方法的正确走向；研究内容方面将从综述研究及调查研究逐渐转移到媒介素养教育策略、课程开发及应用研究，也必将出现相关政策及标准的研究。我国大学生媒介素养研究在研究目标及研究方法上将更加多样化、合理化，在研究内容及结构上将更加务实，其理论价值及现实意义将不断凸显出来。

参考文献

[1] Elizabeth Thoman. Skills&Strategies for Media Education [A]. Ontario Ministry of Education. Media Literacy Resource Guide [C]. Toronto: Media Literacy Resource Guide, 1989.

[2] 张男星，王炳明. 当前我国大学生媒介素养调查研究报告 [J]. 大学（研究与评价），2008（9）.

[3] 司峥鸣. 解毒媒体解读媒体——台湾媒介素养教育研究 [J]. 声屏世界，2006（1）.

[4] 李妍. 高等师范院校学生媒介素养的培养研究 [D]. 南京：南京师范大学，2008.

[5] 付道明，张利桃. 中国教育电视的研究现状与发展趋势 [J]. 电化教育研究，2005（8）.

（本文作者为北京青年政治学院学生处处长、副教授）

中美青少年公民责任教育之比较

王 琪

当今世界经济全球化、价值多元化趋势渐强，加强责任教育已经成为社会发展向人类提出的最基本要求，责任教育已成为中美两国教育界共同关注的重要课题，成为两国对青少年进行公民教育的重要内容之一。我国对青少年公民实行责任教育，不仅要继承和发扬我国责任教育的优秀文化和传统，而且要吸收和借鉴西方公民责任教育的先进理念和方法。本文将通过对中美两国青少年公民责任教育核心理念、目标定位、基本内容、管理体制、实施途径的分析比较，为我们开展青少年公民责任教育提供参考与建议。

一

（一）中美责任教育价值理念差异分析

美国是个多民族的移民国家，建国至今不过二百多年，社会中多元文化并存，但是自由主义的社会思潮和个体主义的哲学理念，却成为美国青少年公民责任教育的价值基础。自由主义和个体主义强调人的自由、独立和自我发展，尊重公民个人的价值与追求。与美国自由市场经济基础相适应，美国建立了相当完备的法律制度，用以保护个人和社会经济的自由，美国青少年公民责任教育则通过向青少年传输权利、责任、义务的统一性，引领学生以"个人本位"价值观，选择个人的自由发展，从而实现个人欲望和责任目标。美国在以自由主义和个体主义为价值基础的青少年公民责任教育过程中，充分发挥青少年的主观能动性和积极创造性，并使责任教育的目标要求同主流社会价值以及社会规则的要求相一致，使美国青少年公民的责任教育取得比较好的效果，当然同时也不可置疑地在价值观责任内容选择上容易出现偏差。

我国具有悠久的文化传统，责任意识一直是中华民族的传统美德，我国青少年的责任教育也由来已久。传统文化中的责任意识有着深厚的哲学基础，中国古代哲学强调"天人合一"，追求"内圣外王"，在对个人独善其身、兼济天下的责任意识教育过程中，中国传统文化更强调为社会、为国家、为人民服

务的集体主义价值观，即为社会、为民族尽责的思想。诗经中"肃肃宵征，夙夜在公"的执着坚守；治安策中"国而忘家、公而忘私"的无私大义；范仲淹"先天下之忧而忧，后天下之乐而乐"、顾炎武"天下兴亡，匹夫有责"的家国信念等，把责任意识传递到千家万户，成为青少年责任教育的重要理念。古今无数文人志士，秉承这一文化传统，把外在的社会责任感、集体的使命感转化成内心的自觉要求，形成一种坚定的责任意识，表现为以"天下为己任"的强烈进取精神，形成特有的以集体主义为价值基础的责任教育文化形态。

（二）中美责任教育培养目标定位差异分析

上文述及中美两国青少年公民责任教育在价值观和核心理念上有很大差异，这必然导致两国对青少年公民进行责任教育的出发点和归宿的不同。美国从建国之初就十分重视青少年公民责任教育，公民责任教育承载着培养美国民众国家精神、民主价值观念和公民责任意识的历史使命，是支撑美国民主政治的重要基石。20世纪90年代初，美国国会通过的《2000年目标：美国教育法》，明确把公民教育的课程目标定位于培养负有责任的公民。[1] "学校公民教育的任务是培养合格的公民，这种合格的公民需要具备负责任地和有效地参与民主社会中政治和公民生活的知识、技能和态度。具体来说，合格的和负责任的公民是：充分了解和关注民主的原则和实践。通过加入非官方的公民社团参与到社区中，在政治方面能采取行动促进公共目的的达成，拥有道德上和公民意义上的美德，比如具有促进公共善的责任感。"[2]

在美国责任教育价值观和核心理念的影响下，美国青少年公民责任教育更强调一种从个人出发，积极参与的以及具有影响力的公民角色，公民个人责任教育成为美国青少年公民责任教育的出发点和归属点。正如2009年9月，美国总统奥巴马在弗吉尼亚州韦克菲尔德高中向全美青少年学生发表的演讲中所强调的青少年责任："今天你们在学校中学习的内容，将会决定我们整个国家在未来迎接重大挑战时的表现""对于自己的教育，你们中每一个人的责任"[3]，他在讲话中要求青少年应对自己所接受的教育承担应尽的责任，认为一个人的责任是照顾好自己，对自己的行为负责，然后把青少年对个人的责任同对国家责任联结在一起，上升到对国家未来发展负责的高度。

我国青少年公民责任教育提出的"培养社会主义合格建设者和可靠接班人"的要求，把责任教育的目标主要定位在培养青少年服务国家、服务人民的社会责任上。我国是社会主义国家，国家利益和人民利益是一致的，国家利益和集体利益在不同程度上代表了整体利益和长远利益，归根结底也符合个人利益。在我国责任教育核心理念和传统价值观念的影响下，把青少年公民责任教育更明显地表现为将国家的需要和社会的责任作为公民教育的根本着眼点，从爱国主义和集体主义出发，引导人们把国家、集体、个人的利益有机结合起来，坚持国家利益、集体利益高于个人利益。在强调对自己负责的基础上，引导人们把个人目标同远大理想结合起来，把个人的前途命运融入中国特色社会主义的伟大事业中，在自己的岗位上忠实履行对社会、对国家、对人民的责任，通过培养青少年公民的责任思想、意识和行为，使个人服从国家，服从集体并积极参加社会民主生活，从而为履行服务国家和人民的社会责任目标服务。

（三）中美责任教育核心内容差异分析

在美国，青少年有较强的法治意识，这是他们维护自己公民权利、积极承担公民义务的思想武器和依据，也是美国实施以法律契约责任教育为核心的青少年公民责任教育的必然结果。美国是一种典型的外松内紧的社会，在这个国家中自由不是漫无边际的抽象许诺，而是意味着必须在法律规定的范围内进行选择，美国社会始终处于法律的严格控制之中，法律成为平衡社会的主要杠杆。美国有很多法律，除了国家的宪法和法律，各州、县、市也根据自己的具体情况制定出很多地方性法律。20 世纪的 70 年代以后，美国社会提出了"责任公民"的概念，其主要内涵是承认他人享有法律上规定的各种权利的责任，遵守各种规则，信守诺言的责任。[4]在美国，青少年公民责任教育的主要内容是立足于法律法规，传授如何能够建立有限制的政府，如何防止无限制政府对民主政治的破坏，培养青少年如何具备宪政条件下公民的基本价值、理念和能力，遵守法律并且承担应该承担的法律责任等。事实上，美国青少年公民的法律教育，尤其是宪法教育，几乎伴随着美国宪法的制定而产生，并作为美国公民责任教育中非常重要的内容贯穿于青少年责任教育课程的始终。目前美国大部分州的法律都要求学校必须进行美国宪法教学，政府明确要求青少年要学习独立宣言、联邦宪法、人权宣言等内容，强调遵守法律的重要性，强化青少年遵纪守法的法律责任意识。

我国历来重视对青少年的责任教育，由于长期以来受儒家文化的影响，而儒家思想具有"泛道德主义"的文化特点，因此，我国青少年公民责任教育是以道德伦理责任教育为核心的青少年公民责任教育。我国青少年的责任教育强调道德对个人、家庭、社会、国家乃至民族兴亡的重要性，把道德作为立国的根基。新中国成立后，我国青少年公民责任教育始终以马克思主义作为指导思想，同时结合传统文化中的责任教育思想，对青少年学生提出了"爱祖国、爱人民、爱劳动、爱科学、爱社会主义"的"五爱"道德责任要求。近些年的"八荣八耻"为核心的社会主义主流价值观和道德荣辱观，"爱国守法，明礼诚信、团结友善、勤俭自强、敬业奉献"的公民道德基本规范以及现实生活中各行各业道德模范践行责任的先进事例，都是对青少年学生进行责任教育的重要教材，突出强调了东方道德伦理责任教育价值观的培养。

（四）中美责任教育管理体制差异分析

自美国建国以来，教育就被赋予一种培育公民的使命，公民责任教育一直是美国青少年教育的一个主要目标，其作为国家教育体系的重要组成部分，担负着培养宪政民主所需的合格公民的重任。美国作为一个联邦国家，其教育行政体制为分权制，各州在公民教育中具有完全的自主权，因此，美国政府没有统一、直接的公民教育管理机构，公民责任教育主要是在政府的指导调控与间接干预下运行的。为切实提高青少年公民责任教育在学校教育中的地位，美国政府除颁布《2000 年目标：美国教育法》等相关法律条例，并通过政策扶持、资金支持的方式，依靠全美公民教育中心（Center for Civic Education）、全国教育进步评估组织（National Assessment of Education Progress）等非政府组织，制定《公民与政府课程国家标准》（National Standards for Civics and Government）等青少年公民责任教育课程标准、编写理论教材、组织师资培训并进行进步评估，它们从根本上给了美国青少年公民责任教育发展最强有力的保证。

我国青少年公民教育起步较晚，事实上，中国的青少年公民责任教育主要蕴含在思想政治教育的体系中，以思想政治教育理论课程为中心涵盖青少年公民的责任教育。在长期的教育实践中，我国形成了一套完善的思想政治教育培养体制和评价机制，为社会培养了大批政治过硬、素质全面的人才，这是值得肯定的。从 2001 年 10 月，中共中央颁布了《公民道德建设实施纲要》开始，我国颁布了一系列法律、法规，有力地保证了责任教育的效果，现正逐步建立起以高校为基础的公民教育研究中心。但目前，在新的历史阶段我国并没有统一的、独立的公民教育管理机构，建设青少年公民责任教育综合性课程尚处在初步探索阶段，未形成完整的体系和内容结构。审视我国思想政治教育特别是青少年公民的责任教育，还明显存在着不足。

（五）中美责任教育方式方法差异分析

受美国道德教育理论、道德认知发展理论、价格澄清理论和社会行动模式理论、政治社会化理论等现代教育理论思想的影响，美国在青少年公民责任教育方面探索了一套适合责任教育的具体方式、方法，其中隐性教育、全面教育和实践教学是责任教育的主要形式。

美国的青少年公民责任教育虽然没有设置公民教育的统一独立课程，但美国在对青少年进行公民责任教育的过程中,运用隐形教育的方法,间接地把责任教育渗透到社会课程、历史课程、法律课程等各科理论学习和各种实践活动中。同时,美国建立起由学校、家庭、社区等组成的相互配合的全面青少年公民教育网,并通过"公民养成方案"等一系列实践教学方案及实践活动,组织青少年参与社区相关的社会活动,把美国政府、普通家庭和各种社会机构普遍结合起来,在传授公民责任知识的基础上,自然而然地让青少年体会到人与人之间、人与社会之间、人与自然之间的各种责任关系,从而进一步获得相关的公民技能,并培养出青少年的公民责任品性,达到对青少年公民进行责任教育的目的。

一直以来,我国青少年公民责任教育的显性、隐性教育方式方法均有使用,并主要以显性教育为主。在我国的思想政治教育实施过程中,注重对青少年的正面教育,通过周密的计划、组织和安排,在实践中调整着责任教育的内容,运用传统的灌输方法,向青少年灌输社会主导责任意识和规范青少年的责任行为。这种正面的、直接的、显性的责任教育是我国思想政治教育的优良传统和优势,但同时,过多的灌输也比较容易受到正处于青春期的青少年思想上的排斥和抵制。此外,受我国教育制度模式的影响,我国青少年公民的责任教育基本上是以学校理论教育为主体,青少年公民责任教育中的一个重要环节——实践活动相对较少。由于缺乏实践,教育内容往往不能有效地内化为青少年公民的责任品格,责任知识也不能外化,及时支持和指导青少年公民的责任行为。

二

通过上述的比较,我们发现中美两国的青少年公民责任教育,在价值理念、目标定位、核心内容、管理体制、方式方法等方面都存在很多差异,也各有短长。今天,在坚持我国青少年公民责任教育文化传统的基础上,借鉴美国青少年公民责任教育工作,增强我国青少年公民责任教育的实效性,具有十分重要的作用。

(1)以科学发展观重要理论为基础,坚持我国青少年公民责任教育文化传统。责任教育在我国青少年公民教育体系中居于基础地位,也一直备受党和政府的重视。首先,我国青少年公民责任教育应该深入贯彻落实科学发展观,科学发展观强调以人为本,促进人的全面发展,做到发展为了人民、发展依靠人民、发展成果由人民共享。我国青少年公民责任教育要全面贯彻党的教育方针,始终把培养人才作为根本任务,切实把社会主义核心价值体系融入公民责任教育全过程。其次,我国青少年公民责任教育应该始终坚持社会主义意识形态的主导性。任何社会的教育体制都是该社会经济状况的反映,中美责任教育的差异是同各自的经济基础和文化背景联系的。我国青少年公民责任教育无论是形式上还是内容上都必须始终把社会主义核心价值观教育作为我国青少年公民责任教育的重点，要保持坚持社会主义意识形态的主导性。最后，我国青少年公民责任教育应该弘扬突出我国责任教育的文化传统。古往今来，传统文化中的责任感为民族的繁衍和国家的振兴做出了巨大贡献，是对青少年进行责任教育的优秀文化资源，所体现的积极向上的责任意识和精神原则带有普世价值和永恒特性，在当今社会主义和谐社会建设的过程中，仍然有着强烈的现实意义。

（2）以美国责任教育基本内涵为参照、丰富我国青少年公民责任教育基础理论。美国是世界上最早实施公民教育的国家之一，公民责任教育理论发展已相当完备，因此我们要大胆吸取美国责任教育理论中的有益成分来完善我国的责任教育基础理论。首先，我国青少年公民责任教育要大力加强理论研究力度。美国公民教育的主要指导理论包括杜威的道德教育理论、柯尔伯格的道德认知发展理论、拉斯等人的价值澄清理论、纽曼的社会行动模式理论、伊斯顿等人的政治社会化理论等。这些理论内容丰富，在很大程度上影响着美国青少年公民责任教育，直接指导了公民教育实践向专业化、科学化的方向发展。因此，我们一方面要选择性地吸收这些基础理论，另一方面要结合我国的具体实际，加强公民教育的跨学科综合研究，构建具有中国特色的、科学的公民责任教育理论。其次，我国青少年公民责任教育要不断提高公民责任意识。培养公民责任意识是青少年责任教育的一个重要目标，也是决定公民责任教育成败的一个重要条件。处于社会转型期的中国，虽然有着先进的人民民主制度，但公民责任意识却相对落后。在这样的环境中，对青少年公民责任教育的思路和做法应当同这种社会现实相适应，进一步贯彻《公民道德建设实施纲要》，加强公民责任意识教育，使青少年树立正确的世界观、人生观、道德观和价值观。最后，我国青少年公民责任教育要凸显强化民主法治教育。改革开放以来，我国已基本形成比较完善的法律体系，但大多数公民的法治意识还相对薄弱。在本质上，"公民"意味着一个人与他人、国家以及社会在宪法上和政治上形成的良性互动关系。[5]我国青少年公民责任教育应该使青少年能够认识到这种关系并意识到个人在宪法上的主体价值与尊严，自觉养成遵纪守法的意识和习惯，依法履行所承担的责任和义务。因此，必须下大功夫普及法律知识，加强宪法和法律教育，为我国的青少年公民责任教育创造一个良好的环境。

（3）以美国责任教育实践模式为对照、优化我国青少年责任教育方式方法。美国经过数次教育改革，形成了隐性教育、全面教育以及强调实践的美国式公民教育实践模式。研究美国的青少年公民责任教育模式，考察其实践方法，借鉴其实践经验，将有助于我国青少年公民责任教育实践方法的优化和提高。首先，我国青少年公民的责任教育要走全面发展的道路。要在条件允许的基础上，建立相适应的青少年公民责任教育管理机构、培训机构，进一步强调青少年公民责任教育的系统性和协调性，在以学校为中心进行青少年公民责任教育的基础上着力打造社会、学校、家庭、传媒一体的教育体系，充分调动各方面的积极性、主动性。其次，我国青少年公民的责任教育既要抓显性教育，又要抓隐性教育。一方面要意识到显性教育是一种必要的教学方法，重视它的主渠道作用，借助启发等多种教学方法，使说教转变为知识的熏陶和感染；另一方面更需要重视隐性教育，引导青少年按照导向做出自主判断。最后，我国青少年公民的责任教育要强调社会实践。教育家夸美纽斯说：有效性教育要"寻求并找出一种教学方法，使教员可以少教，但是学生可以多学，使学校因此可以少喧嚣、厌恶和无益的劳苦，多具闲暇、快乐和坚实的进步，并使社会可以减少黑暗、烦恼、倾轧，增加光明、整饬、和平与宁静"[6]。我国的青少年公民责任教育应该创造条件，鼓励青少年以公民的身份角色积极参加各种实践活动，通过实践使青少年在活动中激发责任意识，锻炼责任行为，形成责任品格。

参考文献

[1] Goals 2000: Educate American Act [EB/OL]. http://www2.ed.gov/legislation/GOALS2000/TheAct/sec102.html.
[2] Patrick, J. (2004) The civic mission of schools: Key ideas in aresearch-based report on civic education in the United States. Teaeher Librarian, 32 (2), pp. 26–28.
[3] Prepared Remarks of President Barack Obama: Back to School Event [EB/OL]. http://www.whitehouse.gov/MediaResources/PreparedSchoolRemarks/.
[4] 张宗海. 西方主要国家的高校学生责任教育与启示 [J]. 高教探索，2002（3）.
[5] 傅达林. 宪政意义上的公民 [N]. 学习时报，2005-01-03.
[6] [捷] 夸美纽斯. 大教学论 [M]. 傅任敢，译. 北京：人民教育出版社，1957.

（本文作者为北京青年政治学院社科部副教授）

中美儿童电影产业化发展的对比分析

周金凯　彭笑远

儿童电影在中国乃至世界电影中占据着重要地位，不仅仅因为它的受众人群与成年人不同，更重要的是儿童电影肩负着向儿童及其家庭传递正能量、促进青少年健康发展的使命。为了适应市场经济的要求，儿童电影产业化是必然的趋势。将儿童电影通过产业链分工的形式进行市场化，让每个链条的功能从量的集合到质的飞跃，让儿童电影产业得到最大限度的开发，对于电影的营销、制作以及市场收益意义重大。

一、儿童电影产业化的定义

产业化即是指要使具有同一属性的企业或组织集合成社会承认的规模程度，以完成从量的集合到质的激变，真正成为国民经济中以某一标准划分的重要组成部分。

所谓儿童电影的产业化，史东明概括为："以市场为导向、以效益为中心，通过产业化的方式，制造、营销适合儿童观赏消费需求的电影产品。"

林俊毅在《中国电影整合营销关键报告》中指出："电影产业化的过程，就是由一种类似小作坊式的生产小商品电影的过程，向着要运用现代企业制度的运营模式来大规模生产电影的电影产业化生产迈进的过程。"电影产业是一个庞大的社会系统工程：系统内，电影产业是一条长长的产业链；系统外，电影产业又与多种相关行业辐射交融，犹如"宇宙行星"模式一样有多种可开发性。儿童电影产业作为电影产业的一部分，也遵循着电影产业化的一般规律。

鉴于此，笔者认为，儿童电影产业化是指以市场为导向，以儿童电影制作为核心，通过儿童电影的生产、发行和放映实现效益，促进儿童电影相关衍生品（音像制品、玩具、院线建设等）的发展，实现儿童电影产业的规模经济。

二、中国儿童电影产业化现状分析

20世纪90年代，国家在政策层面对儿童电影给予了大量的鼓励和支持。1993年，中宣部、国家教委、广播电影电视部、文化部发布了《关于运用优秀影视片在全国中小学开展爱国主义教育的通知》，目的是通过在中小学播放优秀的儿童影片，让中小学生了解历史，认识国情，弘扬民族文化和爱国主义之情。1996年，国家教委、广播电影电视部、文化部发布了《国家教委、广播电影电视部、文化部关于做好中小学生教育影视片推荐和发行放映工作的通知》，规定中小学生教育影视片的发行、拷贝出租、组织放映等都应坚持保本经营的原则，把社会效益放在第一位。可以看出，20世纪90年代的国内儿童电影制作是国家主导，以社会效益为主，市场化程度不高。

2004年，中共中央国务院颁布《关于进一步加强和改进未成年人思想道德建设的若干意见》，指出应积极探索与社会主义市场经济发展相适应的少年儿童电影发行、放映工作新路子，形成少年儿童电影的发行放映院线。这一以市场经济为导向的儿童电影发展思路为中国儿童电影产业化打下了坚实的基础。同年，国家广电总局制定下发了《关于发展我国影视动画产业的若干意见》，对国产动画业进行全面规划，目的是促进国产动画片的发展。为了扩大国产动画片的影响力，国家支持在电视台开办少儿频道。2006年颁布的《关于推动我国动漫产业发展的若干意见》，全面提出了我国动漫产业的发展政策，从而推动了我国动漫产业链的形成，儿童电影逐步向产业化方向发展。

在政府的政策鼓励和资金扶持下，中国儿童电影产业链日臻完善，产量逐年递增：20世纪90年代初期，儿童故事片平均年产为12部左右，到2005年已经增长为26部，2010年产量已达到53部，比例位居世界第一。2012年，儿童故事片总产量为47部。与此同时，动画电影的数量增幅明显，从2002年2部跃增至2012年的33部。此外，与儿童电影及动漫形象有关的服装、玩具、电子游戏等衍生产品的生产和经营产业也得到了发展，增加了投资商的额外收益。比如电影《长江七号》播出后，玩具七仔得到了热卖，动画片《喜羊羊与灰太狼》的各式玩具也很热销。

另外，中国儿童电影并未完全具备产业化要求的所有要素，这使得儿童电影呈现出高产出低收益的局面。这主要体现在两方面：第一，电影内容还不能满足受众目标心理。电影要好看，但好看的评价标准是由受众目标来决定的。中国儿童电影要放开创作题材、细分目标受众，才能达到让孩子和家长自愿掏钱看电影的目的。一直以来，中国儿童电影一直在政府的扶持下生存。政府投资的初衷就是为了"教育"孩子，因而造成儿童电影的说教性较浓，题材不够广泛，内容比较刻板，直接影响了儿童观赏的心理预期，使得儿童对国产儿童电影产生了厌倦感。第二，儿童电影商业性产业链缺失。电影产业链主要由四个部分组成，即投资、制作、发行和放映。总体上，我国电影产业链结构和组成已日渐清晰，集中规模的产业链条正逐步形成。但对于儿童电影产业来说，产业链正处于计划性产业链被打破，而商业性产业链尚未成型的过渡阶段。

如图 1 所示，中国儿童电影计划性产业链的特点主要有：国家投资，主要由中国儿童电影制片厂制作，并由中国电影集团发行放映。这种产业链是一种计划性的、统购统销的模式。在这种模式之下，由于政府的支持和推动，儿童电影能够有计划和顺利地进入校园，到达受众人群，从而实现电影所要达到的教育目标。但在市场经济体制下，学校作为计划性产业链下儿童电影的主要终端，由于受到多方制约，基本上向儿童电影发行关闭了大门。产业链终端的脱落，使得整个产业链流通不畅，让儿童电影的发行进入窘境。为了缓解这一问题，国家曾实施"儿童电影进校园"工程，给予一定财政支持。但在目前，学校很难组织孩子们定期看电影。

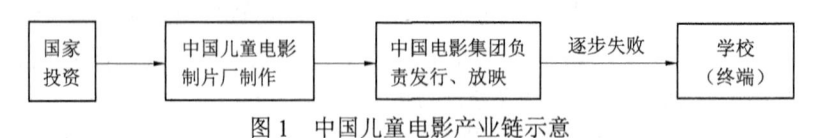

国家投资 → 中国儿童电影制片厂制作 → 中国电影集团负责发行、放映 → 逐步失败 → 学校（终端）

图 1 中国儿童电影产业链示意

基于以上分析可以看出，中国儿童电影在发展的历程中，已经迈出了产业化转型的步伐。首先，2004 年，国家提出"政府政策支持与企业市场运作相结合"的儿童电影发展思路，鼓励多主体、多层次共同投资开发儿童电影市场，使儿童电影作品逐年递增。其次，国内儿童电影开始进入商业院线接受市场竞争。国内儿童电影大多是低成本的小制作，虽然多数国产儿童电影无力进入主流院线参与市场竞争，但从纵向来看，儿童电影参与商业院线竞争的程度正在逐年提高。2002 年，仅有 7 部国产儿童故事片进入商业院线，到 2012 年已有 23 部儿童电影（15 部儿童动画电影和 8 部儿童故事片）参与市场竞争，说明我国儿童电影市场化的程度越来越高。再次，国产儿童电影开始尝试市场细分的制作策略，根据不同年龄段的需求将电影类型进行细分，以此作为提升竞争力的手段。同时，投资人开始树立电影品牌的营销观念。

即便如此，中国儿童电影在产业化方面还是存在很多问题，如市场化程度不高、投入与产出不平衡、儿童电影的受众人群定位不清、产业链各个环节之间连接不畅、品牌营销意识不强等，这不仅需要中国儿童电影人遵循市场经济和电影发展的规律，从我国的儿童电影发展历程中汲取经验，也需要学习和借鉴儿童电影产业化发展比较成熟的国家的经验。

三、美国儿童电影产业化分析

在经济发达国家，由于经过多年市场竞争的洗礼和考验，儿童电影的发展已经习惯了产业化的要求。以美国为例，电影业经过 100 多年的发展，已经形成较成熟的产业链体系，主要包括：成熟的商业市场法则和完善的现代金融服务体系，为儿童电影的融资提供了可靠保证；多样化的制作营销体系和创新模式，为儿童电影提供了广阔的市场；电影衍生品产业的发展，带动了与之相关行业的快速增长，而这些都得益于美国电影产业化过程中各种有效的举措。

（一）多渠道、专业化的融资模式

电影制片人凭借影片会取得成功的可靠论证以及丰厚的回报对儿童电影进行融资。投资人将手头的信息和客户资源进行充分整合，建立资本总库，利用充足的资金同时对几部电影进行投资，从而使风险分散化。通过这种融资手段，美国的儿童电影可以吸引到多达数千万美元的巨额资金。此外，他们还通过银行贷款方式解决资金不足问题，为儿童电影的拍摄提供保障。对于预期盈利较高的影片，银行方面也会要求作为投资方出资，以分享项目利润。如果制片人难以筹到足够的资金，还可以通过发行股票的方式向公众集资。在美国，电影股票价格不高，适合各阶层购买。

（二）多元化的制作模式

高科技的制作手法。为满足观众日益增长的欣赏需求，美国儿童电影在高新技术方面不断突破。高科技儿童电影中集航天技术、仿真技术、生物技术、数字合成技术于一体的表现手法打破了人类所感知到的三维物理时空。随着 3D 电影的兴起，不仅出现了像《疯狂原始人》（2013）这样的经典之作，而且使得经典的 2D 动画片再次焕发生机，《狮子王》（1994）在 2011 年进行 3D 重映时仍然获得 9400 万美元的本土票房，可见其对儿童影响力之深。

儿童电影观众年龄细化分层。美国儿童电影制作商根据基本的心理和生理特征，将儿童概念分为幼儿期（1—3 岁）、学龄前期（3—7 岁）、学龄期（7—12 岁）和青春期（10—20 岁）。根据儿童不同时期的审美和心理接受特征电影产业会将其市场细分，以便有效影响目标消费群。

儿童电影产业实现范围经济。美国儿童电影制作的优势很大程度上来自好莱坞电影产业的范围经济。好莱坞拥有儿童电影产业成熟的技术人员和演员、全球的发行系统和好莱坞的明星体制，这些资源为好莱坞电影制作商服务，形成了良好的产业内循环，减少了相关信息传递的时间和运行成本。

（三）系统化的品牌营销体系

在美国，儿童电影作为商品，同样拥有着自己的品牌。电影制作商需要在电影制作、广告策略、市场调研、宣传炒作、公关活动、促销手段等方面协调使用各种不同的传播手段，从而达到低成本、高收益的营销目的。迪士尼等大的儿童动画电影制片商的经验表明：高成本儿童电影仅靠影院票房很难收回制片和发行成本，必须进行电影后产品开发。他们通过图书、音像制品、玩具、电子游戏等衍生产品以及相关主题公园、旅游景点等多元经营，获得相比票房收入本身多得多的回报。

四、美国儿童电影产业化成功经验对中国儿童电影产业化的启示

发达国家儿童电影产业化的成功之路，给中国儿童电影的发展提供了很多借鉴之处。笔者认为，中国儿童电影产业化需要结合国情，在投资主体、市场定位、发行放映、发行后品牌营销等方面借鉴发达国家的经验，以进一步提高自身产业化的发展。

（一）通过多渠道的融资模式，丰富投资主体

中国儿童电影发展要坚持"政府政策支持与企业市场运作相结合"的发展思路，要调动多种所有制经济成分的积极性，多层次共同开发少年儿童电影市场。除了国家投资以外，主要是通过市场化的融资模式，激发制片人的创作欲望。只有好的作品才能引起投资人的兴趣，才能获得更多的资金支持，有助于在市场竞争中获利。

（二）明确作品市场定位，逐步从"儿童单一主体"向"合家欢"方向发展

我国大部分儿童电影的创作思路都比较狭窄，缺乏创新；电影传递的主题与思想过于成人化，说教味浓，不能把握儿童的心理。儿童电影创作除了遵循电影基本创作规律和传递正能量之外，还须明确它的市场定位，不能将儿童电影的视角选择和主旨呈现只限于引发成人和社会的思考，可以在作品中从家庭角度切入，关注成人和孩子共同的世界，赢得家庭消费群体的青睐。

（三）完善儿童电影品牌营销和电影后产品开发

通常，高成本儿童电影仅靠影院票房很难收回制片和发行成本，必须进行电影后产品开发。例如通过图书、音像制品、玩具、电子游戏等衍生产品以及相关主题公园、旅游景点等多元经营，获得相比票房收入本身多得多的回报。

总之，中国儿童电影产业化之路刚刚开始，需要一个由幼稚到成熟的过程。其间，需要按照市场化的需求，通过合理选择投资主体，丰富儿童电影融资的模式；需要改变儿童电影只给儿童看的传统制作模式，朝着以儿童电影带

动成年人参与，实现"合家欢"式的电影市场定位，增加受众人群。同时，儿童电影产业化应结合中国的实际，借鉴西方国家成功的经验，逐步实现儿童电影产业的规模经济。

参考文献

[1] 郑欢欢. 阵痛中成长——产业化改革背景下中国儿童电影发展备忘[J]. 当代电影，2013（6）.

[2] 资料来源：http://www.bls.gov/ 美国劳工统计局网站.

[3] 资料来源：http://www.mpaa.org/，2012 theatrical statistics summary. 美国电影协会网站2012年戏剧统计报告.

[4] 单禹. 超越低幼化的多元电影类型内容资源拓展——当代美国儿童电影内容资源与产业策略研究[J]. 当代电影，2013（6）.

[5] 史东明，张晋峰. 中国儿童电影：产业化是根本出路[J]. 当代电影，2009（6）.

（本文第一作者为北京青年政治学院英语系讲师，第二作者为北京青年政治学院社科部副主任、教授）

中美青少年社交媒体应用比较

李 伟 徐玲玲

社交媒体的出现,归功于网络技术的发展,也被称为社会化媒体、社会性媒体,是人们彼此用来分享生活、提出见解的工具和平台。现阶段主要包括社交网站、微博、微信、博客、论坛、播客等。

随着移动互联网的发展,青少年群体已经成为社交媒体应用的主力军。中美文化和互联网技术的差异使得青少年群体对于社交媒体的类型、功能、频率、偏好等应用也不尽相同,值得我们去关注。

一、美国青少年社交媒体应用分析

美国是互联网的鼻祖和领军者,青少年同成年人在使用社交媒体的习惯上没有特别大的差异,促使美国的社交互联网公司总是不断进行自我改进来满足当今年轻人的需求。根据 Edison Research 和 Triton Digital 公司对于美国 2014 年社交媒体使用习惯的统计,普通 Facebook 的用户每天登录 5.6 次,青少年更是高达 8.2 次,超过 80%的美国人通过各种媒体渠道在推特上获取过信息。[1]

美国青少年经常使用的社交媒体。美国社交媒体的发展从最初的文本、信息的交流到当今的以分享信息、图片、视频等多媒体形式,内容之丰富,应用之多样,影响力之广泛值得我们去关注。纵观目前社交媒体应用,其主流有以下几种形式:

第一,Facebook 和 Twitter 在美国青少年群体中非常流行。几乎每个青少年都有 Facebook 账号,以此有了自己的网络空间用于分享信息。Twitter 是一种微博客,用于留言,分享自己感兴趣的信息。第二,Instagram 和 Pinterest 目前在美国社会广泛应用,不仅仅局限于青少年群体。Instagram 已经成为全球增长速度最快的社交网站,坚守其核心任务,即传递美丽图片和视频,其受青少年青睐的主要原因是内容的质量和隐私策略。Pinterest(Pin+Interest)是一个照片分享社交网站,为用户提供图片的在线收藏和分享。网站为用户提供 PinBoard(钉板),把自己感兴趣的东西用图钉"钉"在钉板上,用户可以按主题添加和管理自己的图片收藏,并与好友分享,页面底端自动加载无须翻页功能，让用户不断发现新图片。第三，视频类网站。YouTube 是美国最大的视频分享网站，用户可以上传、浏览或分享影片，同时可以寻找自己喜欢的视频以及现场直播等。用户也可以在分享区域进行互动，讨论视频内容等。第四，其他社交媒体，比如 Snapchat 正在成为青少年最喜爱的社交应用，阅后即焚以及可设定销毁时间的 My Story（类似微信朋友圈）功能。Tumblr 用户可以用虚拟的身份尽情展现真实的自我，但不同的是，这和现实中的自我不是一一对应的。Yik Yak 是最近一两年才出现的社交网络，主要面向校园社交网络。

美国社交媒体的发展特点。从美国社交媒体的发展历程来看，人们越来越依赖于集多种平台于一体的移动媒体终端。根据美国皮尤研究中心 2014 年的报告，2013 年 42%的用户使用两个以上的社交网，2014 年这一数据已经升上到 52%。从 2014 年在线用户使用社交媒体的百分比来看，Facebook 仍然以 71%远远超过了 Twitter 的 23%、Instagram 的 26%、Pinterest 的 28%和 Liked In 的 28%。以图片视频为中心的社交网络在 2014 年大获成功，Pinterest、Instagram、Tumblr 等社交媒体发展势头正劲。随着网络办公和信息化进一步发展，网络之介存储和分享的社交兴起。以 Dropbox、Google Drive 等基于网络云服务的新型社交网站兴起，以之介信息为内容的社交分享成为最新的潮流趋势。WhatsApp 和 WeChat 是 2014 年社交媒体绕不过去的关键词，Facebook 斥资 190 亿美元收购即时通信软件就充分体现了其在社交媒体领域的重要性，这类软件让用户通过无线和移动互联网及时分享音视频，无须电信商的服务。

美国社交媒体的主要功能。青少年在使用社交媒体类型上同其他年龄段有所差异，但在使用内容上有许多相似之处。首先，社交关系的维护。目前青少年群体使用社交媒体的主要目的是为了联系亲戚、同学和朋友。数据显示，美国网民中大概有 66%同时使用 Facebook、Twitter、Linked In 等社交媒体平台，这些在青少年群体中同样适用。大约三分之二的社交媒体用户使用社交媒体的主要目的是和朋友及家人保持联系。同时，超过 50%的社交媒体用户通过社交平台寻找失去联系的朋友。其次，朋友圈的建立。另外，青少年中有大约 14%的用户表示使用社交媒体的主要目的是同那些有着共同爱好和兴趣的人交流，9%的用户使用社交媒体主要是为了交朋友，5%的用户主要是为了看名人、运动员、政客们发表的观点和评论，在社交媒体上寻找交往对象或者约会对象的人数只占了大约 3%。最后，社交商务的实现。截至 2015 年，美国社交商务销量将达到 140 亿美元，像 Twitter 和 Facebook 这样的社交媒体将加速发展商务能力，目前只有 5%的美国人在社交媒体网站上购物，但是 20%的人正在考虑这么做。足够说明社交商务的潜力，特别是青少年消费者。受到如此激励，品牌和社交网络需要提供社交商务来满足消费者的需求，包括金融数据、隐私的安全性，以及无缝购买流程。美国青少年比成年人更愿意在社交网站上购物，比例大概是两倍，其中女性比男性更愿意成为社交网站用户，尤其18岁到34岁的女性，比例达到91%；在社交媒体用户中，大部分人（85%）表示更愿意通过在线零售商购物。[2]

二、中国青少年社交媒体应用分析

2008年开心网的应用掀起了中国社交媒体应用的序幕，随之而来的是MSN、QQ等社交媒体的传播推广。现如今，微信、微博等俨然成为社交媒体的主流，社交媒体的应用已经打破了年代的界限，无论是青少年还是其他年龄段，区别只是分享内容的个别差异。

中国青少年经常使用的社交媒体。首先，腾讯QQ与微信。二者均系腾讯公司的产品，并且用户群体可以捆绑在一起，实现QQ用户向微信平台的平移。二者可以在不同运营商的网络环境下及无线环境下实现语音短信、视频、图片和文字通信。通过朋友圈、微商、购物、游戏等模块集合了电商平台的应用。用户可以将内容分享给好友以及将看到的精彩内容分享到朋友圈。其次，优酷和土豆。优酷与土豆合并，都是模仿YouTube的商业模式，主打UGC用户生产内容。目前它已发展成为中国网络视频行业的领头羊，在全球中文应用中排名第三。最后，人人网和豆瓣。人人网原名校内网，是专门为大学生群体提供社交的应用网站，用户注册后可以粘贴自己的照片，更新状态，撰写日志，留言等。豆瓣的核心用户群是具有良好教育背景的都市青年，用户可以发表有关音乐、图片、书籍、视频、电影等方面的评论，可以把豆瓣作为分享和参与的平台。

中国社交媒体的主要功能。一方面，获取及分享信息。关注朋友动态、了解社会新闻以及分享自己的状态、想法和感受是青少年上社交媒体网站的主要目的。青少年往往利用社交媒体发表日志记录周边发生的或自己的想法。另一方面，扩展人际交往渠道。社交媒体不仅是人们获取新闻、闲聊话题的途径，已经成为联系朋友之间的纽带和渠道。比如，社交媒体能够让青少年时刻知道周围发生的新鲜事，社交媒体能够让青少年了解很多社会新闻以及人们对这些新闻的看法，有助于青少年增加视野，同时能够让青少年和远方的朋友保持一种网络上的联系，增加了青少年之间的话题和茶余饭后闲聊的乐趣。同时，对于青少年来说社交媒体已经成为非常重要的组织起社交生活的渠道，通过社交媒体结识新朋友。比如关注名人的微博、博客等，拉近了青少年与名人的距离。

三、中美青少年社交媒体应用比较

中美社交媒体应用已经日益广泛，具有很多相似性，但是在应用特征和具体内容等方面仍然存在着明显差异。

特征差异。与美国青少年相比，中国青少年上网年龄更早，上网时间更长，更多使用视频分享网站，使用到的社交媒体工具更多，男性上网比例高于女性，平均每周在线时间为5小时左右。在中国，各种社交媒体都受欢迎，中国青少年单位时间内用到的网站数量比美国用户多很多。

内容差异。中国社会环境非常注重人际交往，中国青少年在社交媒体上对"关系"的需求比美国青少年用户广泛。比如说中国青少年对扩展关系网感兴趣，与家人、朋友保持联系，喜欢提问。喜爱影响他人，为自己的思想或成绩感到自豪，喜爱分享自己的经验，提高声望。这或许是中国青少年对信息安全和隐私的注重不及美国的主要原因。同时这种注重人际关系交往的社交媒体环境又为商业营销提供了机遇，使得在社交网站、邮件订阅、订阅视频频道、微博，下载移动应用等诸多社交媒体应用中，中国青少年更加乐于对品牌进行关注。

综上所述，中美青少年在社交媒体应用上体现出的差异性与两国基本国情有较大的关系：中国青少年群体基础比较大，很大一部分是独生子女家庭，他们对于社会关系、人际交往的需求更加强烈，易于接受社交媒体的新应用，使得中国青少年群体使用更多的社交媒体，不太关心个人隐私，对于视频和图片网站使用率高，容易被网络营销活动吸引等。

四、结语

社交媒体缘于社交需求。随着技术的改变，人类会养成新的社交习惯，而这一习惯的养成取决于这种社交习惯背后的文化改变。中美两国不同的文化背景，必然存在着不同的社交媒社交媒体名称和功能或许有差异，但是，满足社会交往需求是不同国家中相似社交媒体的共性。

社交需求是人类社会的基本属性，社交媒体依赖网络技术满足了人们的基本需求，并且这种需求的表达方式长期以来呈现出极高的关联性、网络性和规律性，可以称之为社交需求的社会共性，对于这种共性的研究和探索，能够更好地激发起人们在如今社交媒体上的交流、分享和互动，进而引发新的社交媒体需求，推动社交媒体发展。

事实上，无论群体交流，面对面交流，通过微信、电话、QQ、Facebook等社交媒体交流，这些线上或线下交流都有很大的相似之处，人们对社交需求呈现出多元化，这种多元化表现为线上交流需要线下交流的动作、神态、眼神，线下交流同样在某种程度上需要线上交流的时空距离。社交需求并没有随着网络技术发展、交流工具和方式、国家差别、文化差异等因素而改变，这才是真正值得关注的地方。

社交媒体的国别差异性。中美两国不同的文化背景、生活习惯、语言特征并没有影响到两国青少年对于社交媒体应用的差异。中国的社交媒体对于美国青少年同样具有很强的吸引力，恰恰是社交媒体的应用减少和降低了彼此的沟通和交流障碍。因为社会交往的需求是社会需要，而不是国家需要。例如微信通过技术和应用模块的差异化已经成为全球性的社交平台。国别的差异只能使得青少年选择不同类型的社交媒体，但是获取和分享信息的社交需求没有改变，改变的可能是受文化背景影响的分享内容。随着人们沟通方式的加深和理解，社交媒体会将不同国家背景的青少年群体通过分享信息内容的共性更好地组合在一起，形式虚拟世界的社会团体。

社交媒体依赖症。社交媒体的井喷式发展，使得我们对于周围朋友、亲戚、同学、同事等社会关系圈中的举动一目了然。甚至对于业已存在的社会关系圈，多方并不相知，可以很方便地通过社交媒体建立联系，比如朋友圈的点赞行为能够将不同的社会关系圈串联起来。这为人们提供了一扇窥视他人生活的窗口，同时造成了人们担心错过任何信息的现象。青少年将社交媒体当作重要的工具，部分青少年对社交媒体的依恋程度非常高，早起晚睡等空闲时间都会对朋友圈中的好友进行观察，了解朋友们都做了哪些新奇的事情，分享了什么有兴趣的信息，包含视频、图片、文字等，如果自己没有做或者觉得引发了自己的兴趣或共鸣就会马上在社交媒体中跟风或付诸实施。更有甚者在开车的时候也会时不时登录社交媒体展示拥堵不堪的交通状况。这些人在上课的时候也会经常因为社交媒体而不时玩弄手机，这些情景在当今大学课堂已经成为常态。所有这些使得这部分群体受制于社交媒体的影响，干扰了他们正常的生活，因此无法好好享受自己的生活。由于社会需求不能满足青少年所有的心理需要，使得他们更倾向于在社交媒体上寻找慰藉。在这样的情景中，青少年变得与他人更紧密地连接，以及会相对频繁地使用社交媒体。所以青少年必须要学习新方法来控制社交媒体的使用，并且恰当地享受它们。

社交媒体的运行与管理。在美国，互联网已经渗透到社会和生活的各个角落，彻底改变了人们的生活、工作、学习，甚至思维习惯。美国社交媒体运营商，更是攻城略地、无往不胜。这些对其支撑世界霸权、宣扬国家软实力、输出文化产品帮助很大。借鉴和吸取美国社交媒体的管理经验对于正确引导我国社交媒体的发展至关重要，尤其是对于青少年价值观、爱国精神、社会认同度等方面不容忽视。我们可以借鉴美国社交媒体的营运管理模式来管理我国的社交媒体环境，建议从市场法则、法制、运营商自律和用户自觉等方面考虑。

首先，社交媒体是商业活动，多属新生事物。这就决定了社交媒体自身必须按照市场规律才能发展壮大。政府需要体现出管理的职能，为社交媒体创造一个市场环境，最大限度地按市场规律办事。其次，媒体社交网站是信息传播工具，本身无好无不好。但其所传播的信息和事件却是真实生活，涉及相关的法律问题。网站运营商和信息制造者必须要对自己的行为负法律责任。再次，运营商是社交网站管控的主体。它们不仅负责监管内容是否合法，维护用户的信息安全，对于用户揭发和自己发现的问题，也要及时处理，不合法的要及时删除。为此，相关运营商要有专门的法律团队，发现问题，及时解决；广大用户要积极参与，有问题便举报；违法言行要及时删除，朋友圈讨论出现类似言行时，要及时告诫，并要相关方限期拿出整改措施。最后，用户自觉非常必要，现实生活中不能做的，在虚拟世界里照样不能做；现实生活中可以做，又不违反现行法规的，要在虚拟世界里倡导。

在我国，社交媒体仍在初创阶段，处于从无到有的开端，我们可以借鉴国内外经验教训，逐步弥补和完善社交媒体的运营与管理，用自然规律构建社交媒体的监管机制，为中国青少年有效利用社交媒体提供一个安全健康的环境。

参考文献

[1] 阿拉丁：美国社交媒体发展历程［EB/OL］．http://science.china.com.cn/2015-07/03/content_8040672.htm．

[2] 朱旭东．13个美国大学生最常用的社交网络［EB/OL］．品玩网，http://www.pingwest.com/13-most-popular-sns-by-90s-In-the-usa/．

（本文系北京市哲学社会科学规划研究基地项目"中外青少年网络学习行为研究"的阶段性成果，第一作者为北京青年政治学院管理系讲师，第二作者为北京青年政治学院国际学院讲师）

"微语境"下青少年网络关注的引导框架

——以芦山地震微博传播为例

胡 蕊

近期,最牵动人心的热点事件非四川芦山地震莫属,与2008年"汶川地震"后媒介尤其是网络上全体一致的高关注度相比,芦山地震在网上的受众关注度尤其是以大学生为主体的青少年在此事件的关注度明显不足。

数据表明,媒体账号传播进行灾情设置对青少年的认知、态度和行为并无明显优于明星、名人微博的影响,尤其是在救灾和捐助方面;明星、名人的引导效应在灾难事件中也并无明显体现;青少年个人账户的传播主题与主流媒体的报道框架呈现明显的偏差状态。本文运用社会建构理论对微博的地震议程进行框架分析,试图进一步发现微博账户的传播效果差异原因并进行建构性建议。

一、框架分析的理论出发点

近几年来,国内外的传播学者对框架分析(frame analysis)的关注度日益提升,基于框架分析的学术探讨、方法运用以及效果研究等成果也因此层出不穷。社会学家E.戈尔曼1974年出版的《框架分析》,对新闻框架研究产生了直接影响。他认为"框架指的是人们用来认识和阐释外在客观世界的认知结构,人们对于现实生活经验的归纳,结构和阐释都依赖一定的框架。框架使得人们能够定位,感知,理解,归纳众多具体信息"。对于新闻的选择、加工,新闻文本和意义的建构,称为新闻框架[1]。

根据前者的理论研究,本文中将由媒介微博、名人微博、大学生个人微博传播构成的青少年网络关注的框架视为自变量,研究其对青少年的认知、态度、意向和行为的影响,即所谓"框架效应"。

二、研究方法选择

研究主要是选取新浪微博与腾讯微博。原因主要是根据新浪公司与北京大学的联合调查数据[2]显示，新浪微博用户中，青少年用户占绝大多数，其中90后青少年所占比例为总人数的37%、80后青年为55%、青少年用户所占总比超过92%。微博用户的主要网络活动分别前三位是阅读、聊天、分享个人信息（含微博）。

研究选取新浪微博、腾讯微博对于芦山地震第一周的消息传播为研究样本，因为新浪、腾讯目前为中国两大微博平台，拥有最多的注册用户。

研究选择了开通认证微博账户的三家中央级媒体，分别为央视、新华社、人民日报。选择了三位明星名人认证微博账户，分别是姚晨、李开复、韩寒。研究还随机选择了47位在校大学生开通的腾讯微博。

三、统计与分析

（1）账户、发布内容数量与效果以地震为关键词，在新浪微博2013年4月20日8时至26日8时共检索到认证用户发送的微博146672条。研究主要的关注点在于青少年在微博上的关注点及其参与互动。

1）主流媒体：发布数量多、具有一定议程设置效果

英国传播学者库尔德里（Couldry）认为，主流媒体是建构现实的象征性力量的集中之处，这种象征性力量的集中，体现在普通人对主流媒体的基本态度和信任上。一般人也许对不同的传播渠道有不同的信任程度，但整体而言他们对"主流媒体"的基本态度是肯定的，人们确认这些机构为社会知识的来源以及社会现实的定义者。[3]人民日报、新华社、中央电视台三家国内主流媒体发布微博统计数据显示，新华社一周内发布消息最多，共305条，其次是央视新闻和人民日报，但三者相比相差不大，并且互有转发。

从数据来看，以人民日报为代表的传统媒体，在本次芦山地震中的微博发布明显为众多地震信息传播源，发布及时、消息范围广泛，包括灾情、救援、典型人物、热点事件、感人故事、各方力量等。微博转发比较稳定，转发回复比基本在10:1以内。

2）名人明星在内的舆论领袖：数量少间隔长议题分散、难以形成持续议程

研究选择了李开复、姚晨、韩寒等3位关注其微博超过100万人以上的微博明星（包括名人）。从这几位名人发布的消息来看，一周内发布消息最多的为姚晨，共14条，最少的是韩寒，仅1条。名人微博之间有互动，有转发。研究发现，名人微博与粉丝之间有强互动关系，几乎名人的每一条微博都会引发粉丝较大比例的点击和回复，明显强于媒体账户与粉丝的互动数据。

3）青少年个人微博账户：娱乐化分享与地震议程有明显偏差

研究者在腾讯网微博选择了开通微博的 47 名在校大学生。样本选择为随机方式选择在腾讯上开通微博的在校大学生。[4]在 7 天的时间内，全部在校大学生账户中，与生活有关的分享主题共 314 条，心情发布类的为 183 条，图片分享的 297 条（以个人生活照片为主，也有明星演唱、宠物生活等其他图片），视频发布 73 条，其他无法归类的 39 条。

数据发现，2013 年 4 月 20—26 日与地震相关的主题仅发表 14 条微博，（包括转发评论），其中转发量最大的一条为 13 次，点击阅读量最大为 320 人次。可以看出，腾讯微博中在校大学生为主的青少年开设的微博账户主动发布地震相关消息的并不多，评论与分享的频次更少。

（2）青少年关注点与参与互动的分析

框架对青少年关注点的影响，主要是体现在青少年为主的微博粉丝对话题的感兴趣程度（转发、评论数量）和评论的态度（肯定、模糊、否定）中。

收集的资料显示，地震中青少年网民最关注的一条消息来自中国国际救援队发出的关于报告灾情的微博：4 月 20 日 08 时 02 分在四川省雅安市芦山县（北纬30.3度，东经103.0度）发生 7.0 级地震……该条微博转发量超过 50 万人次，评论回复数量超过 5.1 万人次。

从不同的舆论领袖类型来看，从青少年的关注度来看，传统媒体里更关注人民日报的消息，人民日报的一条原创消息微博转发量超过 20 万人，评论量为 1.4 万人次，是最受青少年关注的和引起青少年评论最多的一条。青少年在媒体发布的微博下，回复评论的内容主要持客观中立的评论态度，评论中的肯定、积极、正面的内容占 70%—80%，互动良好。

研究还发现，在微博平台上传统权威媒体的影响力并未见得比名人的影响力更显著，无论是媒体与名人明星的粉丝数量、话题的关注度、评论转发比例。因此，在重大议题方面，微博舆论领袖群体不仅包括传统媒体更包括微博平台上粉丝过百万的"大V"账户，他们的观点和言论对青少年的影响有时候甚至更明显，超越了传统媒体和机构。

而青少年个人微博则更关注生活、学习、情感、娱乐消费这些既定的阶段性"议程"，对待公共事件需要媒介议程引导。

四、总结

从上面的数据和分析不难看出，政府和主流媒体乃至全社会关注的事件议程在青少年的网络关注中并未构成明显议题，产生了媒体报道框架与青少年网络关注之间的偏差。主要有以下几点：

（1）媒体的灾情框架议程难以满足青少年需要。从4月22日以来的传播内容来看，人民日报等传统媒体，虽然入驻新浪微博这样的新媒体平台，但其传统主流媒体的微博把关与审核依然保持，因此其传播内容均来源于传统媒体。

这样的简单的消息快报和一些以悼念蜡烛、地震区图为主的图片报道，难以满足青少年群体本身所具有的年轻活跃、参与性强等特征而产生的媒介使用需求。

（2）社交媒介的商业属性影响框架议程。新浪微博、腾讯微博等青少年使用较多的社交媒介比较传统媒体，更关注商业推广与营销，从芦山地震来看，虽然也设置了地震作为热点话题，但其社会责任感相对传统媒介来说，对芦山地震的关注在其议程上并不凸显。作为一个商业企业，社交媒介由于产生的环境与基础与传统媒体有根本区别，也明显区别于传统媒体的强烈的社会责任感。

微博具有社交媒体的特征，因此，它更多为青少年在网上搭建了属于个人爱好和生存的"小圈子"，从而使微博用户丧失了共同的媒介体验，因而在大事件的议程设置方面消解了事件报道框架的影响。社交媒介在功能方面强于"社交"属性，弱于"媒介"属性。社交媒介议程设置能力较弱，而强于满足受众的需求。因此不难理解，青少年在微博上更多是关注所关注的人的动态（包括心情、变化、新鲜事），而不关注事件类话题（除非与当事人有密切关系）。

（3）名人的框架议程应更多体现社会责任。名人微博对芦山地震关注的热情、持续的时间都不及五年前的汶川地震。从芦山地震的一周来看，姚晨等明星博主对地震消息的原创、转发与其发布的其他娱乐、生活类话题相比，并无明显的总量和转发的递进关系，相对而言，关注他们的粉丝团在其微博上也没有出现大量的转发和评论。名人与一般微博用户不同，他们在占有更多社会资源的同时，理应承担更多社会责任，有责任在微博上引导青少年关注社会事件传播正面能量。

五、框架引导构建的思考

从以上分析可以看出，需要构建针对青少年微博接触的议程设置框架引导模式。设想与建议有三个方面：

一是网络平台与用户自律。网络平台虽然具有商业属性，但也不能忽略社会责任。而具有社会责任感的网络平台对受众更具有吸引力和影响力。从青少年用户来说，培养关注时事、具有大局意识，树立远大理想，以学习增长知识、开阔心胸以及掌握现代网络技术为目的的网络使用是值得提倡的，而沉迷游戏、囿于小圈子的娱乐化的社交功能应予以弱化。

二是主流认同构建引导。与立法、规管相比，由媒介（尤其是传统主流媒介）、明星、知名人物构成的舆论领袖的"话语权"和话题都具有强议程设置能力。传播学相关研究显示，为了不被主流圈子排斥，受众会主动搜寻模仿主流意识圈的用语、关注相关话题。在这次芦山地震中，传统上的舆论领袖的关注也带动其粉丝的关注。在现代社会，不但媒介可以为受众设置议程，明星名人也都可以参与议程的设置。议程的设置正是这几种力量的汇集。媒体可以积极调动名人、公众等各种社会力量共同参与设置以其为主题的议程，从而获得更多的注意力，产生大的社会影响力，实现媒体的利益。[5]在共同培养青少年正确的价值观、世界观及社会责任感方面，承担起共同的责任。

三是新技术手段推介。运用置于首页、话题焦点形式，以及推送、特殊颜色标识，将相关话题予以着重处理进行议程设置在微博与微信中经常被用于商业营销，在重大公共事件的新闻话题框架中值得借鉴。

应该进一步指出的是，技术不单纯指物质层面的科技手段，更包括组织和文化层面的种种安排[6]。网络议程框架引导光靠科技手段是不行的，它不但要主流媒体和商业平台间的跨行业合作，更强调特定的共识性事件文化价值，如和谐、社会责任、身份认同。媒体应该主动改变运作方式及内容，引导青少年关注议程。如既遵循传统媒体的把关框架，又考虑到新的传媒生态和社会传播环境，建立起新媒体的把关框架。

在越来越多青少年为主体的网民构成中，吸引眼球注意力，形成媒体影响力，应让参与网络信息传播的不同主体发挥作用，以新型的网格化组织和多元协作方式，通过竞合协调，才能实现社会议程的同步"共振"，将青少年引入网络及社会的主流话语权视野范围内。

综上所述，青少年网络参与互动的引导绝不是技术形态上的监管，它包括传播内容、话语权、媒体系统互动，也包括了对青少年赋权、事件议程框架的新媒体特性、说服手段多样性及满足青少年媒体使用等，需要进一步对这些实质性的新变化进行探究。

参考文献

[1] 潘茜，田建霞. 老人和孩子：灾难性事件的一个新闻图片框架分析［J］. 河北联合大学学报，2012（5）.

[2] 资料来源：2012 年新浪微博用户发展报告，http://wenku.baidu.com/view/46b5a5f1aef8941ea76e05be.html.

[3] Couldry, N.The Place of Media Power: Pilgrims and Witnesses of the Media Age [M]. London: Routledge, 2000.

［4］选择腾讯微博的原因在于腾讯微博与圈子有后台实名认证数据库，可以方便选择在校大学生的微博。

［5］黄绍麟. 45度仰角的未来［EB/OL］. http://blog.sina.com.cn/s/blog_495265910100qow8.html.

［6］Pacey, A. The Culture of Technology [M]. Cambridge, MA: The MIT press, 1985.

（本文作者为北京青年政治学院传播系副教授）

北京市青少年吸毒主观原因与预防研究

胡　剑

一、青少年吸毒概述

我国现行《刑法》第 357 条第 1 款把毒品界定为：鸦片、海洛因、甲基苯丙胺（冰毒）、吗啡、大麻、可卡因以及国家规定管制的其他能够使人形成瘾癖的麻醉药品和精神药品。毒品因有三个固有物质属性，即强烈的依赖性、戒断症状和毒害性，会产生严重的危害后果。

毒品泛滥与环境污染和青少年犯罪并列，被视为当代世界三大公害。中国深受毒品之害，国人曾因吸食鸦片被称为"东亚病夫"。新中国成立后，曾将毒品一度赶出国门，正因为如此，我国当时也被国际社会誉为无毒国。到了 20 世纪 80 年代，随着国门开放以及境外毒潮泛滥等多种原因，我国的吸毒现象死灰复燃，到了 21 世纪，吸毒现象有愈演愈烈之趋势。1988 年，我国首次公布全国登记在册的吸毒者为 5 万人，1991 年为 14.8 万，1997 年为 54 万，2000 年为 86 万，2004 年则达到 114.04 万[1]。截至 2009 年年底，国家禁毒委员会办公室发布的最新数据是全国现有登记在册吸毒人员 1335920 人，比 2008 年年底增加 209158 人，其中男性占 84.6%，女性占 15.4%。从年龄情况看，35 岁以下人员占 58.1%，与往年相比继续呈下降趋势。按照一个显性吸毒者背后有 4~7 个隐性吸毒这来计算，中国吸毒人口在 600 万以上。这个数据是相当恐怖的，也可以得出禁毒工作面临着严峻挑战的结论。

毒品会危害吸毒者的身心健康、传染多种疾病、消耗巨额财富、引发大量刑事案件、治安案件、严重影响我国和谐社会的构建。因此，只要在制毒、贩毒、吸毒这三个主要环节任一环节予以击破的话，将会遏制毒品的泛滥。然而，市面上毒品数量增加，"贩卖毒品成风，毒品的非法使用居高不下，尽管在毒品流行种类上有一些变化，但是毒品市场在严格的管制下几乎未受到任何影响，更不用说崩溃了"。[2]换言之，在目前的环境下，禁毒并不成功。笔者认为，就禁毒而言，难就难在吸毒容易戒毒难，从调查数据也可以看出，青少年[3]吸毒占了吸毒人员总数的 3/5 左右。因此，禁毒必须防患于未吸，为了减少吸毒的现象，关键就在于预防青少年吸毒。本文即从北京市青少年吸毒主观原因着手，积极寻找切实对策。

二、北京市青少年吸毒原因

吸毒是一种非常复杂的社会现象，对于每一个吸毒者个体而言，其吸毒的原因不可能是单一的，而是诸多主观原因与客观原因相互影响的结果，且在特定情景下，各个因素所起的作用有主次之分、先后之别。笔者通过问卷调查的方式对北京市青少年吸毒主观原因进行了调查（发放问卷200份，收回有效问卷198份），发现主要是以下主观因素影响着吸毒行为的发生：

（一）初次吸毒者的主观原因

（1）轻信、好奇等"无知心理"。问卷调查中显示，轻信、好奇等"无知心理"作为吸毒第一要位主观诱因的占31.5%，第二要位主观诱因的占39.1%。

人们对任何新事物和陌生事物都具有探索和尝试的欲望，尤其是青少年处于身心发展不够成熟的阶段，各方面都不成熟，自我受欲望与冲动的支配，总是试图摆脱束缚，这一时期青少年好奇心强，求知欲盛，总是试图寻求新奇刺激，有着更加强烈的好奇心态。在吸毒方面，面对着吸毒会获得强烈快感的渲染和诱惑，好奇心强烈的人就有可能抱着试一试的心理去尝试吸毒而慢慢地滑入深渊。这一部分青少年吸毒者的文化程度较低，他们认识不到人对毒品的严重依赖性，毒品会对人的身心健康造成的损害。甚至有身材较胖的女青年认为冰毒是减肥良药而以身试毒，而当染上毒瘾后已悔之晚矣。

（2）盲目的"从众心理"。问卷调查中显示，盲目的"从众心理"作为吸毒第一要位主观诱因的占27.6%，第二要位主观诱因的占22.8%。

青少年在其社会化的过程中，通过社会、学校或媒体的宣传教育等途径，已经或多或少地了解一些关于毒品危害方面的知识，形成了对毒品及吸毒行为的警觉意识和抵御潜能。然而，随着青少年思维独立性迅速的发展，依附心理却发生了变化，他们一方面渴望脱离以往家庭和师长的约束，另一方面由于依附心理依然存在又使他们必然以新的依附对象来代替原来的依附对象，从而由对家庭及师长的依附逐渐转向了对于社会同辈群体的依附。并且，青少年尚处于身心发展不够成熟的阶段，价值标准和行为模式不稳定，但又有较强的模仿性，争强好胜，好表现自己。在群体（尤其是交往密切的群体）环境的作用下，由于熏染、从众、风险分担和转移等群体因素的刺激，会导致青少年自主性弱化，自控能力降低，平时一个人不会或不愿去从事的行为，在交往群体的无形压力下往往会表现出来。正是在与吸毒群体的交往过程中，很多青少年完成了对毒品及吸毒行为由抑制排斥到逐渐认可并最终接受的态度转变。[4]

（3）追求刺激的"时尚心理"。问卷调查中显示，追求刺激的"时尚心理"作为吸毒第一要位主观诱因的占 20.3%，第二要位主观诱因的占 10.4%。

目前，北京市吸毒青少年以"时尚心理"作为主观诱因，与 20 世纪相比较，下降幅度较大。北京市 40 岁以上的吸毒型劳教人员大约 80%都是以追求刺激的"时尚心理"作为最主要的主观诱因。这是因为随着改革开放，在 20 世纪 80 年代，毒品流入北京市明显上升，到了 20 世纪 90 年代，毒品流入北京市大幅增长。当时，这批人正是改革开放的弄潮儿，用"圈里人"话说：就是有钱没有什么文化，北京本地有钱人，以吸毒为时尚的居多。

当然，追求刺激的"时尚心理"现在也是青少年吸毒的主要诱因之一。在当今时代，是一个多元时尚的生活方式蔓延和扩展的年代，年轻人都有求刺激和赶时髦的倾向，部分青少年认识层面上有偏差，认为只要是非传统的、新奇的、刺激的都是可以追求的时尚目标，通过各种途径得知娱乐圈、体育界等公共生活领域中的大量名人大腕吸毒，认为"偶像们"吸毒是一种很时尚的行为后，为了表现自己的时尚、寻求刺激而盲目吸毒。他们认为吸毒即"时尚"，导致一大批涉世不深的青少年误入歧途，千方百计地去尝试毒品，尤其以吸食新型毒品居多，造成了可悲的下场。

（4）赌气、仇视社会等"逆反心理"。问卷调查中显示，赌气、仇视社会等"逆反心理"作为吸毒第一要位主观诱因的占 18.9%，第二要位主观诱因的占 27.3%。

青少年进入青春期后，他们的自我心态调整没有完全建立，遇到违背自己需要的情况无法很好地自我调整，于是就容易产生赌气等逆反心理。有相当一部分青少年吸毒者，明知吸毒危害大，但是有可能同青少年的自身体验或从其朋友那里了解到的"事实"不相吻合，从而极大地强化了青少年的逆反情绪，导致他们对毒品危害的宣传不太相信。这正是越是家长、学校和社会禁止他们做的，他们就越要去做，而吸毒就常常成为很多有强烈逆反心理青少年的选择。另外，还有一部分人仇视社会，觉得社会不公平导致贫富差距的拉大，这部分人并不是很富有，但就是要与"富人攀比"，"别人能吸，我也吸"的仇视心理也害了很多青少年。

（二）成瘾者与复吸者的主观原因

吸毒成瘾者和复吸者对毒品的主观心理态度相对复杂，青少年吸毒者初期受到社会及个人心理因素影响比较大，但是对毒品的依赖一旦形成，维持吸毒的主要原因是生物学因素。当毒品的摄取量减少或中断后，会出现难受异常、极度痛苦以及强烈的毒品渴求等身体症状，需要继续摄取毒品以应对并改善这种身体症状。

对于大部分青少年吸毒成瘾者与复吸者来说，一方面是他们对毒品的危害作用已经深有体会，由于吸毒而给自己带来的金钱、家庭问题和社会的歧视与抛弃，都使他们对毒品产生厌恶和强烈切肤之痛的憎恨，有戒毒除瘾的主观愿望；但是，另一方面，由于毒品固有的物质属性，使他们的身体对毒品有着强大的依赖性，需要通过毒品来获得快感或逃避痛苦，正如西方学者在17世纪末一针见血地指出"中国人对这种麻醉药的瘾头胜过任何信仰"。[5]所以，他们对待毒品是一种厌恶与需要交织的心理。

三、预防北京市青少年吸毒的对策

鉴于目前在戒毒康复方面还有很多难题尚未攻克，那么，仅就禁毒对策而言，笔者认为，正如古人所说：关键就在于吸毒行为的预防，"同进忠有三术：一曰防，二曰救，三曰戒。先其未然谓之防，发而止之谓之救，行而责之谓之戒。防为上，救次之，戒为下"。[6]由此可见，预防为上策也。笔者将从以下几个方面阐述北京市青少年吸毒预防的对策：

（一）完善禁毒体制，建立健全具有权威性的专门机构

我们的党和政府从来没有放松与毒品犯罪做斗争，一直将禁毒工作作为重要政务之一。《中华人民共和国禁毒法》（以下简称禁毒法）第5条规定："国务院设立国家禁毒委员会，负责组织、协调、指导全国的禁毒工作。县级以上地方各级人民政府根据禁毒工作的需要，可以设立禁毒委员会，负责组织、协调、指导本行政区域内的禁毒工作。"

北京市禁毒委员会的成员包括北京市的公、检、法、司、海关、安全、卫生、工商、文教、宣传、综治办、工青妇等机关部门组织。由市委副书记、政法委书记担任市禁毒委主任，禁毒委员会的副主任、委员等职务由相关职能部门的副职领导兼任。北京市禁毒委员会承担着打击毒品犯罪，严格执行禁毒法律法规、有关禁毒行政管理、禁毒宣传教育等职能。

但是，国家禁毒委员会以及北京市禁毒委员会，主要是由政府相关部门领导组成领导机构。这个机构是松散的，非常设的机构，领导的方式主要是会议形式。具体办事机构设在公安部门，大量的禁毒工作实际上就落在了公安局的身上。

对此现状，笔者做如下建议：

（1）禁毒委员会为常设机构，强化禁毒主管机关职能。笔者建议，目前应将禁毒委员会升格为国务院的专门委员会，正部级单位，中央财政拨款。下辖三大业务部门，一为缉毒公安局，作为公安部的派出机关，负责领导全国缉毒、打击毒品犯罪工作，这项工作也要求边防、武警、海关、铁路、民航等部门的配合。缉毒公安局人员编制由禁毒委员会来确定，业务由公安部统一管理，警衔的评定分别由公安部审核，工资由禁毒委员会负责。他们与森林、铁路、海关等公安一样，同属于专业警察编制，是人民警察的一个专门警种。二为禁毒局，除缉毒外，负责所有禁毒业务，负责打击吸毒违法行为、预防毒品违法犯罪、禁毒宣传、统一戒毒机构设置与隶属、加强戒毒管理等工作，承担着指挥、统筹、协调司法、科教文卫等职能部门在禁毒方面的工作职能。三为禁毒决策办公室，负责制订禁毒对策和禁毒经费计划。明确三大业务部门职责，减少交叉重叠，就会在实践中既重视打击毒品犯罪，又重视戒毒工作的展开。

那么针对北京市禁毒委员会来说，机构设置就类比于国家禁毒委员的设置一样。北京市禁毒委员会隶属于北京市政府，正厅局级单位，下辖缉毒公安处、禁毒处和禁毒决策办公室这样的正处级业务部门。

（2）在人员构成上，我国禁毒委员会要远远弱于美国的中央禁毒机构。白宫禁毒政策办公室是直接对总统负责的宏观决策机构，有工作人员210名，美国缉毒署是联邦直属的缉毒执法机构，有工作人员903人。我国国家禁毒委员会是非常设的议事协调机构，由公安部禁毒局代行国家禁毒委员会办公室职能，工作人员只有47名。[7]

禁毒是复杂的系统性的工程，目前，北京市专业缉毒人员少，而禁毒工作量大，缉毒人员疲于奔命。因此，笔者建议，北京市禁毒委员会的人员构成上，不宜再从其他单位抽调人员或身兼数职，应有固定的人数较多的成员，例如要增加缉毒民警的编制，提高缉毒民警执法素质、年龄结构要合理。按照《公务员法》的规定与要求，经过北京市委、市政府的决议，通过北京市机构编制委员会办公室来确定禁毒委员会的组织机构设置、行政级别、人员构成及数量。

（3）在禁毒经费划拨方面，虽然第6条已经规定了：《禁毒法》"县级以上各级人民政府应当将禁毒工作纳入国民经济和社会发展规划，并将禁毒经费列入本级财政预算"。但是，我国中央禁毒经费的投入与美国相比十分悬殊。2002年，美国联邦财政预算投入的禁毒经费为188.228亿美元；而我国中央禁毒经费的预算为1.2亿人民币，折合1500万美元。

北京市从禁毒经费来看，虽然有一定的禁毒经费投入，但对于禁毒工作所需经费而言，只是"杯水车薪"，甚至部分基层公安禁毒部门经费无法得到保障。因此，北京市加大禁毒经费投入是当务之急。

（二）制定、修改、完善配套的北京市禁毒工作地方性法规和相关制度——以完善举报毒品违法犯罪奖励制度为例

笔者认为，依据《禁毒法》，北京市禁毒委员会要积极主动地向北京市人大、市政府等部门建议，结合北京禁毒工作实际情况，研究制定、修改、完善配套的禁毒工作地方性法规和相关制度。

《禁毒法》第9条规定："国家鼓励公民举报毒品违法犯罪行为。各级人民政府和有关部门应当对举报人予以保护，对举报有功人员以及在禁毒工作中有突出贡献的单位和个人，给予表彰和奖励。"根据本条规定，笔者建议要设立禁毒奖励制度——这也是"群众路线"的表现形式。"群众路线"是中国共产党长期革命和建设经验的总结，一切为了群众，一切依靠群众，从群众中来、到群众中去是党的事业，也是禁毒工作不断取得胜利的重要法宝。毒品违法犯罪行为隐蔽性强，且都是在毒品违法犯罪人员圈内进行，侦查很难进行，信息情报难以获取，严重地影响了对毒品犯罪的打击力度。禁毒举报奖励制度的设立，也是适应社会主义市场经济的市场规则，重奖之下必有勇夫。一些国家和地区都采取了这一措施，如俄罗斯设立了吸毒举报办公室，菲律宾制定了对提供情报人员给予现金报酬的制度。北京市虽然已经在2005年6月，规定了吸毒举报线索一经查实，举报者就将得到北京警方的奖励的规定，并在2008年《北京市禁毒志愿者激励和表彰奖励办法》第7条也规定了："禁毒志愿者参加毒情调查，通过查访，上报毒情信息，经公安机关禁毒部门查证，根据信息的价值，对有功人员给予1000~10000元的奖励。"但是，北京市的举报毒品违法犯罪奖励制度并不是很完善，何谓有功，怎样量化，如何保护举报者等问题都未明确规定。限于篇幅，在此不做展开。

（三）北京市禁毒教育宣传应落到实处

英国毒品专家尼克拉斯多恩研究表明，打击严厉化和刑罚化并不能消除毒品犯罪，而只是使犯罪更狡猾、更残酷化。因而，许多国家研究者提出治本的措施是教育、预防，特别是青少年的教育、预防。美国联邦政府每年在禁毒、预防方面拨款10多亿美元，资助各种教育、预防项目。各类学校，从幼儿园到大学，无不设有禁毒教育项目。新加坡教育部决定在各学校开展预防教育，此外在政府的监督下，以各种形式和手段组织各民间机构对市民开展反毒、防毒的预防教育活动，不但上课，还让学生参加社会、地区的各种反毒活动，要求政府机关、非政府机关、社会各组织积极参加各种反毒教育活动，编制宣传材料、参考书籍、图片发放到学生、教师和社会每个人的手中。[8]

北京市禁毒委员会在禁毒宣传教育中开展了大量工作，例如，成立了北京禁毒教育基地，创建了北京禁毒在线网站，成立了北京市禁毒志愿者队伍；举办"和谐社会阳光生活"——北京市娱乐场所从业人员禁毒教育培训，组织青少年赴"星光青少年法制与安全教育基地"——北京市公安局强制戒毒所参观，"国际禁毒日万人长走活动"等系列活动；还在2009年12月5日，成立了首都高校禁毒志愿者队伍。可以说，北京市在治本上采取了一系列的措施。但也存在着宣传缺乏力度和深度，受众面不够，特别是对青少年缺乏直接教育的缺陷。

首先，学校教育是预防吸毒最为重要的一环。笔者建议，要与北京市教委做切实沟通，强化对青少年，尤其是在校学生的禁毒宣传教育。将毒品预防教育作为所有学校德育和安全教育的重要内容，纳入学校日常教育工作之中，编写与年龄智力相当的禁毒教材，聘请专业师资队伍，落实禁毒教育进课堂，要有课时量，要有考核测评机制。建议北京市政府应把对中小学生的禁毒预防教育作为禁毒工作的基础工程。其次，要广泛开展全民禁毒宣传教育，这不只是政府的职责，而且是全社会的任务。禁毒教育要进社区、进单位、进农村、流动人口聚居地、城市娱乐场所等区域，要全方位地落实。

综上所述，只有形成全社会禁毒的共识，通过深入开展禁毒"人民战争"，将禁毒工作如同抓社会治安综合治理一样纳入各级党委的议事日程，纳入综合治理整体工作体系之中，才能收到良好的禁毒效果。

四、结语

毒品泛滥祸国殃民，危害极大。禁毒是长期、艰巨、复杂的社会系统工程，关系国家富强、民族振兴和社会安定，中国吸毒问题的严重化，在很大程度上是通过青少年吸毒的严重化而体现出来的。对于青少年吸毒的关注，进一步分析掌握青少年吸毒原因，积极有效地开展预测预防，仍是今后禁毒工作中必须高度重视的课题。

参考文献

[1] 魏平雄，赵宝成，王顺安. 犯罪学教科书（第二版）[M]. 北京：中国政法大学出版社，2008.

[2] 高巍. 贩卖毒品罪研究[M]. 北京：中国人民公安大学出版社，2007.

[3] 本文所称青少年吸毒中青少年的范围，与传统犯罪学中青少年的范围不同，其所指范围是10周岁以上，35周岁以下，在此做特别说明。

[4] 唐斌. 青少年吸毒的群体诱因及防治对策分析[J]. 北京青年政治学院学报，2005

（14）.

[5] Jonathan Spence. Opium smoking in Qing China, in Chinese roundabout, essays in history and culture [M]. New york: w.w. Norton, 1992.

[6] 摘自东汉荀悦的《申鉴·杂言》。

[7] 中国与美国、泰国毒品问题和禁毒工作的比较[EB/OL]. http://sjyyjd.songjiang.gov.cn/jindu/detail.asp?ID=533.

[8] 陈谓. 吸毒预防轮[D]. 吉林大学，2004.

（本文作者为北京青年政治学院文秘与法律系讲师）

青少年受教育权及其法律救济

袁光亮

虽然受教育权作为一个词语已经为大家熟悉，作为一项权利也长期被社会公认为是"不证自明的权利"，是不必由法律明文规定的权利。但是，要从法律救济的角度理解青少年受教育权，根据我国的法律实践，只能从《宪法》与法律的规定中去理解。

一、青少年受教育权的法律性质

分析《宪法》与法律的相关规定，对于青少年受教育权的法律性质，可以做出如下判断：

（1）青少年受教育权首先属于宪法规定的基本权利。根据《宪法》第46条"中华人民共和国公民有受教育的权利和义务"的规定，公民的受教育权是《宪法》规定的基本权利。青少年作为公民，他们的受教育权当然也属于《宪法》规定的基本权利，首先受到国家根本大法《宪法》的保护。

（2）青少年受教育权也属于《教育法》规定的一般权利。《教育法》第9条规定："中华人民共和国公民有受教育的权利和义务。公民不分民族、种族、性别、职业、财产状况、宗教信仰等，依法享有平等的受教育机会。"青少年应该享有这种作为一般权利的受教育权，并受到《教育法》的保护。

（3）青少年受教育权还属于一些专门法律、法规为特殊群体成员规定的特殊权利。除了享有《宪法》和《教育法》的规定的受教育权外，在青少年作为一些特殊群体的成员时，理应享有相应的专门法律、法规对这些特殊群体成员规定的特殊受教育权。这些特殊受教育权主要包括以下几类：

① 未成年人的特殊受教育权。《未成年人保护法》第9条规定："父母或者其他监护人应当尊重未成年人接受教育的权利"，第14条规定："学校应当尊重未成年学生的受教育权，不得随意开除未成年学生"；教育部《关于加强依法治校工作的若干意见》规定："学校要健全学籍管理制度，按照有关法律的规定，严格保护学生的受教育权，中小学一般不得开除未成年学生"。根据以上规定，未成年人的受教育权不但应当得到父母或者其他监护人和学校的尊

重，还不能被学校通过随意行使开除权剥夺。

② 贫困青少年的特殊受教育权。对于贫困青少年的受教育权，除《教育法》第37条"国家、社会对符合入学条件、家庭经济困难的儿童、少年、青年，提供各种形式的资助"的规定外，《义务教育法》第6条规定："国务院和县级以上地方人民政府应当……保障家庭经济困难的……适龄儿童、少年接受义务教育"；《高等教育法》第9条规定："国家采取措施，帮助……经济困难的学生接受高等教育"。这些法律规定，使贫困青少年在经济能力相对较差的情况下可以通过获得国家、政府和社会的资助和帮助来行使受教育权。

③ 残疾青少年的特殊受教育权。对于残疾青少年，除《教育法》第38条"国家、社会、学校及其他教育机构应当根据残疾人身心特性和需要实施教育，并为其提供帮助和便利"的规定外，《残疾人保障法》第18条规定："国家保障残疾人受教育的权利。各级人民政府应当将残疾人教育作为国家教育事业的组成部分，统一规划，加强领导。国家、社会、学校和家庭对残疾儿童、少年实施义务教育。国家对接受义务教育的残疾学生免收学费，并根据实际情况减免杂费。国家设立助学金，帮助贫困残疾学生就学"；《义务教育法》第6条规定："国务院和县级以上地方人民政府应当……保障……残疾的适龄儿童、少年接受义务教育"；《高等教育法》第9条规定："高等学校必须招收符合国家规定的录取标准的残疾学生入学，不得因其残疾而拒绝招收"。可见，残疾青少年不但受教育权本身得到了更多的法律保障，也可以在行使受教育权时通过被免收学费、被减免杂费、获得助学金得到国家物质上的帮助，还可以根据自身特性和需要相对便利地行使受教育权。

④ 义务教育阶段青少年的特殊受教育权。《义务教育法》第2条规定："国家实行九年义务教育制度。义务教育是国家统一实施的所有适龄儿童、少年必须接受的教育，是国家必须予以保障的公益性事业实施义务教育，不收学费、杂费"，第12条规定："适龄儿童、少年免试入学"，第27条规定："对违反学校管理制度的学生，学校应当予以批评教育，不得开除"；《未成年人保护法》第9条规定："父母或者其他监护人……必须使适龄未成年人按照规定接受义务教育，不得使在校接受义务教育的未成年人辍学"。也就是说，义务教育阶段青少年行使受教育权首先是不支付学费、杂费的，其次是免试入学，即使是违反了学校管理制度，也不会被开除，并且他们的父母或者其他监护人有义务让他们接受并完成义务教育。即使是对于具有预防未成年人犯罪法规定的严重不良行为的适龄少年，根据义务教育法的规定，县级以上地方人民政府要根据需要，为他们设置专门的学校实施义务教育，同样，对于未完成义务教育的未成年犯和被采取强制性教育措施的未成年人，也应当根据义务教育法的规

定进行义务教育，人民政府也要提供经费保障他们接受义务教育。

二、青少年受教育权的基本内容

根据现行《宪法》与法律的相关规定以及我国的教育现状，当前青少年受教育权主要包括以下几方面内容：

（1）获得受教育平等机会权，即我国青少年都依法平等享有上学接受教育的机会。对于这项权利，除了前述《宪法》和《教育法》的规定外，《高等教育法》第 9 条规定："公民依法享有接受高等教育的权利"；《义务教育法》第 4 条规定："凡具有中华人民共和国国籍的适龄儿童、少年，不分性别、民族、种族、家庭财产状况、宗教信仰等，依法享有平等接受义务教育的权利"，第 12 条规定："地方各级人民政府应当保障适龄儿童、少年在户籍所在地学校就近入学。父母或者其他法定监护人在非户籍所在地工作或者居住的适龄儿童、少年，在其父母或者其他法定监护人工作或者居住地接受义务教育的，当地人民政府应当为其提供平等接受义务教育的条件"，第 2 条规定："县级以上人民政府及其教育行政部门应当促进学校均衡发展，缩小学校之间办学条件的差距，不得将学校分为重点学校和非重点学校。学校不得分设重点班和非重点班"。所有这些法律规定，都为我国青少年获得平等的受教育机会提供了法律保障，也有利于国家、政府及其教育行政部门和学校进一步缩小甚至消除事实上还存在的由于教育资源不平衡而形成青少年受教育权不平等的情况。

（2）获得受教育条件权，即我国青少年在上学接受教育时有权要求国家、政府、社会和学校培养教师，提供资金、教育场所、设施和设备等物质条件。由于教育活动必须在具备合格师资条件和一定物质条件的情况下才能实施，《教育法》第 25 条规定："国家制定教育发展规划，并举办学校及其他教育机构"；第 26 条规定："设立学校及其他教育机构，必须具备下列基本条件：……（二）有合格的教师；（三）有符合规定标准的教学场所及设施、设备等；（四）有必备的办学资金和稳定的经费来源"；第 42 条规定："受教育者享有下列权利：（一）参加教育教学计划安排的各种活动，使用教育教学设施、设备、图书资料……"；第 53 条规定："国家建立以财政拨款为主、其他多种渠道筹措教育经费为辅的体制，逐步增加对教育的投入，保证国家举办的学校教育经费的稳定来源"；第 56 条规定："国务院及县级以上地方各级人民政府应当设立教育专项资金，重点扶持边远贫困地区、少数民族地区实施义务教育"。此外，为了确保青少年这项权利的实现，法律规定，对于故意破坏青少年受教育条件的单位和个人，依法追究其法律责任。

（3）获得知识和技能权，即青少年在接受教育过程中，有权获得相应的专业知识和职业技能。为了保证青少年通过行使受教育权获得相应的知识和技能，为今后实现经济权利、保证生存和获得全面发展做好准备，《宪法》第 46 条规定："国家培养青年、少年、儿童在品德、智力、体质等方面全面发展"；《义务教育法》第 34 条规定："教育教学工作应当符合教育规律和学生身心发展特点，面向全体学生，教书育人，将德育、智育、体育、美育等有机统一在教育教学活动中，注重培养学生独立思考能力、创新能力和实践能力，促进学生全面发展"；《职业教育法》第 4 条规定："实施职业教育必须贯彻国家教育方针，对受教育者进行思想政治教育和职业道德教育，传授职业知识，培养职业技能，进行职业指导，全面提高受教育者的素质"。

（4）获得公正评价权，即青少年在行使教育权时享有获得按照国家统一标准进行客观评价的权利。《教育法》第 42 条规定："受教育者享有下列权利：……（二）按照国家有关规定获得奖学金、贷学金、助学金；（三）在学业成绩和品行上获得公正评价，完成规定的学业后获得相应的学业证书、学位证书……"；教育部《普通高等学校学生管理规定》第 5 条规定："学生在校期间依法享有下列权利：……（三）申请奖学金、助学金及助学贷款；（四）在思想品德、学业成绩等方面获得公正评价，完成学校规定学业后获得相应的学历证书、学位证书……"；第 31 条规定，"学生在学校规定年限内，修完教育教学计划规定内容，德、智、体达到毕业要求，准予毕业，由学校发给毕业证书"；第 3 条规定："符合学位授予条件者，学位授予单位应当颁发学位证书"。综上，获得公正评价权应该包括"在教育教学过程中享有的要求教师、学校对自己的学业成绩和品行进行公正评价并客观真实地记录在成绩档案中的权利，以及在完成相应的学业后获得相应的学业证书、学位证书的权利"[2]。

三、青少年受教育权的法律救济

除了受教育权被通过开除学籍处分合法剥夺的情形外，其他任何形式的对青少年受教育权的侵害都是不合法的，受害青少年都可以依法请求法律救济。青少年受教育权的法律救济，依据侵害纠纷的性质，可以分为行政救济、民事救济和刑事救济。

1. 行政救济

引起青少年受教育权纠纷的原因主要是学校和教育行政主管部门的行政行为，例如，学校的开除学籍处分行为、拒绝发放相关证件行为等。对于这类因青少年对学校和教育行政主管部门行使行政权侵害自己受教育权的行为不服而发生的纠纷，受害青少年可以通过行政救济维护自己的受教育权。常见的行政救济途径有：

① 教育信访。对于侵害青少年受教育权的行政行为，受害青少年可以按照规定和职权范围，采取书信、走访或电话等方式，向各级教育部门进行教育信访，反映情况、提出意见、建议和要求。

② 检举或控告。对于学校拒绝接收具有接受普通教育能力的残疾适龄儿童、少年随班就读和违反义务教育法规定开除学生导致青少年受教育权受侵害的行为，受害青少年可以根据《义务教育法》的规定，向有关国家机关提出检举或者控告。

③ 申诉与申辩。根据《教育法》第 4 条 2 的规定，青少年在因受开除学籍处分而导致受教育权受到侵害时，有权要求学校说明对其处分的理由、依据、证据材料等相关情况，并有权进行申诉与申辩。教育部《关于加强依法治校工作的若干意见》也规定，要建立校内学生申诉制度，保障学生申诉的法定权利。高等学校依法对学生做出处分决定应当经过校长办公会议讨论通过，保障学生的知情权、申辩权，并报主管教育部门备案。

④ 行政复议。只要青少年认为学校的行政行为侵害了自己的受教育权，都可以向教育行政主管部门申请行政复议，以维护自己的合法权益。同时，根据《行政复议法》第 6 条的规定，青少年申请行政机关履行保护自己受教育权利的法定职责，行政机关没有依法履行的，可以依法申请行政复议。

⑤ 行政诉讼。最高人民法院《关于当事人不服教育行政部门对适龄儿童入学争议做出的处理决定可否提起行政诉讼的答复》明确规定："当事人不服教育行政部门对适龄儿童入学争议做出的行政处理决定，属于行政诉讼法第十一条第二款规定的受案范围，人民法院应当受理。"事实上，根据《行政诉讼法》的规定和立法精神，只要青少年认为学校和教育行政主管部门的行政行为侵害了自己的受教育权，除了依法申请行政复议外，都可以直接向人民法院提起行政诉讼。对于侵害受教育权的行政复议结果不服的，青少年也可以提起行政诉讼。

2. 民事救济

侵害青少年受教育权的民事纠纷，既有作为平等主体的对方当事人直接侵害青少年受教育权的纠纷，例如，青少年的父母或者其他法定监护人无正当理由未依照义务教育法的规定送适龄青少年入学接受义务教育而引起的纠纷；也有间接侵害青少年受教育权的纠纷，例如，因为青少年的父母或者其他监护人拒绝支付教育费用导致青少年受教育权被侵害而引起的纠纷。对此，受害青少年既可以直接依据最高人民法院《民事案件案由规定》中"侵害未成年人接受教育权纠纷"案由主张自己的受教育权，也可以依据相关的法律规定主张自己的权利，例如，对于因为父母拒绝支付教育费用导致未成年青少年受教育权被侵害而引起的纠纷，未成年青少年可以通过要求对方支付教育费的方式来维护自己的受教育权。

此外，根据最高人民法院《关于以侵犯姓名权的手段侵犯宪法保护的公民受教育的基本权利是否应承担民事责任的批复》中"侵犯了公民依据宪法规定所享有的受教育的基本权利，并造成了具体的损害后果的行为，应当承担相应的民事责任"的规定，侵害作为宪法权利的受教育权而产生的纠纷，也作为民事纠纷处理。

侵害青少年受教育权最主要的民事救济途径是提起民事诉讼，其他的民事救济途径还有双方自行和解、在第三者的主持下调解、请求行政处理和仲裁，例如，根据《义务教育法》第58条和第59条的规定，对于适龄儿童、少年的父母或者其他法定监护人无正当理由未依照义务教育法的规定送适龄童、少年入学接受义务教育的行为，对于任何单位和个人胁迫或者诱骗应当接受义务教育的适龄儿童、少年失学、辍学的和非法招用应当接受义务教育的适龄儿童、少年的行为，受害青少年都可以请求有关行政机关进行处理。

3. 刑事救济

在现实生活中，也存在较为少见的基于刑事纠纷侵害青少年受教育权的情形，对此，在司法实践中，受害青少年可以通过提起刑事诉讼或刑事附带民事诉讼的途径来间接维护自己的受教育权。

参考文献

[1] 霍宏霞. 受教育权性质研究[A]. 政法理论前沿[C]. 兰州：兰州大学出版社，2005.
[2] 崔卓兰. 生活与法——高校内外[M]. 北京：人民法院出版社，2006.

（本文作者为北京青年政治学院社会工作系主任、社区发展研究所所长、教授）

新时期青少年爱国主义教育内容的若干思考

袁 曦

20世纪以来，特别是第二次世界大战结束以来，世界各国普遍加强了青少年德育，培养独立、理性、有创造力、爱国并具国际意识的一代新人已成为现代教育的努力方向。

在世界各国的德育中，核心部分无疑是爱国主义教育。自从国家诞生以来，爱国就成为社会对个体的客观要求。人们以热爱祖国、献身祖国为荣，以背叛祖国为耻。当今世界各国尽管经济制度、政治制度不同，但在培养青少年对祖国的忠诚热爱，培养青少年的民族自尊心和自豪感方面却十分相似。例如，美国在阵亡将士纪念日，让青少年缅怀为国捐躯的美国军人。国庆典礼上，则让学生背诵"我爱这个国家，保卫这个国家"的誓词。1964年，美国政府延长《国防教育法》的实施时间，并进一步扩大其内容，规定把历史、地理、公民、外语等列为改进学科，以增加学生的国家观念和对美国的热爱。俄罗斯则利用各种纪念性的建筑物、纪念碑，对青少年学生进行爱国主义教育。新加坡、泰国等一些发展中国家则把爱国主义教育和民族传统教育结合在一起，以振奋民族精神，抵制西方世界的精神污染。我国也一向非常重视青少年的爱国主义教育，这从新中国成立后颁发的几个文件中可以看出。1949年9月，中国人民政治协商会议通过《共同纲领》，其中规定：爱祖国、爱人民、爱劳动、爱科学、爱护公共财物为中华人民共和国全体公民的公德。以后制定的《中华人民共和国宪法》，则把爱祖国作为公民社会公德的头一项内容。1983年中共中央颁布的《关于加强爱国主义宣传教育的意见》中明确指出：在我国社会主义现代化建设进程中，经常地进行和加强爱国主义的宣传教育，培养全体人民，特别是青少年的爱国主义精神，提高他们的爱国主义觉悟，是建设以共产主义思想为核心的社会主义精神文明的一项重要任务，是宣传教育和思想政治工作的一项基本内容。1988年12月25日，《中共中央关于改革和加强中小学德育工作的通知》提出，加强德育工作的首要内容，就是进行爱国主义教育。文件指出：在德育工作中，要把爱国主义教育放在突出的位置……以培养他们的民族自尊心、自信心、自豪感和自强不息的奋斗精神，树立祖国利益高于一切的观念,憎恶一切丧失国格的行为。1994年,中宣部颁布《爱国主义教育实施纲要》,强调要创造爱国主义教育的社会氛围,重视爱国情感培养,重视爱国情感的感染与熏陶,提出爱国主义教育的重点是青少年。从以上回顾可以看出,爱国主义教育是我国青少年教育中始终强调并持之以恒地进行的内容。

但是多年来,我国青少年爱国主义教育一直存在效果不显著的问题。症结何在?笔者认为,在爱国主义教育的理论、目标、内容、方法、途径、评价等方面都存在一定问题。

在爱国主义教育的内容方面,问题主要表现为:缺乏与生活实际的联系,缺少时代感,教育内容表现得一般化、简单化和成人化,教育的实效性不强等。要提高爱国主义教育的实效性,教育内容的科学化是前提之一。下面,笔者仅就新时期青少年爱国主义教育内容等进行一些探讨。

一、新时期青少年爱国主义教育内容的特征

1. 时代性

爱国主义是一个永恒的主题。千百年来,爱国主义的优秀传统深深融入中华民族的民族气质、性格之中,成为人们的价值导向和行为规范。

在中国历史上,爱国主义是以"天下兴亡,匹夫有责","位卑未敢忘忧国"为标志的。孔子说:"志士仁人,无求生以害仁,有杀身以成仁。"司马迁说:"常思奋不顾身,而殉国家之急。"文天祥讲:"人生自古谁无死,留取丹心照汗青。"林则徐讲:"苟利国家生死以,岂因祸福避趋之。"这些都体现了把祖国与个人命运紧密相连,为祖国献身的价值观和人生观。清朝乾隆年间土尔扈特人在迁居伏尔加草原140多年以后,冲破了沙俄统治者的追击和哥萨克人的围堵,以丧失几乎所有牲畜和半数族人为代价,终于返回了祖国,表现出对祖国深沉的爱。

爱国主义同时又是一个历史的范畴。按马克思的观点,爱国主义属于上层建筑的意识形态部分,其具体内容总是随着历史条件的变化而变化的,在客观上总是与当时处于主导地位的社会意识相联系,与先进思想相融合。毛泽东曾指出:"爱国主义的具体内容看什么样的历史条件下来决定。"

在古代中国,爱国主义往往与爱国忠君、忧国忧民联系在一起。爱国诗人屈原在流亡途中,得知国破家亡,悲伤至极,吟道:"民离散而相失兮,方仲春而东迁";"揖齐扬以容与兮,哀见君而不再得"(《九章·哀郢》)。表达了对祖国、人民、国君的无限怀念,至死不忘家国。范仲淹写道:"居庙堂之高,则忧其君;处江湖之远,则忧其民,是进亦忧,退亦忧。"明代爱国将领戚继光曾筑台赋诗说:"十年驰驱海邑寒,孤臣于此望宸銮。"在抗倭前线,思

念的是为国家、君主尽忠。近代中国，中华民族处于危难之中，这时救亡图存、争取国家独立与民族解放成为近代爱国主义的主要内容。中华民族的先进分子和志士仁人为救亡图存、振兴中华，曾经历经艰辛向西方寻求真理，试验过各种救国方案，以至于抛头颅，洒热血，舍生取义，谱写了一曲曲爱国反帝反封建主义的历史篇章。在当代中国，爱国主义同样具有鲜明的时代特征。首先，当代中国爱国主义的本质特征是热爱祖国与热爱社会主义、热爱中国共产党的统一。这是由中国的国情决定的。中国近代史昭示人们，只有社会主义才能救中国；中国社会主义建设的巨大成就也告诉人们，只有社会主义才能发展中国。同时，热爱祖国与热爱中国共产党也是统一的。中国共产党是马克思主义、毛泽东思想武装起来的政党，是真正代表我们国家和民族利益、全心全意为人民服务的无产阶级政党，是领导中国解放事业和建设事业的核心力量。因此，在当代中国，爱国主义是爱祖国、爱社会主义和爱中国共产党的三位一体。改革开放的总设计师邓小平同志指出："有人说不爱社会主义不等于不爱国，难道祖国是抽象的吗？不爱共产党领导的社会主义的新中国，爱什么呢？港澳、台湾、海外的爱国同胞，不能要求他们都拥护社会主义，但是至少也不能反对社会主义的新中国，否则怎么叫爱国呢？至于对中华人民共和国领导下的每一个公民，每一个青年，我们的要求当然要高一些。"其次，爱国主义是建设有中国特色的社会主义和改革开放的统一。

社会主义的改革开放，是中国人民经过几十年的摸索所找到的强国之路，改革是建设有中国特色的社会主义的内在动力和客观要求，开放是建设有中国特色社会主义的必要条件。邓小平同志指出："中国一定要坚持改革开放，这是解决中国问题的希望。""不改革开放，不发展经济，不改善人民生活，只能是死路一条。"改革开放以来的巨大成就也证明了改革开放是我国经济发展的根本动力，是中华民族的复兴之路。由此可见，积极支持参加改革开放和积极投身于有中国特色的社会主义建设之中是时代的要求，是爱国主义的具体表现。当代爱国主义者必须积极支持和投入到改革开放的大潮之中，参加到建设有中国特色的社会主义的伟大实践之中。

总之，新时期的爱国主义是建设有中国特色的社会主义条件下的爱国主义，具有鲜明的时代特征。因此，爱国主义教育的内容应集中体现鲜明的时代特征，集中体现爱社会主义、建设有中国特色的社会主义的内容。

2. 序列性

序列性是指在对青少年进行爱国主义教育的过程中，对爱国主义教育内容安排和选择要有目的、有计划、有步骤、分阶段进行。

人的思想品德的发展是一个由低到高有阶段的连续发展的过程。现代研究证明，人的思想品德是主体与环境交互作用的产物，人的思想品德的发展，包括爱国主义思想情感的发展也是一个由低到高的有阶段的渐进过程。这方面，皮亚杰、柯尔伯格等人都有研究。我国的陈会昌也对中小学生爱国概念进行了研究，提出中小学生爱祖国的概念有四级水平：小学一至三年级属于具体形象水平，学生主要从了解祖国山河具体形象的角度表达爱祖国的情感，他们还没有形成抽象的"祖国"概念；小学四至六年级属于情感水平，学生对祖国的热爱有了情感色彩，并能表达一定的爱祖国的观念；初中学生则已能把爱祖国山河同为祖国效劳的爱国主义精神相联系，处于本质浅层理解水平；深刻理解水平指高中生开始把爱祖国和对自己的要求联系在一起。因此，人的思想品德的序列性决定了爱国主义教育内容的序列性。另外，爱国主义教育的内容本身也是多层次的结构体系，具有内在逻辑。爱国主义的初级形态是对自己的家乡故土、父母家人、国家标志物的爱恋情感，带有自发性、直观性和狭隘性等特点，但同时它又具有广泛的历史传统、社会舆论和社会心理基础，可以被不同社会阶层、职业、民族、年龄、文化和思想觉悟的人所理解和接受。爱国主义的中级形态是对自己所属民族和祖国的强烈的热爱和依恋之情，是维系民族生存和发展的强有力的精神力量，是爱国主义的初始形态的扩展和深化。爱国主义的高级形态则表现为对祖国前途和命运的一种理智的选择，在我国则是爱祖国与爱社会主义的统一，爱国主义与国际主义的统一。这就为爱国主义教育内容组织的序列化提供了条件。教育者应把握好内容的序列性，不仅要形成认识上的序列，也要设计有效的活动序列。对教育内容的安排应该是由浅到深，由低到高，由感性到理性，逐步展开，层层递进。

另外，爱国主义教育的内容必须注意认知、情感、行为等要素的有机结合。以爱父母的教育为例，实施中既要让青少年儿童认识到父母的辛劳和奉献，也要注意激发对父母亲的依恋和尊敬感激之情，更要教育他们在日常生活中关心父母，帮助父母，做一些力所能及的事情，为父母分忧。虽然这一切并没与祖国的概念发生直接的联系，但这种感情和行为就是爱国情感和行为的基础和前奏。苏霍姆林斯基认为，从爱母亲、尊重母亲出发，到下定神圣的决心准备把自己的生命献给祖国，这是一条培养爱国主义精神的光辉道路。顺着这条道路，一个人可以形成爱国主义世界观，进行爱国主义劳动和度过爱国的一生。

又如爱祖国大好山河的教育，只有知之深，才能爱之切。学生首先要对祖国山河有认识和了解，但这种了解绝不是冷冰冰、机械、记忆性地了解，其中应充溢着爱的感情。苏霍姆林斯基曾指出：爱国主义，形象地说是感情和理性结合的产物，它要求不仅用理智，而且首先用心灵来理解神圣的祖国。这样，青少午学生才会"登山则情满于山，观海则意溢于海"。

二、新时期青少年爱国主义教育的具体内容

1. 我国国体、政体历史必然性和优越性教育

我国选择社会主义制度和中国共产党的领导是中国历史尤其是近现代史发展的必然。在当今世界飞速发展的形势下，社会主义制度也已显示出了巨大的优越性。进行爱国主义教育，要通过多种渠道阐明中国坚持社会主义制度和坚持共产党领导的必然性，社会主义的本质特征和基本原则，社会主义的优越性及有中国特色社会主义的特征等内容。

2. 国情与国防教育

国情教育是爱国主义教育的主题。《爱国主义教育实施纲要》提出：要帮助人们系统地了解我国经济、政治、军事、外交以及社会、文化、人口、资源等方面的历史和现状。

国情教育主要包括三方面的内容：一是新中国成立以来，尤其是改革开放以来社会主义建设的伟大成就的教育。通过这方面的教育，可以让学生了解物质文明、精神文明建设的巨大成就，增强民族自尊心和自信心，坚定为社会主义祖国做贡献的志向。二是忧患意识的教育。忧患意识指人们对客观存在的落后现象和困难所蕴含之危机的清醒认识和思想准备。当今世界各国在激烈的竞争中都强调忧患意识教育。日本在教育过程中总是宣称自己国土狭小，资源匮乏，要想生存，必须拼命干。美国也宣传国家处于危险之中，宣称 21 世纪是亚洲人的世纪。我国对外开放以来，人们愈益深刻地认识到我国与发达国家的差距。在教育中，我们不能回避和粉饰社会发展中的落后和不足，而应该把忧患意识当作爱国主义教育的一项重要内容。向学生讲清我国人口众多，资源的人均占有量非常低，国家还不富裕，与发达国家相比还有很大的差距……让学生懂得实现四个现代化的道路还很漫长，还需要一代代人的努力奋斗。三是对祖国美好未来的展望。从对祖国历史的爱激发起民族自尊心和自信心，从对发展中的祖国的爱中明确努力的方向，坚信祖国有美好的未来，未来要靠他们去创造。

3. 祖国历史教育和民族文化教育

古人说：欲明大义，必先知史。近代著名的爱国主义者梁启超先生也说：史学者，学问之最博大而最切要者也，国之明镜也，爱国心之源泉也。这深刻地说明了祖国历史和民族文化传统教育在爱国主义教育中的巨大作用。祖国历史教育主要包括三方面内容：一是要使学生认识、了解我国悠久的历史和灿烂的文化，树立起民族自尊心和自豪感，决不能妄自菲薄，自轻自贱。二是进行中国近代史教育，使学生了解中国人民受尽欺侮的血泪史和屈辱史，增强

忧患意识，懂得落后就要挨打的道理。同时，也可使学生了解中国人民前仆后继的斗争史、反抗史，振奋民族精神，使学生深刻体会爱国主义与爱社会主义的统一。三是进行中国现代史，主要是中共党史的教育，使学生认识到中国共产党的领导是历史必然。

目前，在一些人身上，包括一部分青少年的身上，传统文化的断裂脱节现象十分严重。一个抛弃祖先的民族是不会有前途的。任何民族只有在本民族文化的基础上兼容其他文化，才能真正焕发活力，充满生机。因此，弘扬民族文化是爱国主义教育的一项重要内容。

4. 国家意识和礼仪教育

爱国主义教育在现阶段应进一步强调国家意识和进行礼仪教育。国旗、国徽、国歌是一个国家主权和尊严的标志，是爱国精神的集中表现。必要的礼仪教育可以增强青少年的国家意识，从而维护国家统一、荣誉和尊严。学校应坚持每周升降国旗的制度，开学典礼、毕业典礼和各种大型活动都要升国旗、唱国歌。另外，也要教育学生与国外朋友交往时要讲求礼仪，态度不卑不亢，落落大方，讲文明礼貌，不失国格和人格。

5. 民族团结和祖国统一教育

我国是一个多民族的国家，在发展过程中，各个民族都做出了极大贡献。中国历史的每一个光辉时期，都是国家长期稳定、各民族团结的结果。我们要教育学生珍视各民族人民的团结和祖国的统一。

6. 加强国际理解的教育

在现代社会，向青少年进行爱国主义教育要避免狭隘的民族主义倾向，要把爱国主义教育和国际主义教育联系起来，加强各国间的相互了解和信任。《爱国主义教育实施纲要》指出：我们的爱国主义教育是以"对外开放"为原则，以"促进世界和平和人类进步"为宗旨。

我们在爱国主义教育中必须加强国际理解和合作的教育，教育全体人民，特别是青少年尽力排除相互间的偏见和猜疑，进一步促进国际了解，增进国际合作，由爱国推及到爱全人类，爱世界和平。

7. 热爱学习，热爱本职工作教育

徐特立曾说过："一切在公共机关工作的人，守纪律、尽责任、弄好自己的工作，而又没有狭隘的本位主义，这就是爱祖国的直接表现。"英雄人物惊天地、泣鬼神的情怀和举动是爱国主义的重要表现，但这并不是爱国主义的全部内涵。爱国主义的思想和行动大量地体现于人们的日常生活。简单地说，爱国主义最实在的表现是干好本职工作，在自己的岗位上为祖国的繁荣富强做出贡献。当学生的要好好学习，当教师的要好好教书，当工人和农民的要好好生产，当战士的要保卫好祖国。不积细流，无以成江海；不积跬步，无以至千里。没有平时爱岗敬业、勤奋工作的爱国主义精神的积累，在关键时刻，就不会有惊天动地的英雄壮举。

  1998年长江、嫩江、松花江流域抗洪救灾中涌现出来的无数英雄，平时都是热爱本职工作，兢兢业业做好本职工作的模范。

  （本文作者为北京青年政治学院青少系副教授）

香港青少年游学旅游的多重价值诠释

杨 晶 戈双剑

近年来，香港的游学旅游发展迅速，效果显著。在经济、文化、政治及学术研究方面的多重价值，已引起旅游、文化、意识形态等研究领域和政府相关部门的高度重视，呈现出跨界融合的良好态势。对香港青少年游学旅游历史及现状的梳理，能为游学旅游的深入发展、创新转型积累丰厚资源，是诠释其多重价值的重要前提。

一、香港青少年游学旅游的历史沿革

香港青少年游学旅游主要指境外游学，包括海外游学和内地游学两部分。[1]在40多年的发展过程中历经六个时期，即萌芽期、积累期、发展期、转变期、推进期和加速期，整体呈现出与教育课程改革紧密关联的特点（见表1）。

2009年，香港教育局在教育改革中推出了新学制，通识教育纳入高中课程。此外，高中学生还必须在3年内完成405小时的"其他学习经历 Other Learning Experience（OLE）"。两者的学习内容与学校举办的游学活动紧密结合起来（见表2），使学校举办的游学活动成为教学课程的一部分，学生可以在游学中完成通识教育和OLE的学习时数。

表1 香港青少年游学市场的历史沿革

阶段	时间	特点
萌芽期	20世纪70年代	学校课外活动
积累期	20世纪80年代初	课外活动成为强制项目，学生至少参加一项贵族学校的课外活动开始走出课堂，体验式学习
发展期	20世纪80年代末期	海外学习型（英语学习夏令营）游学团开始出现
转变期	20世纪90年代香港回归前后	推广普通话，赴内地游学交流启动，中资旅行社承办
推进期	2000年起	教育改革，提出"全方位"学习方式，强调"课堂以外的学习经历"，全方位学习与境外游学合并
加速期	2009年起	新学制推行，"通识教育"和"其他学习经历"（OLE）纳入中学课程，游学活动成为教学内容，以营办游学为主的旅行社出现

注：根据香港教育局相关数据整理。

表2 教学范畴与游学内容关联表

通识教育科范畴中的游学内容	OLE学习范畴中的游学内容
单元一：个人成长与人际关系（群育，学生交流）	社会服务（服务性游学）
单元二：今日香港（香港本土游学）	艺术发展（比赛和参观游学）
单元三：现代中国（内地游学）	德育及公民教育（内地游学，国民教育）
单元四：全球化（境外和内地游学）	
单元五：公共卫生（公共政策和城市游学）	体育发展（比赛和培训游学）
单元六：能源科技与环境（环保和企业游学）	与工作有关的经验（企业游学）

注：数据来自亚洲旅游交流中心《港澳青少年游学市场报告》

这样的情形让以专营游学为主的旅行社应运而生，传统的旅行社也模仿推出游学中心承办游学活动。在2012年的课外活动主任协会调查中，香港超过95%的中学都举办过境外游学，[2]香港的游学市场进入加速期。

二、香港青少年游学旅游的经济价值

（1）香港游学市场结构规模稳固 教育一直是占香港政府经常开支最多的政策范畴，2012—2013年度的经常开支近600亿港元，较2007—2008年度增加28%[3]。经过多年的沉淀，教育作为提升社会流动的重要因素和青年一代应对知识型经济的重要保障，已在香港社会达成普遍共识。

香港青少年游学市场的主体由香港中小学生构成。2012—2013年度，香港共有中小学生76.98万人，按照每人每年出游一次、平均游学费用为4900港元、个人消费中位数为1000港元为基准推算，香港游学市场的基础规模约为49.2亿港元，纵深规模则达到196.8亿港元。根据亚洲旅游交流中心所做《香港青少年赴内地游学兴趣调研报告》问卷调查结果，内地是香港青少年游学旅游的主要目的地，所占港澳境外游市场规模的比例超过73.5%。因此，香港青少年赴内地游学市场的基础规模约为36.2亿港元，纵深规模则达到144.8亿港元（见表3）。

表3 2012—2013年度港澳青少年境外游学市场规模推算

	中学	小学	总计	备 注
学生人数	449100	320700	769800	小学中学全部人数
领队（教师）人数		76980	846780	《境外游学指引》规定，每10位学生须1位领队或教师带领
平均游学团费	4900HKD		41.5亿HKD	平均游学费用乘以游学总人数

续表

	中学	小学	总计	备 注
个人消费中位数	1000 HKD		7.7 亿 HKD	业界推算，学生游学期间个人消费主要在购买食品和纪念品方面，消费金额介于 500~3000 元港币
境外游学市场基础规模			49.2 亿 HKD	境外游学总消费
境外游学市场纵深规模			196.8 亿 HKD	按照旅游行业拉动消费 1:4 的比例推算
赴内地游学市场基础规模			36.2 亿 HKD	根据《香港青少年赴内地游学兴趣调研报告》问卷调查结果推算，内地所占港澳境外游市场规模的比例超过 73.5%
赴内地游学市场纵深规模			144.8 亿 HKD	按照旅游行业拉动消费 1:4 的比例推算

注：境外游学包括海外游学和内地游学，按每人每年赴境外游学 1 次推算。

（2）香港游学市场社会化运作成熟。

香港游学旅游的政府资助与社会资助齐头并进，社会关注度及参与度较高，市场化运营方式成熟。政府提供的基金以香港关爱基金和青年事务委员会基金为主。社会资助较为广泛，其中赛马会全方位学习基金资助的申请比例最高（见表4）。

表4 香港青少年游学旅游的经费来源

基金名称	性质	基金总额或资助额	申请比例
香港关爱基金—校本基金（境外学习活动）	政府设立	每人 3000 港元	29.4%
香港赛马会全方位学习基金	慈善信托基金	2.4 亿港元（2012—2015）	26.5%
青年事务委员会基金	政府设立	每团最高 60 万港元	2.9%
李嘉诚基金	私人设立	—	0.98%
李兆基基金	私人设立	—	0.98%

注：数据来自亚洲旅游交流中心《香港青少年赴内地游学兴趣调研报告》抽样调查数据。

港澳青少年境外游学氛围良好。港澳青少年境外游学主流方式为学校旅游（课外活动）和"全方位学习日"（学习方式）相结合。游学旅游已成为教学课程的组成部分，学校组织举办境外游学活动成为常态。同时，香港社会对游学活动高度认可，能否举办高质量的游学活动，逐步成为衡量"好学校"的标准之一。

作为香港旅游业发展的重要组成部分，游学旅游是香港旅游市场的活跃因子，是近年来出现的新业态，是沟通教育与旅游行业的重要桥梁。而对于我国港澳同胞入境旅游市场而言，香港青少年赴内地游学市场是潜在市场，对提升旅游消费具有较强的带动作用。

三、香港青少年游学旅游的文化价值

随着全球化进程的不断加剧，在文化、旅游等多个场域内，游学旅游与文化传承发展实现了碰撞与交流，形成了以青少年为共同实现主体，以游学旅游作为文化传承交流的载体和媒介，以文化传承交流作为游学旅游目标的动态且隐性的关系。

（1）游学旅游成为文化认同的重要路径。

在全球化浪潮的裹挟下，民族国家原有民族认同中的文化同质被全球化进程冲破，从而实现了全球化对原有民族认同进行限制禁锢之目的。然而与此同时，全球化通过利用新技术为某些独特文化进行文化重塑提供了可能，并且为文化打开了延续、发展和繁荣的新渠道。在这样的往来交流过程中，旅游文化借全球化之势与民族文化认同在特定范畴内融合，游学旅游则顺势成为承担旅游文化传播与兴盛重任的载体。

旅游带来的文化流冲击了原有的民族文化认同生态系统。在"文化全球化"浪潮席卷下，变革中的全球文化朝着世俗的、普遍的、深刻的方向前行。旅游作为一种远方行为，对本地生活体验的冲击和挑战，早已不是消极被动的事实，而是一个有目的、有规划、有意识的积极主动的扩张进程，不断加深全球性与地方性的矛盾和冲突，使"文化全球化"更多地表现为文化的单向流动。面对随着旅游而来的西方强势文化的侵蚀，一个关键而急迫的问题是，如何保持一个民族国家的文化主体性。

在强势文化的输出和主导下，我国独有的旅游观念、旅游文化可能被同化、改造，进而向西方旅游观念贴近，逐步远离本土之根，空泛和虚无的旅游文化最终将造成旅游政策偏离现实发展的既有逻辑轨道。外来旅游文化中的消极因素对原有历史文化传统和承载这一传统的历史遗留形成实质性的毁灭。外来旅游文化中的消极因素将对我国旅游文化本根，包括核心价值观念、信仰、风俗、习惯、语言等民族认同的文化要素，进行渗透和蚕食，旅游文化承载的民族认同的文化同质将受到破坏。毫无疑问，旅游已成为全球化与民族文化认同之间悖论的最佳例证和极好诠释，也是全球化对民族文化认同正向和反向两个方面影响的最佳例证。

青少年成为游学旅游与文化传承的共同主体。在民族国家的文化战略中，青少年群体是最受关切的文化受众群体。在游学旅游发展过程中，青少年是旅游文化接受和传播的主体。因此，在全球化视野下的民族文化重建中，拥

有共同主体的旅游文化与青少年文化不期而自然相遇。在全球化的语境下，青少年文化与旅游文化均受到规制，但作为民族文化重建正能量的共性，却让他们形成了天然的联盟关系。这就表明，以青少年为实现主体的游学旅游既能够传承我国民族文化的精髓，也可以促进旅游文化和观念的养成。

（2）游学旅游是中国"游文化"精神的形象表达游学（Study Abroad）的本质是文化的融合，是协助学员开阔视野培养国际观的一种绝佳方式，是世界各国、各民族文明中最为传统的一种学习教育方式。在中国，游学历史悠久，形成谓为壮观的"游文化"精神。我国从春秋末年到战国末年，在社会上兴起的越陌度阡、投师问学、切磋学问的学子旅行活动，在我国旅游史上称之为"游学之旅"，或"学旅"。先秦游学是中国旅游史上发生最早的民间文化旅游活动。春秋战国时期，士的崛起、诸侯争霸、列国征战与诸子百家争鸣的形势下而崛起的游学之旅，打上了时代的烙印，形成了自己的特色。一是游学阶层复杂、人数众多、地域广阔、形式多样。二是君子固穷，游学条件差，条件悬殊。三是游学之旅突破了游不及庶人、乐仅限于大夫的局面，提高了旅游的文化层次和审美意识。[4]

现代教育意义上的游学，是20世纪随着世界和平潮流和全球化发展进程而产生，并逐渐成熟的一种国际性跨文化体验式教育模式。游学指离开自己熟悉的环境，到另一个全新的环境里进行学习和游玩，既不是单纯的旅游也不是纯粹的学习，在学习之中放松，在游玩当中学习。游学虽是一种功利性质的旅游活动，但它以文化思想作为基础，艰辛和坎坷的旅途作为活动形式，是锻炼和造就人才的好方法。旅游者游观事物的渊博学说、文化思想和审美情趣，不但丰富和提高了旅游的文化内涵，同时也彰显了游学的重要文化价值。

四、香港青少年游学旅游的政治价值

香港青少年游学旅游的政治价值主要体现在通过游学旅游推动国民教育，进而建构国家认同这一层面。所谓国家认同，是指"一个国家的公民对自己祖国的历史文化传统、道德价值观、理想信念、国家主权等的认同，即国民认同"[5]，"是人们对自己的国家成员身份（National Identity）的知悉和接受"[6]。然而在现代社会，理性能够有目的选择并塑造生活，国家认同将不再简单地表现为一种先天的自然情感，也不是给定的"天赋观念"，作为一种后天获得物，它需要不断地被开掘、被塑造[7]。这即是游学旅游能够推动国家认同的合法性所在。

1. 游学旅游是进行国民教育的柔性方式

国民教育观点历来有歧义。顾明远先生主编的《教育大辞典》这样诠释："国民教育（national education）亦称公共教育。指国家为本国国民（或公民）

举办的学校教育。一般为小学和初中教育,有的国家还包括幼儿教育和高等教育。"也有论者指出,"国民教育实质上就是以学校教育为主体,以成长教育为重心的国家学历教育"[8]。无论是学校教育还是成长教育,公民与德育始终是其中重要的组成部分。

就香港的特殊历史而言,国民教育主要指国家民族意识教育,主要包括四个范畴,即公民感、对香港的归属感、国家认同和共同文化,主体在于建构和发展青少年的国民身份[9]。从香港回归之前的 1996 年到现在,香港政府不断加强国民教育的力度。

1996 年,为了准备撤走及保障香港平稳过渡,港英政府修订了原有的《学校公民教育指引》。在新的指引中,课程发展议会明确指出:在政治变迁的时代,香港的市民需要积极建立新的国民身份[10]。

1998 年,香港课程发展议会编订了中学公民教育科课程指引,专门设有"国家民族社会范畴"的内容。[11]

1999 年,特区政府制定的《21 世纪教育蓝图—教育制度检讨》的咨询文件,提出教育要培育一群对社会、国家、民族做出承担和面向国际社会的国民。

2001 年,一份对香港未来十年课程发展方向有决定意义的《学会学习:课程发展路向》的文件,指出德育及公民教育是香港未来的课程发展需要推行的四个关键项目之一,强调要培养学生国民身份认同等重要价值观,培养学生成为具有国民身份认同的中国公民。

2002 年,香港课程发展议会颁布新的《基础教育课程指引》,提出要培养积极的价值观和态度,包括坚毅、责任感、尊重他人、国民身份认同及承担精神等。

2006 年,香港政府成立了国民教育中心,专门负责推动中小学生的国家民族意识教育。

2009 年推行新的高中课程,加强学生认识及认同国民身份的学习元素,如通识教育科的必修部分设有"现代中国"的学习单元,涵盖"中国的改革开放"及"中华文化与现代生活"两个课题。地理科、历史及中国历史科等选修科目,也从不同角度扩展学生对国家的认识。

在培养国民身份进而建构国家认同感的方式上,香港政府采取多种途径,包括真实生活感受和演练、配合课堂教育的联课活动、政治礼仪教育、内地考察与体验交流等,其中"地考察与体验交流"的最重要实现方式即为游学旅游。

一般而言,"国家认同感是一个包括许多成分的复杂的心理结构系统,这些成分可以相对被区分为知识和观念亚系统、情感与评价亚系统。作为认知成分的前者包括了人们对自己国家和人群的知识和相关看法;后者作为情感成分,涉及人们对于自己国家和人群的情感、情绪和评价等方面"[12]。游学旅游即通过旅游过程影响知识和观念亚系统、情感与评价亚系统两个方面，实现国民教育的主要目标，进而达到人们对自己国家成员身份的认知。

2. 红色旅游是游学旅游政治价值的重要载体

基于现代社会中的理性思维原则，国家认同的建构通常表现为一个创造符号、运用符号、诠释符号的过程，这使得国家认同需要进一步借助想象、联想等方式"诗学地"表达重新获得的情感与生命，因而体现出国家认同的符号化特质，能够在一个开放的解释性的背景中，不断被丰富和重构[13]。红色旅游作为游学旅游的重要内容，即是一个在解释性背景中，通过国民教育方式表现出来的国家认同符号。

众所周知，红色旅游是把"红色"人文景观和"绿色"自然景观结合起来、把革命历史传统教育与促进旅游产业发展结合起来的一种新型的主题旅游形式，与国家的爱国主义教育紧密相关。红色旅游通过打造经典红色旅游线路和景区，让旅游者达到既可以观光赏景，也可以了解革命历史、增长知识、培育和传承新时代精神，并使之成为一种文化的双重目的。

丰蕴道德内涵是红色旅游的发展前提。红色旅游作为一种旅游产品，在推进旅游产业发展的同时，也推进了精神文明的建设，满足了公众对"红色文化"的需求，寓教于游，寓教于乐，是新形势下精神文明建设的重要载体。

弘扬爱国主义是红色旅游的精神基础。从红色旅游的概念本身来看，它成为革命历史传统教育及爱国主义教育的最佳结合点，发挥着第二课堂的巨大教育作用，是培育"红色"下一代的重要课堂。通过开展"红色旅游"活动，可以将革命历史知识、革命传统和革命精神以旅游这种潜移默化的方式传输给广大青少年，较之于生硬的说教会收到意想不到的效果。

红色旅游为文化传播提供重要的对象和载体。无论从社会学视角还是文化发展规律来看，青少年均是社会承前启后、极富有生命力和创造力的群体，其自身素质和文化底蕴往往是衡量一个社会发展程度的重要指标。红色旅游是以吸引广大青少年前往革命圣地旅游，在旅游的过程中融入革命历史传统教育，进一步提升爱国主义素质为目的。从这个角度看，红色旅游不但为文化传播提供了对象即青少年，也同时成为文化传播的载体。

国民教育历来是香港社会关注的热点，如何进行有效合理平稳的国民教育是目前香港教育界的重要问题。目前，香港众多的游学线路中也包含一定数量的红色旅游产品及文化的展示。但据亚洲旅游交流中心的《香港青少年赴内地游学兴趣调研报告》显示，香港青少年对"红色旅游"的认知程度较低，红色旅游作为具有特定内涵的概念在香港青少年中较为生僻，"红色旅游"的总体吸引力较弱。对于红色旅游，香港青少年总体了解较少，其中，"不了解，没听过"占 57.8%，"了解一些情况"的所占比例为 27.5%，"知道基本内容"的所占比例为 11.8%，"非常熟悉"的所占比例为 2.9%。有 48% 的人认为"基本没有吸引力"，37.3% 的人认为"有一般吸引力"，只有 2.9% 的人认为"有较强吸引力"。作为国民教育的重要方式，红色旅游目前在香港地区的吸引力和认知度还需提升。这对于旅游业界来说是一个市场开发、产品升级、观念转型和认知提升的重要实践过程。

五、香港青少年游学旅游的学术研究价值

香港青少年游学旅游研究属于跨学科综合性研究，其实践和理论研究，将为旅游与文化的深入融合开辟相应的场域和路径，进一步丰富社会认同理论的内涵，拓宽旅游研究的范畴，为青少年研究提供新的视点，推动香港国民教育研究深入发展。可以从社会学、文化学、经济学、教育学、心理学、意识形态研究、旅游研究等多个学科角度对其进行解析和研究，蕴藏着丰富的学术内涵。

（1）香港青少年游学旅游是旅游研究的重要课题游学旅游作为旅游业务的一个分支正在逐步壮大，各大旅行社纷纷涉足游学旅游业务，竞争日趋激烈。游学旅游成为旅游市场拓展的重要方向。香港游学旅游市场深具潜力，赴内地游学旅游市场广阔，具有带动旅游、文化、教育等产业协同发展的潜质，对促进香港经济繁荣、社会发展有强劲的推动力。因此，厘清游学旅游概念、明晰其内涵及外延、把握游学旅游市场的规模及结构、出台相应的政策、引导游学旅游市场健康有序发展，是未来研究的重点。

（2）香港青少年游学旅游研究将进一步丰富"认同理论"。

"认同"作为社会研究的基本概念，原本是一个传统的哲学与逻辑问题，由弗洛伊德（Sigmund Freud）移植到心理学领域，后进入广泛的人文和社科领域，成为当代学术界的一大流行词汇，并聚焦于民族（族群）、国家这类社会群体。国内外学者对之表现出了浓厚的兴趣，由此衍生出对民族认同的发展阶段、层次、要素及对文化适应和社会稳定的影响等问题的系统研究。香港青少年游学旅游的认同研究，将挖掘游学旅游作为实现民族认同、文化认同及国家认同的重要途径和过程，探求作为其主要内容的红色旅游成为国家认同符号的理论溯源、历史脉络及发展前景，将进一步丰富认同理论和认同模式，推动香港青少年的国家认同实践。

（3）香港青少年游学旅游研究将为旅游、文化及青少年的三方深入融合开辟相应的场域。

青少年、游学旅游、旅游文化是香港青少年游学旅游研究涉及的三个关键词，形成了新的研究场域。从文化研究角度而言，青少年是游学旅游和文化传承的主体，也是连接二者的桥梁之一，梳理并明晰这种联系，廓清其中的要素及相互关联，并将之转化为生产实践，才能有效地为青少年文化创新实践加强推动力；游学旅游与文化传承的相互关系是隐性和动态的，但蕴含着特定的逻辑和规则，把握其中的规律将有助于深入剖析旅游与文化的相互关系，为推动旅游与文化的融合发展提供理论参考。

香港青少年游学旅游具有多重价值，但无论是理论研究还是实践开发方面，仍处于边缘状态，尚未引起各界足够的重视，其提振旅游市场和产业、促进香港青少年国家认同、强化文化与旅游融合发展的功能尚未得到充分释放。在全球化视野下，在旅游及文化产业转型升级和深化改革的大趋势下，深入开掘香港青少年游学旅游研究的各个层面，形成游学旅游研究"场域"，是游学旅游研究的必然路径。

参考文献

[1] [美] 阿尔蒙德，维巴. 公民文化 [M]. 北京：华夏出版社，1989.

[2] Kim S. Cameron. Cultural Congruence, Strength, and Type: Relationships to Effectiveness [J]. Administrator Attitudes, 1985.

[3] 陈永国. 公共管理定量分析方法 [M]. 上海：上海交通大学出版社，2006.

[4] Geert Hofstede. Motivation, Leadership, and Organization: Do American Theories Apply Abroad?[J]. Organizational Dynamics, 1980.

[5] Geert Hofstede, et al.. Measuring Organizational Cultures: A Qualitative and Quantitative Study across Twenty Cases [J]. Administrative Science Quarterly, 1990 (35).

[6] 资料来源：香港教育局《境外游学活动指引》。

[7] 资料来源：香港课外活动主任协会《香港中学课外活动（2009—2012）调查报告》。

[8] 资料来源：香港特区政府《2012—2013年度政府财政预算案》。

[9] 王淑良. 中国旅游史 [M]. 北京：旅游教育出版社，1998.

[10] 贺金瑞，燕继荣. 论从民族认同到国家认同 [J]. 中央民族大学学报，2008 (3).

[11] 佐斌. 论儿童国家认同感的形成 [J]. 教育研究与实验，2000 (2).

[12] 王蓳. 国家认同的价值诠释 [J]. 学术论坛，2010 (12).

[13] 张振元. 现代国民教育体系初探 [J]. 职业技术教育（教科版），2003 (16).

[14] 胡少伟，赖柏生. 香港教师眼中的国民教育 [J]. 比较教育研究（全球化与教育改革专刊），2002.

[15] 资料来源：香港课程发展议会《学校公民教育指引》。

［16］王学凤，岑晖. 香港回归后国家民族教育的若干问题［J］. 教育评论，2008（1）.

［17］佐斌. 论儿童国家认同感的形成［J］. 教育研究与实验，2000（2）.

［18］王葎. 国家认同的价值诠释［J］. 学术论坛，2010（12）.

（本文第一作者为北京青少年研究所副研究员）

后现代主义思潮对我国青少年人格塑造的影响

孙海亮

一、什么是后现代主义

后现代主义于20世纪60年代出现，主要是80年代以来盛行于西方世界的一种文化思潮，也是对现代文化哲学和精神价值取向进行批判和解构（deconstruct）的一种哲学思维方式和态度。这一反现代性思潮，主要是后现代社会（又称后工业社会、信息社会、晚期资本主义）适应科学技术革命发展需要的产物，也是美国社会危机和精神异化的集中反映。从20世纪60年代开始，随着科学技术的革命和资本主义的高度发展，西方社会进入一种"后工业社会"，也称作信息社会、高技术社会、媒体社会、消费社会、高度发达社会，在文化形态上称为"后现代社会"或"后现代时代"。后现代时代在科学、教育、文化等领域经历了一系列根本性的变化，这些变化表明它是人类历史的一次断裂或一个新的发展阶段。后现代主义与复杂性和多样性有着非常紧密的联系，主要表现在后现代思维的一个重要策略是将熟悉的东西陌生化，将清楚的东西模糊化，将简单的东西复杂化。另外也表现在后现代主义本身就是一个复杂的、矛盾的、令人迷惘的事物。从某种程度上可以讲，后现代主义是人类有史以来最复杂的一种思潮。后现代主义专讲"摧毁"和"否定"。它的功用就是消解现成的理论和摧毁现代文明套在人身上的枷锁。

二、后现代主义的时代特征

第一，从后现代的社会特征来讲，它是后工业社会、是信息和科学技术膨胀和泛滥的新时代。科学技术取得了越来越重要的地位，通过高科技的力量符号化、信息化、复制化的人为的文化因素越来越压倒自然的因素。社会生产不再是前工业社会中"人同自然的斗争"，而是"人与人之间的竞争"，是信息的竞争、知识的竞争、人才的竞争。

第二，后现代的知识特征是，一切知识都被数字化、符号化及商品化，不能数字化、计算机化的知识，几乎不被看作知识。同时知识全部商品化，知识的发现和传授变成知识的生产和销售，甚至知识就是为了销售而生产，学习知识成为一种知识的消费过程，完全是一种商品交换关系。掌握和传递信息成为非常重要的事情，生产和制造各种新的信息，也成为提高社会地位和扩大权力的重要途径。掌握信息成为权力的象征，一个国家控制和占有信息的多少成为国力的一种象征。谁拥有更多的信息，谁就有更大的权力；相反，权力越大，经费越多，就会有更多的可能获取和垄断更多的信息，就会有更多发现真理的机会。

第三，后现代的文化特征是，颠倒文化的原有定义，反对传统标准文化的各种创作原则，扬弃传统的语言、意义系统、形式和道德原则。走向零散化、边缘化、平面化、无深度，通过各种炫目的符号、色彩和光的组合去建构使人唤不起原物的幻象和影像，满足感官的直接需要。

第四，后现代的心态和思维模式特征是，"后现代"所要表达的是一种"不确定性""模糊""偶然""不可捉摸""不可表达""不可设定"及"不可化约"等精神状态和思想品位。后现代人反对传统的思维模式，后现代文化产品显示出"一看就懂""一看就照着做"的特征。因此，快餐文化迅速地在后现代文化的泛滥中扩散和蔓延。

第五，后现代生活方式的特征是游戏式的生活。人们醉心于赌注式的游戏活动，不再遵守传统道德和规范所规定的协调祥和的生活，宁愿在不断突破传统规定的叛逆性生活方式中尝试各种新的生活的可能性。充分利用当代消费社会所提供的休闲生活条件，宁愿过着以消费旅游为基本生活方式的"游牧式"生活。幻想式的生活，将生活艺术化和美学化，追求自由的生活方式。

三、后现代主义思潮对中国青少年的影响

（一）后现代主义思潮影响下青少年的不良行为表现

后现代主义思潮在中国的影响最直接的是青少年，从年龄的分布看，主要集中在从初中到大学的青少年中的学习落后者、性格偏激者、心理残疾者等弱势群体。从区域上看，主要集中在经济较为发达的沿海地区和大中城市。其具体表象，从观念上看，主要表现为反传统、反权威、破坏规矩、反理性、反教育、公德差。从心理上看，主要表现为追求舒适、寻找感觉、内心焦虑、好发泄。从行为上看，追赶时髦、玩世不恭、好表现、强调自由、不愿拘束，甚至触犯刑律。更具体的则表现为"无厘头"式的特征：不在乎别人的看法、不

承诺、没有年龄感、不为健康牺牲嗜好，对喜欢的东西不计较价钱、特别喜欢"追新"、无法停止幻想。思维具有跳跃性、时不时人间蒸发，夏天找麻辣烫，冬天寻冰激凌，认为晚上比白天好，喜养宠物，喜欢天马行空，勇于藐视权威，看淡功利，不愿思考、追求享受、讲派头、打扮怪异、言谈失礼、故作幽默、盲目模仿、追星、沉湎于卡通、沉湎于游戏和网上聊天、互叫绰号、文身等。

（二）后现代主义思潮影响下的教育理论的偏颇

在后现代思想的影响下所产生的后现代教育理论，忽视了青少年健康人格的培养，是一种变革性的教育理论，如前所述，与后现代思想一样，我们无法用定义来描述它，它代表的是一种思想和教育内涵的变革。后现代主义思想是后现代教育理论的基础，后现代主义对现代主义的批判，也产生了后现代教育对现代教育的批判，后现代教育认为现代教育存在的种种弊端都来源于现代主义的困境，现代主义走向困境的同时，现代教育也随之走进困境，在教育领域中现代主义的困境就是教育与现实的分离，并由此产生的种种问题，比如校园暴力与过早的性行为、教学中刻板的教学方法与教学模式、毫无人情味的师生关系以及乏味的教学内容等，这些使得教育的开展遇到种种困难，学校教育也难以为社会输送人才。后现代教育者指出现代教育中存在着科学主义至上、中心主义和实用主义等危害教育的误区，这些导致了学校教育理论与现实的分离，使学校在教育过程中忽略了学生道德品质以及个性的培养，忽视了人文学科的教育作用，使学校仅仅成为科学的教育场所。

（三）后现代主义思潮导致青少年的价值观模糊

文化建设是人类文明事业的最重要组成部分。而后现代主义对真理、进步等价值的否定，将导致相对主义、怀疑主义和虚无主义（一切都无所谓真假、善恶、美丑、光明与黑暗、进步与落后之别，便不需要价值判断，而只有一种存在意义了）。在中国目前面临精神危机和道德失范的情况下，这种消解主义将导致严重的社会后果。在90年代初对崇高、道德、理想极力否定的喧嚣声中，在以君子为耻、以痞子为荣的价值颠倒的恶浪中，某些后现代主义的极端主张就起了推波助澜的作用。

后现代主义文化思潮是秉有西方传统文化基因又在后工业化语境中变异而产生的"文化幽灵"对当代文化、艺术产生了巨大的影响。后现代主义思潮本身并没有整齐清晰的模式和思想体系，在后现代主义的大旗下汇集着形形色色的流派、理论和假说。可以说，它是西方后工业社会中全面反叛性的思潮，它一反传统文化的一元性、整体性、中心性、纵深性、必然性、明晰性、稳定性、超越性，后现代主义文化思潮标举多元性、碎片性、边缘性、平面性、随机性、模糊性、差异性和世俗性，彻底否认了传统文化的鲜明特点。

（四）后现代主义思潮影响青少年健全人格的塑造

后现代主义的所有这些，对当前的青少年的人格教育构成了强烈的冲击，这种冲击已经使部分青少年在信念、意识、伦理、品行等方面出现了严重的混乱，以至于产生人格的裂变。在虚拟的世界里使自我的另一面人格得到充分的显露。后现代主义出现，从合理性方面看，它确实能让人对现代化进程中的种种危机有清醒的认识。它的批判精神对现代化发展有一定的约束意义。后现代主义思潮在中国的出现，使中国的传统在继承与发展的问题上也产生了裂变，直接冲击中国当代的社会教育学校教育和家庭教育。直接影响当代青少年的健康成长，其顽固性必将影响一代又一代的青少年，因此学校教育不能等闲视之，否则，它将改变整个民族的品质和性格。我们要有清醒的认识，必须高度重视，因势利导。但其中也存在着一些深刻的矛盾和严重的弊端，不仅对于整个人类文明，就是对于当下的社会文明，也已经带来不可漠视的负面影响。

当代青少年在对后现代主义的理解中，继承了其对现代传统理性的反对与否定，追求个性、叛逆、多元反对单一等成为时下的流行，这一切对于青少年人格的产生与发展的影响都是巨大的。现实的约束如果不能使其爆发，那么网络青少年多重人格的出现也就不足为奇了。

参考文献

[1] 赵桂琴. 马克思与卢卡奇的异化理论之比较 [J]. 辽宁大学学报，1994（1）.

[2] 张春姣. 卢卡奇"物化理论"与马克思"异化劳动理论"之比较 [J]. 社会科学战线，19（5）.

[3] 启良，孟泽，等. 后现代主义与中国文化建设 [J]. 湘潭大学学报，1996（5）.

[4] 王治河. 后现代主义的建设性向度 [J]. 中国社会科学，1997（1）.

[5] 冯俊. 从现代主义向后现代主义的哲学转向 [J]. 中国人民大学学报，1997（5）.

[6] 潘斌. 马克思主义与后现代主义 [J]. 哲学动态，2002（9）.

[7] 陈力，陆志鑫. 卢卡奇"物化"理论评述 [J]. 安徽教育学院学报，2003（9）.

（本文作者为北京青年政治学院东校区讲师）

重大公共事件中青年志愿者利他动机的研究

——以 2008 年北京奥运会青年志愿者为例

景晓娟

一、引言

随着中国公民社会建设逐步深入，青年社会参与的数量和程度日益增加。在重大公共事件中，青年志愿者作为一支重要且主要的力量做出了突出贡献。了解青年志愿者的行为动机对促进青年社会参与，优化志愿者招募和管理，促进社会公共事业运行都具有重要的现实意义。

本质上，志愿行为是利他行为的一种表现形式。"我们为什么愿意帮助别人"，回顾半个世纪以来的研究，这个与社会生活紧密相连的有趣问题激起研究者对利他动机的大量探索，对其起源、发展和维持机制提供了丰富的结论和证据，主要集中在三个领域：心理学、社会学和进化学。依据个体心理活动特点形成的"社会交换理论"强调利他的回报性动机，包括外部回报和内在回报；社会学层面的"社会规范理论"主张利他行为源于"投桃报李"的外显互惠规范和内化的"社会责任规范"；进化理论从生物行为的角度发现了以外在"互惠"和"亲缘选择"以推动进化的利他动机。纵观不同理论领域，研究者得到的共识是：利他行为会使施与者和接受者同样受益，且该益处是施与者利他动机的主要成分之一。从益处的来源出发，利他行为可分为外源性利他和内源性利他。外源性利他是为了收获回报（获得别人的物质回报或赞许），内源性利他是为了提升自我的价值感（自我价值认同）。

社会心理学研究表明，人总是习惯按"社会标定"来"整饰"自己的行为，以期达到别人对自己的某种评价，这与人们的"角色期待"有关。"标定激励"指的是：我们期待某人向某个方面发展时就应该在该方面给他以好的评价，以激发他的内在动机。重大公共事件具有明显的社会标定性，必然影响志愿者的行为动机。北京奥运会凝聚着全球华人的爱国精神，集中投射出大众的公民责任感，"北京奥运圆满成功"是所有中国人的期待。在受到全社会高度关注和高度期待的情境下，北京奥运志愿者的行为动机会随之发生变化。

那么，在明显社会标定性情境中，志愿者的行为动机是什么？其中内外源的构成如何？内、外源性动机分别指向什么？该动机如何随着时间发展变化？利他行为对随后的动机是否会带来影响？对这些问题的探索一方面证实以往利他行为研究中的"受益"理论，另一方面能更详细地考察内外源动机的构成和指向，特别是了解不同动机随着时间的发展趋势。

二、材料与程序

本研究以"参与奥运"为主题，通过与多名志愿者进行半结构访谈，了解志愿者动机指向的范畴。根据访谈中提名的动机编制问卷。问卷调查以"您为什么愿意做志愿者"为启动问题，请被调查者在 12 类动机中选择与自己实际情况相符合的动机，并根据重要性由高到低排序。采用方便取样的方法，对 278 名大学生进行调查。在 2008 奥运后 1 周、2008 残奥后 1 周和 2008 残奥会后 7 周对志愿者和非志愿者进行了调查，各时间点的样本分布如表 1 所示：

表 1　不同时间点下的样本构成

调查时间点	角色	人次	百分比	累积百分比
奥运后 1 周	奥运场馆志愿者	73	26.3	26.3
奥运后 1 周	其他奥运志愿者	79	28.4	54.7
残奥后 1 周	残奥志愿者	54	19.4	74.1
残奥后 7 周	奥运/残奥志愿者	72	25.9	100.0
合计		278	100.0	

三、结果

（一）志愿动机的结构层次

内源性动机指人们对活动本身感到兴趣，为了活动而活动，比如出于自己的兴趣，而并不是为了得到外界的承认或酬奖。外源性动机指由与活动没有内在联系的外部刺激或原因引发的动机，依赖于外部驱动因素，比如酬劳、奖赏、分数、找到工作或得到提升等。对这 12 类提名动机进行概括和提炼，根据内、外源动机的内涵来建构志愿动机的结构层次，如图 1 所示。

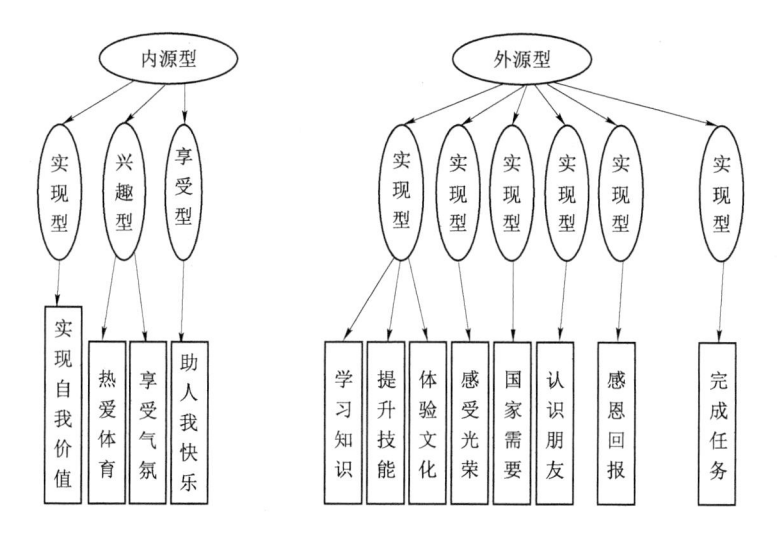

```
         内源型                           外源型
      ╱    │   ╲              ╱    ╱   │   │   ╲    ╲
   实现  兴趣  享受          实现 实现 实现 实现 实现 实现
   型    型    型            型   型   型   型   型   型
    │     │    │              │   │   │   │   │   │   │
  实现  热爱  享受  助人      学习 提升 体验 感受 认识 感恩  完成
  自我  体育  气氛  我快      知识 技能 文化 光荣 朋友 回报  任务
  价值              乐                需要
```

（二）志愿动机的构成分析

（1）志愿者动机在多元化中表现出主导倾向对应答数量的统计表明：81%被调查者有两个及以上的行为原因，而仅 16.6%的志愿者动机只有一个；近 50%的被调查者动机原因在 5 个之内，70%被调查者的行为原因不超过 7 个，整体上比较集中，如表 2 所示。该结果说明志愿者的行为动机是多元而非单一的，同时表现出明显的主导倾向性而非个性化趋势。

表 2　志愿动机的构成分析

应答数量	1	2	3	4	5	6	7	8	9	10	11	12
有效应答	271	225	209	181	137	108	71	46	26	17	8	1
累积未应答	7	53	69	97	141	170	207	232	252	261	270	277
应答比率	98%	81%	75%	65%	49%	39%	26%	17%	9%	6%	3%	0%

（2）内、外源动机并存并序。

对志愿者动机内容的频次分析表明，应答次数最多的两个动机分别是"提升做事能力"（13.7%）和"实现自我价值"（13.5%），前者是外源动机的主要指向，后者是内源动机的主要指向，且应答次数差异不超过 0.2%。该结果证实了志愿行为同时具备内源动机和外源动机。

对志愿动机响应人次的频次分析表明，最具人气的两个动机分别是"提升做事能力"（65.7%）和"实现自我价值"（64.6%），前者是外源动机的主要指向，后者是内源动机的主要指向。选择这两个选项的人数差异不超过 1.1%。

该结果证明志愿行为的内、外源动机具有同样的人气指数。结果如表3所示。

对动机构成的分析表明：志愿行为的动机并不单纯，而是由内、外源动机共同构成。志愿者发出利他行为一方面是对活动本身感兴趣、乐意奉献和实现自我价值；同时，外部的回报如提升做事能力等，也是促使利他行为发生的另一主要原因。对动机构成的分析也说明，尽管志愿者的利他动机多元化，但仍然呈现出主导倾向性，大多数人的选择集中在其中的几个答案上，而不是一盘散沙的分散化特点。

（三）志愿动机的指向分析

由上述志愿动机构成的研究结果可知，志愿者的动机是多元化的，其中内、外源动机并存并序。那么，内、外源动机的具体指向是什么？结果见表3。

表3　志愿行为的动机频率分析

参加志愿活动的动机	响应次数	响应百分比	响应人数百分比
外源动机			
增加知识	133	10.2%	49.1%
提升做事能力	178	13.7%	65.7%
体验多元文化	119	9.2%	43.9%
认识更多朋友	153	11.8%	56.5%
感觉很光荣	151	11.6%	55.7%
满足国家需要	109	8.4%	40.2%
因为别人曾经帮助过我	6	0.5%	2.2%
老师选上我了	17	1.3%	6.3%
内源动机			
实现自我价值	175	13.5%	64.6%
享受比赛气氛	85	6.5%	31.4%
热爱体育活动	59	4.5%	21.8%
帮别人解决问题我很快乐	115	8.8%	42.4%
总计	1300	100.0%	479.7.4%

1. 积极主动地长才干、交朋友、得荣誉和负责任是志愿行为的主要外部驱动力

根据响应率由高到低排序，外源动机主要指向：提升做事能力（13.7%）、认识更多朋友（11.8%）、感觉很光荣（11.6%）、增加知识

（10.2%）、体验多元文化（9.2%）、满足国家需要（8.4%），响应次数在 8%到 14%之间。可见外源性动机主要由成长型动机、社交型动机、荣誉型动机和责任型动机构成，其中成长型动机的响应率最高。

"老师选上我了"的响应次数仅为 1.3%，被动型动机的响应次数很低，说明了志愿者积极主动的行为心态，再一次证实了志愿者行为动机中的"内源"成分很大。

"因为别人曾经帮助过我"的响应次数仅为 0.5%，回报型动机的响应次数非常之低，在特定情境下的利他动机中"感恩回报"的成分很低，也说明"感恩回报"的动机不足以引发志愿者的利他行为，对感恩教育的必要性受到质疑。从响应人数百分比看，结果同上。

2. 实现价值、助人为乐、享受兴趣是志愿行为的主要内部动力

根据响应率从高到低排序，内源动机主要指向：实现自我价值（13.5%）、帮别人解决问题我很快乐（8.8%）、享受比赛气氛（6.5）和热爱体育活动（4.5%）。从响应人数百分比看，结果同上。这些行为动机反映了志愿者在奥运会这样的重大公共事件中，通过参与来实现追求成长、认同自我价值、拓展社会交往、履行公民责任的需要。虽然动机指向有内外源之分，但性质上都是积极向上的，重大公共事件正是满足了这个需要指向，才更好地引发了志愿者的利他行为。

表4 志愿行为动机的重要性排序

有效百分比	第一位	第二位	第三位	第四位	第五位	加权
增加知识	16.6	7.6	8.1	11.6	11.7	11.5
提升做事能力	17.7	23.6	15.8	12.2	10.9	17.7
认识更多朋友	4.4	13.3	20.6	14.4	13.9	12.0
实现自我价值	20.3	16.9	12.4	21.5	7.3	17.1
满足国家需要	9.6	8.9	10	7.7	10.9	9.3
老师选上我了	0.4	0	0.5	1.7	0.7	0.5
享受比赛气氛	1.5	3.1	5.7	4.4	14.6	4.0
热爱体育活动	1.1	2.2	4.3	1.1	2.9	2.2
体验多元文化	11.1	3.6	5.3	7.2	10.9	7.4
感觉很光荣	9.2	12.9	7.7	11.6	9.5	10.2
帮别人解决问题我很快乐	8.1	8.0	9.1	6.6	5.8	7.9
因为别人曾帮过我	0	0	0.5	0	0.7	0.1
合计	100.0	100.0	100	100	100	100.0

（四）志愿动机的重要性分析结果

请被调查者根据重要性由低到高对志愿动机进行排序，前五位的结果如表 4 所示。第一位动机提名最多的是"实现自我价值"，占被调查者的 20%，其次是"提升做事能力"和"增加知识"，约占 17%；第二位动机提名最多的是"提升做事能力"，占被调查者的 23.6%，其次是"实现自我价值"，占 16.9%；有 20% 的被调查者将"认识更多朋友"作为行为的第三位动机，其次是提升做事能力，占 15%；有 21.5% 的被调查者将"实现自我价值"作为行为的第四位动机，其次是"认识更多朋友"；14.6% 的被调查者将"享受比赛气氛"作为第五位动机。

显然，内源性动机"实现自我价值"被归因为最重要的动机，其次是"提升做事能力"，再者是"认识更多朋友"，第四位依然是"实现自我价值"，第五位是"享受比赛气氛"。该结果表明，在最重要动机的前五位中，内源性动机占据首位，且有 3 位都是内源性动机。由此可见，志愿者参与该重大公共事件主要源于内源性动机。

根据动机的重要性顺序进行加权平均，第一位权重为 5，第二位权重为 4，以此类推，第五位权重为 1。对加权后的比率进行排序，结果表明重要性从高到低的五类动机分别是"提升做事能力""实现自我价值""认识更多朋友""增加知识"和"感觉很光荣"。其中外源性动机占 4 位。可见，外源性因素也是推动志愿者参与该重大公共事件的重要原因，且与内源性动机的差异不大。

（五）志愿动机的时间序列分析结果

在奥运后 1 周、残奥后 1 周和残奥后 7 周三个时间点上，分别对志愿者的利他动机进行调查，其随时间发展趋势如表 5 所示。

表 5 不同时间点各类志愿动机的频率分布表

参加志愿活动的动机	奥运后1周	残奥后1周	残奥7周后
提升做事能力	13.3%	14.0%	14.2%
满足国家需要	8.3%	8.3%	8.6%
感觉很光荣	12.1%	10.6%	11.5%
认识更多朋友	11.8%	12.8%	11.0%
体验多元文化	11.2%	8.3%	6.1%
增加知识	9.5%	11.7%	10.4%
老师选上我了	1.8%	0.8%	0.8%

续表

参加志愿活动的动机	奥运后	残奥后	残奥7周后
因为别人曾经帮助过我	0.0%	0.0%	1.6%
实现自我价值	13.2%	13.6%	13.9%
帮别人解决问题我很快乐	8.2%	6.4%	11.8%
热爱体育活动	4.2%	4.5%	5.1%
享受比赛气氛	6.4%	9.1%	5.1%

随时间呈不断增长趋势的动机有：实现自我价值、提升做事能力、满足国家需要、热爱体育活动。

随时间呈逐渐下降趋势的动机有：体验多元文化、完成老师交给的任务。

随时间呈U形趋势的动机有：感觉很光荣、帮助别人我很快乐。

随时间呈倒U形趋势的动机有：认识更多朋友、增加知识、享受比赛气氛。

其中，增长幅度最大的动机是：帮助别人我很快乐；下降幅度最大的动机是体验多元文化。

内源性动机的发展趋势如图2所示。除"享受比赛气氛"外，其他内源性动机都表现出明显的上升趋势，说明随着卷入时间和程度的增加，志愿者的内源性动机不断提升，越来越发自内心地乐意帮助别人。该结果充分证明了卷入时间和程度对内源性利他动机的促进作用。"享受比赛氛围"在奥运后和残奥后一周期间保持增长趋势，充分说明了情境对动机的影响；残奥7周后，随着情境长时间缺失，该动机下降也在情理之中。

外源性动机的发展如图3所示，随时间逐步增长的是"提升做事能力"和"满足国家需要"，成长型动机和责任型动机表现出逐渐强化的趋势；社交型动机、荣誉型动机和体验型动机逐渐下降。该结果说明，随着利他卷入时间和程度的增加成长型和责任型动机逐渐强化，而其他外源性动机则逐渐下降。

综观志愿动机的发展趋势可见，随着卷入时间和程度的加深，内源动机逐步上升，成长型和责任型外源动机也逐步上升，其他外源动机则逐渐下降。志愿者越来越发自内心地参与该重大公共事件，同时追求个人成长和履行公民责任，其他外部因素的行为驱动程度则逐步下降。

四、结论

对重大公共事件下志愿者利他动机的研究表明：

（1）志愿者的利他动机表现出多层次结构性，以内、外源动机为主模块。

（2）志愿者的利他动机在多元化中表现出主导倾向性，内、外源动机并存并序。

（3）志愿者的利他动机指向具有性质积极、内容明确的特点：积极主动地长才干、交朋友、得荣誉和负责任是志愿行为的主要外部驱动力，实现价值、助人为乐、享受兴趣是志愿行为的主要内部动力。

（4）志愿者的利他动机随卷入时间和程度的增加整体上表现出内源动机逐渐强势，外源动机逐渐弱势的趋势，表现出"由外到内"的变化趋势。成长型和责任型外源动机也表现出强劲的增长势头。

总之，该研究结果建构了志愿者行为动机的结构，描述了志愿者行为动机的构成和指向，并比较了志愿者不同利他动机的主导性程度，分析了志愿者行为动机随着时间和卷入程度增加的发展趋势。

这些结论有助于准确认识志愿者在重大公共事件中的动机构成和动机指向，多元化和主导倾向鲜明的动机特征对将来青年社会参与和社会公益活动的组织都有很好的指导作用。一方面，内源因素具有更持久和更有力的动力作用；另一方面，外源因素对志愿者利他行为的发生有着积极的促动作用。时间序列研究充分证明了内源动力逐渐强势，而外源动力逐渐弱势，随着卷入时间和程度的增加，志愿者的利他行为越来越发自内心；证实了"我参与、我奉献、我快乐"这个社会标定的科学性，使得志愿者的行为动机产生了"由外到内"的积极转化，而这一点对于激励青年参与社会公共活动非常有参考价值。

对重大公共事件中志愿活动的组织和管理有如下启示：

① 不回避并需挖掘事件中可以带来外部驱动的因素：如促进个人成长（知识、能力增加）、拓宽社会交往（认识更多朋友）、加强社会标定（荣誉激励和责任归属）。

② 对青年来说，成长型动机和实现型动机更重要，也更容易促使其利他行为的发生。

③ 卷入可以促进利他动机从外源性到内源性的转化，内源性动机的维持效果更明显。卷入时间越长、卷入程度越深，利他行为的内源性动机更强，做过"好事"的人更愿意做好事，给青年搭建社会参与的舞台会带来更多的内源性志愿行为。

"我参与、我奉献、我快乐"作为志愿行为的号召，是符合科学规律的社会标定语，值得大力推广。

参考文献

[1] Elliott R S, Fryxell G F. Consumer Perception of Product Quality and the Country-Of-Origin

Effect [J]. Journal of International Marketing,1994,2(2).

[2] Klein J G, Ettenson R, Morris M D. The Animosity Model of Foreign Product Purchase: An Empirical Test in the People's Republic of China [J]. Journal of Marketing, 1998, 62 (1).

[3] Balabanis G, Diamantopoulos A. Domestic Country Bias, Country-Of-Orifin Effects, and Consumer Ethnocentrism: A Multidimensional Unfolding Approach [J]. Journal of the Academy of Marketing Science, 2004, 32(1).

[4] Evanschitzky H, Wangeheim F V, Woisetchlager D, Blut M. Consumer Ethnocentrism in the German Market [J]. International Marketing R eview, 2008, 25(1).

[5] Watson J J, Wright K. Consumer Ethnocentrism and Attitudes Toward Domestic and Foreign Products [J]. European Journal of Marketing, 2000, 34(9).

[6] 王海忠. 消费者民族中心主义的中国本土化研究［J］. 南开管理评论，2003（4）.

[7] 朱凌，王盛，陆雄文. 中国城市消费者的中外品牌偏好研究［J］. 管理世界，2003（9）.

[8] Netemeyer R G, Durvasula S, Lichtenstein D R. A Cross-National Assessment of the Reliability and Validation of the CETSCALE [J]. Journal of Marketing Research, 1991, 8 (28).

[9] Shimp T A, Sharma S, Shin J. Consumer Ethnocentrism: A Test of Antecedents and Moderators [J]. Journal of Academy of Marketing Science, 1995, 23 (1).

[10] WongC Y, Polonsky M J, Garma R. The Impact of Consumer Ethnocentrism and Country of Origin Sub-components for High Involvement Productson Young Chinese Consumers' Product Assessments [J]. Asia Pacific Journal of Marketing and Logistics, 2008, 20 (4).

[11] Lantz G, Loeb S. Country of Origin and Ethnocentrism: An Analysis of Canadian and American Preferences Using Social Identity Theory [J]. Advancesin Consumer Research, 1996, 23(1).

[12] 李东进，王碧含. 化妆品消费者民族中心主义存在性的实证研究——以高校在校学生为例［J］. 消费经济，2005，21（6）.

[13] Aiken L S, West S G. Multiple R egression: Testing and Interpreting Interactions [M]. Sage: Newbury Park, 1991.

（本文作者为北京青年政治学院青少系副教授）

社区青少年社会工作服务的嵌入模式研究

——以北京社区青年汇为例

王春晖

一、研究背景

近年来，随着经济社会的快速发展以及城镇化进程的不断加快，青年的流动也更加频繁，越来越多的农村青年开始走进城市，为城市提供了大量的人力资源，也给城市的社会管理和青年工作带来了巨大的挑战。北京作为全国政治文化中心，具有独特的感召力，同时近些年来首都经济的持续高速发展，对进城务工人员管理政策的也有较大的调整，因此，越来越多的流动人口开始涌入北京。根据 2010 年第六次全国人口普查结果显示：北京市常住人口为 1961.2 万人，其中 5~35 岁青少年人口为 921.5 万人，占全市常住人口的 47%；户籍不在北京的流动青少年人口为 452.6 万人，占全市青少年人口的 49%，占全市流动人口（704.5 万人）的 64.2%，流动青少年已经成为一个不可忽视的庞大群体。[1]

北京团市委立足于做好新形势下党的青年群众工作，积极推动工作转型，在深入调研的基础上，从重构青年的社会关系入手，以青年发展和成长的需求为导向，按照"青年身边、组织终端"的思路，自 2010 年开始在青年聚集的基层社区探索建立社区青年汇，通过开展以青年城市融入培训、交友联谊、文体娱乐、教育培训、法律心理服务以及青年自组织发育等为主要内容的服务活动，把广大流动青年和属地青年凝聚在一起，形成建立在青年身边的地域性活动平台和团组织主导的区域性基层青年组织。

截至目前，团市委在全市范围内建立市级社区青年汇 500 余家，配备专职社工 700 余名，覆盖全市各个区县。通过对辖区青年的服务，影响和带动了该群体积极参与社会建设，促进了社会和谐，深化了青年流动人口服务管理工作，有效满足了辖区青年学习、娱乐、参与、成长等需求。

但与此同时，社区青年汇在发展过程也遇到一些困难和瓶颈，比如管理体制不顺畅、人员流失率高、服务专业性受到质疑等，亟须厘清思路并进行相应的调整以应对当前的形势。本文从嵌入模式的相关理论入手，从专业社会工作角度进行分析探讨，并提出对策与建议。

二、嵌入理论

关于社会工作的嵌入模式，不少专家学者已经有了相关研究，例如熊跃根教授就曾提出过"体制嵌入"的概念，着重探讨社会工作教育领域行动者与政府组织场域主动联结或被动吸纳的交互关系；[2]徐永祥教授用嵌入模式来说明社会工作者介入四川地震救灾的过程，他认为将社会工作服务嵌入到灾后重建机构的工作中去，是有效利用政府机构资源和力量帮助灾民链接社会资源纽带的服务模式。[3]

在之前研究的基础之上，王思斌教授对"嵌入"的概念进行了明确，即：某一事物进入另一个事物之中去的过程和状态。他同时指出，中国社会工作发展过程中，"专业社会工作实际上是进入本土社会工作实践的原有领地，前者嵌入后者之中。"[4]这样的界定对于本研究具有极强的借鉴意义，因为社区青年汇其实也是将专业的青少年社会工作服务嵌入社区服务之中。

除了对概念的明确外，王思斌教授还提出了嵌入模式的四个要素，即嵌入主体，嵌入对象，嵌入的过程和空间以及嵌入的效应。其中嵌入主体是专业社会工作，嵌入的对象是原有的社会服务领域，即前面所说的本土社会工作实践领域。嵌入的过程和空间是指专业社会工作在中国恢复重建之后，它怎样进入和嵌入哪些具体的社会服务领域。嵌入效应是指专业社会工作嵌入社会服务实践所产生的效应。[5]我们在探讨嵌入模式下的社区青年汇时，也有必要澄清这四个方面要素的具体内容。

在嵌入类型方面，根据发挥功能的机制可以将嵌入分为依附性嵌入和自主性嵌入。依附性嵌入是专业社会工作不能独立地开展活动，必须依附在主体社会服务体系上发挥作用的现象。自主性嵌入指的是专业社会工作力量独立自主地进入社会服务领域并发挥作用，它可以不受或少受主体社会服务系统的支配，而相对独立地开展活动、发挥作用。[6]不同的嵌入类型将直接影响专业社会工作功能发挥的程度。

三、社区青年汇的嵌入情况分析

根据嵌入理论，我们对社区青年汇的嵌入情况分析如下：

（一）嵌入要素

（1）嵌入主体。根据前期调研，所有的社区青年汇都配备了"专职社工",尽管这些"专职社工"中绝大部分不是社会工作专业科班出身或者没有取得社会工作者职业水平证书,但他们在入职之初都需要接受社会工作专业的培训,在实际开展工作过程中也会不同程度地使用社会工作专业方法,从这个角度来看,也可以认为社区青年汇的嵌入主体是专业社会工作,或者更具一点是专业青少年社会工作。

(2)嵌入对象。在嵌入对象方面,社区青年汇主要建在青年生活、工作聚集的基层社区,主要面对社区内的户籍青年和流动青年提供服务,因此嵌入对象可以认为是社区青少年服务。但是从实际调研来看,有一小部分社区青年汇在提供服务时,受到社区内青少年数量的限制以及上级考核的要求,面向社区中老年群体提供了一些服务。

(3)嵌入过程和空间。根据调研了解到,社区青年汇的嵌入过程其实是一个非常复杂的过程,社区青年汇本身并非一个真正的实体,它更接近一个品牌或者平台的概念,专业社会工作是在团市委和区县团委的主导下,以社区青年汇为平台,以专业社会工作机构为依托,在街道(乡镇)政府和社区居委会的协助下嵌入社区服务之中,在这一过程中,不同部门在其中各自发挥,但同时也带了很多问题,这一点我们会在后面进行更多探讨。

(4)嵌入效应。就嵌入效应而言,一方面是专业社会工作对自己产生的影响,另一方面是对社会产生的影响。在调研中我们发现,社区青年汇开展的服务在一定程度上获得了服务对象的认可,收获了很多正面的评价,但是从专业的角度来看,服务对象并没有对专业社会工作服务产生较多的认可与理解,甚至从社会工作专业内部对社区青年汇的服务也有一定的争议。因此我们认为社区青年汇的嵌入效应从不同层面来看的话是存在差异的。造成这一差异的原因主要还是专业性的问题,这一点我们也会在后面进行更多探讨。

(二)嵌入类型

这里主要还是从发挥功能的机制角度进行探讨,社区青年汇在嵌入过程中,主要依靠各级共青团系统的大力推动,在开展服务时,社区青年汇需要按照团市委和区县团委的要求开展一部分活动,开展活动所需要的场地、设施和设备则由街道和社区居委会协助提供,甚至在招募服务对象时也需要社区居委会的帮助。从这个角度来看,社区青年汇的嵌入是一种依附式的嵌入,需要同时依附于各级团系统和街道社区系统。相比较于专业的社会工作机构能够进入社区独立开展服务,社区青年汇是缺乏自主性的。虽然社区青年汇也有专业社会工作机构在背后提供支持,但是在开展服务方面专业社工机构是无法施加影响力。这种依附式的嵌入如果持续下去,将不可避免地导致社区青年汇被政府部门"同化",专业社会工作服务难以为继。

四、存在的问题

通过运用嵌入理论分析社区青年汇的嵌入主体和嵌入类型,我们总结出来社区青年汇存在的主要问题包括:

(一)管理体制不顺畅

前文在分析嵌入过程时提到社区青年汇的嵌入过程是比较复杂的,各级团系统、街道社区系统、社会工作事务所都在其中发挥作用,这就造成了多头管理的情况,俗称"婆婆太多"。多头管理造成的后果就是角色不清晰,责任不明确。经过梳理,社区青年汇的管理主要涉及以下不同的系统:

(1)共青团系统。北京团市委是社区青年汇项目的主要推动力量,通过成立市级社区青年汇运营支持中心,统筹全市的社区青年汇发展工作,主要负责制定发展规划、形成指导意见、规范行业标准、落实市级资金、开展市级培训、完善考核体系、整体宣传推广等一系列全局性的工作,并不参与社区青年汇的日常管理。

各区县团团委作为主责单位,具体负责本区域内社区青年汇的运营与管理,通过政府购买服务的方式,委托社会工作事务所运营区域内的社区青年汇,还要做好社区青年汇与街道和社区对接和协调的工作。此外,北京团市委还推动成立了北京市青少年社会工作协会,负责社区青年汇的培训和评估等工作,还负责建立社区青年汇内部的督导制度。

(2)街道社区系统。街道乡镇一级政府在社区青年汇中发挥着非常重要的作用,他们负责对接属地内的社区青年汇并指导开展活动,同时还要协调相关资源,为社工提供必要的支持。

社区青年汇需要扎根到社区,因此与社区居委会形成密不可分的关系。目前除了部分旗舰店和重点地区店以外,大部分社区青年汇都没有独立的室内活动场地和办公场所,都需要依赖社区居委会,由社区居委会提供办公和开展活动需要的场地、设施设备。

另外,社区青年汇配备由"总干事+专职青年社工+志愿者"组成的骨干工作团队。其中总干事一般由街道乡镇副科级以上干部或社区(村)副职以上人员担任,负责统筹协调社区青年汇相关事务。因此社区青年汇的日常管理和活动的开展在很大程度上需要街道乡镇和社区居委会的协助。

(3)社会工作事务所。目前,北京市有厚德、悦群、智耘弘善、城市之光等7家社会工作事务所承接各区县的社区青年汇项目,因此社会工作事务所的角色非常特殊。首先，所有社区青年汇专职社工的劳动关系都属于这 7 家社会工作事务所，但是事务所并不参与对专职社工的日常服务管理，仅负责发放工资，并提供一部分专业督导。

因此，任意一家基层社区青年汇，都会受到至少三个不同上级部门的管理，这样的管理模式通常带有较大的弊端。首先，不同的上级部门都会从自身的角度出发对社区青年汇派出工作任务，一旦这些工作任务出现相互影响的情况时，专职社工在执行过程中就可能出现问题；其次，专职社工在开展活动或者处理内部事务时，可能需要向不同的上级请示汇报，极大降低了工作效率；最后，由于社区青年汇对社区居委会存在较大的依赖，长期如此容易造成专职社工被社区工作者"同化"的情况，而很难履行其真正的职能。

（二）角色定位不清晰

由于管理体制的不顺畅，造成社区青年汇自身的角色定位不清晰，这会严重影响社区青年汇的发展。从团市委的角度来看，希望社区青年汇成为团系统在社区层面的"触角"，发挥基层团组织的作用，但是由于体制方面的原因，社区青年汇并不能完全成为团市委在社区的派出机构。从街道乡镇一级政府和社区居委会的角度来看，希望社区青年汇能够发挥社区社会组织的作用，自主地为社区居民提供服务，但是社区青年汇本身并非一个实体，也无法单独注册成为社会组织，在服务和管理过程中还会较深地受到团市委和区县团委的影响，因此很难发挥社区社会组织的作用。对于社会工作事务所而言，由于无法对社区青年汇进行直接管理，因此在专业性方面很难施加影响，无法使社区青年汇成为专业的社会工作机构。基于这些方面的原因，造成社区青年汇既不是基层团组织，也不是社区社会组织，更不是专业社工机构，缺乏清晰的角色定位。

（三）专业服务水平低

虽然社区青年汇开展了丰富多彩的活动，但从社会工作专业角度来看，服务水平较低，主要包括：

（1）服务内容层次较低。目前社区青年汇开展的主要活动有学习培训、志愿公益、参观实践、创业就业、普法维权、运动健康、婚恋交友、文艺娱乐等，基本符合当前社区青年的身心特点和需要，带有鲜明的青年特点。但是从社会工作专业角度来看，这些服务内容处于较低的层次，并且带有一定的"娱乐化"倾向，能体现专业特点的服务开展不多。

（2）专业人才严重缺乏。根据《北京市社区青年汇专职社工人才队伍建设研究报告》的结果显示，社区青年汇的专职社工队伍中，非社工专业占总人数的 78.1%，即大多数为非社工专业出身。在从业资格方面，仅有 2.6%获得了助理社会工作师证书，1%获得了社会工作师证书，[7]也就是说这些专职社工绝大多数并没有获得社会工作者职业水平证书，仅通过北京市青少年社会工作协会的内部认证制度获得上岗资质。从这个角度来看，社区青年汇的专职社工中，大部分并不是真正意义上的社会工作者。众所周知，专业的社会工作者必须接受系统的专业训练，学习专业方法和技巧，接受并内化专业价值理念，这些要求是无法在短时间内通过简单的培训而实现的。专业社会工作人才的缺乏将极大影响社区青年汇的服务质量和长远发展，同时大量没有接受过专业训练的"专职社工"也会对专业社会工作者的职业形象造成一定的负面影响。

（3）评估方法存在缺陷。经过多年的实践摸索，社区青年汇也建立了独具特色的考核评估体系，每年开展 2 次评估工作，通过 96 个具体指标全面考核各家社区青年汇的工作绩效。这个评估体系的内容比较完善，涵盖了社区青年汇工作的各个方面，同时也采用了量化的指标，保证考核结果的科学性。但是在部分指标的设计和考核方法上，仍然存在一些漏洞。例如根据考核指标，社区青年汇每次活动的人数不得少于 20 人，而在对这个指标进行考核时通常采用的方法是由专职社工在活动现场拍摄照片并上传系统，考核人员根据照片中的人数进行判断，这样的考核方式会存在一定的漏洞。而且考核过于注重服务的数量，缺少对服务成效的有效评估，因此很难体现真实的服务效果。

（四）资源分配不均衡

（1）人力资源分配不均。目前社区青年汇分为旗舰店、重点地区店和普通店，其中旗舰店和重点地区店每家配备 3 名专职社工，普通店仅配备 1 名专职社工，因此普通店在开展活动时通常会出现人力不足的问题，而且不同社区青年汇之间会因为工作量和人员配备的问题造成专职社工忙闲不均的情况，这也是一种人力资源的浪费。而且从街道乡镇的层面来看，属地范围内的专职社工全部分散到各家社区青年汇，很难在街道层面形成合力。

（2）配套资金分配不均。在资金方面，市财政按照每家社区青年汇不低于 8 万元给予经费支持，主要用于组织开展全市社区青年汇统一培训活动，建设市级社区青年汇工作统筹支撑保障平台。区县财政每年按照不低于市级投入水平提供经费保障，主要用于统筹推进本区县社区青年汇工作，策划组织开展区域内社区青年汇统一活动，以政府购买服务等方式支持各社区青年汇开展创新项目，开展本区县社区青年汇总干事和专职社工培训等。街道乡镇每年按照不低于市级投入水平投入社区青年汇建设经费，主要用于提供社区青年汇日常办公场所、设备及物资，协调支持开展活动所需场地及设施。[8]但从实际情况来看，街道乡镇一级的资金投入情况会因为自身情况而有所不同，通常有条件的街道乡镇会提供较多的支持。

（3）场地设施设备分配不均。由于社区青年汇的活动场地和办公场所以及设施设备是由街道乡镇进行安排，因此在同一街道乡镇的不同社区青年汇会有不同，条件好的社区会提供独立的、充足的活动空间和办公场所以及各种设施设备，而条件有限的社区，专职社工只能与社区居委会共用场地、设施、设备。

五、对策与建议

（一）厘清北京团市委职能

通过前文的分析不难发现，北京团市委在主抓社区青年汇工作过程中履行了很多职能，这固然有助于推动社区青年汇的发展，但是北京市团市委既做社区青年汇的政策制定者，又做社区青年汇的主要管理者，还做社区青年汇的监督考核者，集多种角色于一身相当于给社区青年汇套上沉重的枷锁，不利于长久发展，也不符合当前创新社会治理的潮流。因此建议北京市团市委重新进行自身定位，主要负责政策的制定，并委托第三方做好考核评估即可。至于发挥社区青年汇共青团职能方面，可以从政策内容和考核要求中得以体现。

（二）项目制运作，区县团委购买服务，社会工作事务所运营

区县团委应按照团市委的政策要求，负责统筹安排本区县范围内政府购买社区青年汇服务工作，利用市级财政资金和区县财政资金，以每一个街道乡镇为一个项目，根据每个街道乡镇常住青年人口数量，按照一定科学比例测算所需专职社工数量，然后按照规定的标准确定项目资金，通过项目申报或者项目招投标的方式，公开面向社会发布项目，允许所有的社会工作事务所申报或投标，通过公平竞争的方式向社会工作事务所购买服务。

社会工作事务所在获得项目后，应按照项目的要求安排本机构内的专业社会工作者组成团队，进入社区青年汇开展专业服务，并对该团队进行管理和提供专业督导。

通过这种项目制的运作方式，下放管理权限，有利于最大限度地调动社会工作事务所的积极性，同时可以加强对所有专职社工的日常管理，还可以极大程度地确保所提供服务的专业性。

（三）街道乡镇层面统筹资源

取消社区青年汇旗舰店、重点地区店和普通店的划分，按照"一街道一青年汇"的原则，将原来分散到社区的青年汇重新整合到街道乡镇层面，形成以街道社区青年汇为中心，辐射属地内所有社区服务模式。街道乡镇一级政府应切实履行职责，统筹本区域内社区青年汇工作，由一名街道乡镇干部专职负责对接社会工作事务所，指导和监督他们按照团市委的要求开展服务，并做好与其他相关部门的沟通协调工作。此外，还要安排一处固定独立的场所供社区青年汇开展活动和办公使用，配备相应的设施设备。

从街道乡镇层面统筹，一方面有利于社会工作事务所将分散的社工重新整合成一个团队，并按照需要调配人员；另一方面有利于在属地范围内整合所有资源，支持社会工作事务所开展服务。

参考文献

[1] 常宇. 基于社会关系重构的城市青年服务管理模式创新——北京市社区青年汇的实践与探索［J］. 中国青年研究，2013（11）.

[2] 熊跃根. 论中国社会工作本土化发展过程中的实践逻辑与体制嵌入. 作专业化及本土化实践——中国社会工作教育协会2003—2004论文集［C］. 北京：社会科学文献出版社，2006.

[3] 徐永祥. 建构式社会工作与灾后社会重建：核心理念与服务模式——基于上海社工服务团赴川援助的实践经验分析［J］. 华东理工大学学报，2009（1）.

[4] 王思斌. 中国社会工作的嵌入性发展［J］. 社会科学战线，2011（2）.

[5] 王思斌. 中国社会工作的嵌入性发展［J］. 社会科学战线，2011（2）.

[6] 王思斌. 中国社会工作的嵌入性发展［J］. 社会科学战线，2011（2）.

[7] 易帅东，郑雄. 北京市社区青年汇专职社工人才队伍建设研究报告［J］. 中国青年研究，2015（6）.

[8] 常宇. 基于社会关系重构的城市青年服务管理模式创新——北京市社区青年汇的实践与探索［J］. 中国青年研究，2013（11）.

（本文作者为北京青年政治学院社会工作系讲师）

中亚留学生跨文化适应及其影响因素的实证研究

——以北京高校中亚留学生为例

朴美玉

一、引言

中亚留学生普遍具有多语言、多元文化的背景，在饮食习惯、宗教信仰、民族性格等方面与来自其他地区的留学生不同，在跨文化适应上存在特殊性。近年来，随着"一带一路"战略的全面推进，位于"丝绸之路经济带"的中亚各国与我国的交流日益频繁，来华留学的中亚学生人数逐年增长。据教育部公布的来华留学统计数据，在过去的十年中，来华留学生增长跨度最大的是中亚的哈萨克斯坦，2014年的来华哈萨克斯坦留学生人数为11764人，相比2005年，来华留学人数增长15.1倍。由于地理、饮食文化、宗教等方面的原因，最初来华留学的中亚学生大多集中于新疆地区，但随着交流的增进，新疆以外地区的中亚学生人数逐年增加，尤其是北京地区的中亚学生规模增长较快，中亚学生已经成为北京留学生群体的重要组成部分。

近年来，在京中亚学生在留学过程中表现出的诸多不适应现象引起教育工作者的广泛关注，但是针对中亚学生的跨文化适应问题研究较为少见。因此，本文通过访谈、问卷调查等方式深入了解在京高校中亚留学生的学术适应、社会文化适应、心理适应以及总体适应情况，以实证研究的方法，分析中亚留学生跨文化适应及其影响因素，以期为中亚学生跨文化适应性的提升提供依据。

二、中亚留学生跨文化适应问题研究概况

（一）跨文化适应的定义与分类

跨文化适应研究始于20世纪初期的美国。最早是由美国人类学家罗伯

特·雷德菲尔德（Red Field）、拉尔夫·林顿（Ralf Linton）和梅尔维尔·赫斯科维茨（Melville Herskovites）提出，他们认为跨文化适应是由个体所组成，且具有两种不同文化的群体在连续接触的过程中所导致的两种文化模式的变化。国外学者对跨文化适应提出了不同的分类，其中沃德（Ward）及其同事的观点最具代表性，认为跨文化适应分为心理适应（psychological adaptation）和社会适应（sociocultural adaptation）两个维度。心理适应主要是指在跨文化接触中的心理健康和生活满意度，社会适应是指适应当地社会文化环境的能力，主要体现在是否能与具有当地文化的人有效接触和交流方面。

（二）留学生跨文化适应研究的内容

留学生是跨文化生活的重要群体，比较教育研究专家阿尔特巴赫（Philip G. Alt-bach）在《影响与适应：从比较的角度看留学生》一文中提出国别、文化背景等因素对留学生跨文化适应产生影响，该文也是留学生跨文化适应研究的代表性论著，我国的留学生跨文化适应研究借鉴了该文的一些观点和思路，主要研究领域包括留学生的心理适应、社会文化适应、学术适应等方面。陈慧（2003）从心理学的角度分析了在京留学生跨文化适应及其影响因素。朱国辉（2011）从学术适应、心理适应、社会文化适应三个维度全面论述留学生的跨文化适应问题，认为留学生具有"外国人"和"学生"的双重身份，从影响因素上看，国别、对中国的了解程度和对学校的了解程度对学术适应产生影响，家人和朋友对学生的心理适应提供有力的支持，性别、国别、留学动机等因素对留学生社会文化适应产生影响。覃玉荣、周敏波（2013）则从文化距离的角度研究东盟学生的跨文化适应问题。

（三）新疆地区中亚留学生跨文化适应研究概况

关于来华留学生跨文化适应研究中，在华欧美学生、东亚学生、东南亚学生等群体的跨文化适应问题研究成果较为丰富，但中亚留学生跨文化适应研究成果较少，且研究对象大多集中于在疆中亚学生。中亚来疆留学生跨文化适应研究成果主要包括跨文化总体适应研究、学术适应研究以及文化冲突与文化距离对跨文化适应的影响研究。

地域相近、文化同质性强、民族构成相似等因素使得中亚来疆留学生的跨文化适应具有与其他地域中亚留学生不同之处。根据新疆留学环境的特点，曹彦、蔡文伯（2010）从环境适应、语言适应、人际交往适应、心理适应等方面分析中亚来疆留学生的跨文化适应现状，研究表明，由于中亚学生与新疆世居少数民族在语言、文化、信仰上具有一定的同质性，可以较好地适应当地的生活，但汉语水平和旅居者的身份影响学术适应和心理适应的程度，限制人际交往的范围。孙宏宇、贾卓超（2014）的实证研究表明，在疆中亚学生跨文化适应问题集中体现在以饮食为主的日常生活适应问题、新疆多语社会环境下的语言适应问题和人际交往问题、课程教学模式的不适应等问题，个体因素、语言因素、社会氛围等均对留学生跨文化适应产生影响。

留学生具有"学生"身份，首要任务是完成学业，赵江民、范祖奎（2010）、唐红（2012）等对中亚学生学术适应问题进行了较为深入的研究。赵江民等从社会语言学的视角研究语言接触、语言变异、文化差异等因素对中亚学生汉语习得的影响，唐红通过课堂观察和访谈法收集课堂冲突案例，分析纪律观念、教学方式、教学内容等方面的差异引发的课堂冲突现象，认为价值观的不同是课堂中产生跨文化冲突的主要原因。文化背景和文化角色差异导致学术环境下的中国老师和吉尔吉斯斯坦学生的语言交际、非语言交际和行为模式方面的冲突，进而影响跨文化适应。

文化冲突与文化距离成为中亚留学生跨文化适应问题研究的重要视角。范祖奎、胡炯梅（2010）为了解中亚来华留学生文化冲突的原因及中亚文化与汉文化的冲击聚焦点，从中亚来华留学生的语言适应、学术适应、日常生活入手，探索影响文化适应的方式差异及影响因素、寻找文化冲突的根源，分析中亚学生跨文化适应现状及策略。范晓玲（2015）从中亚国家的饮食、服饰、婚姻、喜庆、宗教、政治等方面的敏感话题入手，调查中亚留学生对这些敏感话题的态度，分析禁忌话题所呈现的文化差异。杨兴子（2013）从中国人对中亚留学生形象的评价入手，研究中亚学生的文化适应情况，认为中亚学生的年龄、性别、资金来源等个体因素影响中国人对其形象的判断，中亚学生参加的社会文化活动对其形象的提升起到积极的作用，而中国人与中亚学生交往时，普遍存在人际交往障碍，主要包括语言障碍、生活习惯与宗教差异、交往方式上的差异等引起的人际交往困难。

综上所述，留学生跨文化适应研究主要包括社会文化适应、心理适应、学术适应等三个维度，我国关于中亚留学生跨文化适应的前期研究表明，中亚学生在留学期间存在语言、饮食、人际交往方面的不适应情况，留学生的性别、国别、年龄等个体因素、价值观、文化习俗、行为模式等文化相关因素以及人际交往因素对留学生的文化适应产生影响。中亚留学生大多来自多民族国家，普遍具有伊斯兰文化背景，在留学生活中面临较多的适应难题，然而，学界对中亚留学生跨文化适应的研究还不够全面、深入。

三、研究问题和研究假设

基于中亚留学生跨文化适应的前期研究和留学生跨文化适应相关研究，本研究主要分析中亚留学生学术适应、社会文化适应、心理适应和总体适应的现状，探讨中亚留学生的社会人口特征、语言能力、人际互动、中国文化认同等因素与跨文化适应的关系。本研究提出以下三个研究问题以及相关的假设：

研究问题 1：性别、年龄、语言能力等留学生个体因素怎样影响文化适应？

假设 1：性别、年龄等社会人口特征对中亚学生跨文化适应产生影响。

假设 2：语言能力越强，文化适应越好。

研究问题 2：人际互动怎样影响留学生的文化适应？

假设 3：与中国人的互动越多，文化适应性越强。

研究问题 3：文化因素怎样影响跨文化适应？

假设 4：对中国文化的认同越强，跨文化适应越好。

研究问题 4：留学生的学术适应、社会文化适应、心理适应和总体适应之间存在显著联系吗？

假设 5：学术适应、社会文化适应、心理适应和总体适应之间存在显著联系。

四、研究方法与样本基本情况

（一）抽样及统计方法

由于留学费用、入学条件、学校招生途径等原因，北京市部分高职院校的中亚留学生所占比例明显高于其他高校，为了确保调查的针对性与代表性，本研究面向北京青年政治学院、北京政法职业学院、北京信息职业技术学院三所院校的中亚学生发放问卷 105 份，回收问卷 86 份，回收率为 81.9%。本研究调查时间为 2014 年 5 月至 2015 年 5 月期间，所用统计软件为 SPSS18.0，本文中提到的相关系数，除性别、国别之外，均为皮尔逊相关系数。

（二）样本的社会人口特征及其他个体特征

调查对象中男性为 46 名，女性为 40 名，男性比例略高于女性。从年龄上看，20 岁以下学生为 73 名，占总数的 84.9%，呈现出低龄化特点。从国籍上看，哈萨克斯坦学生人数最多，占总数的 73.3%，其次为乌兹别克斯坦学生，占总数的 17.4%，之后依次为吉尔吉斯斯坦、土库曼斯坦、塔吉克斯坦学生，学生国别分布与中亚国家来华留学生分布相符。从在华时间上看，大部分学生属于来华一年及以下的学生，占总数的 83.7%，来华一年至两年的学生为 12 名，占总数的 14%，在华两年以上的学生仅为 2 名，占总数的 2.3%，学生在华时间分布与高职院校的学制与学生流动频繁等因素有关，符合高职院校留学生教育的现状（见表1）。

表 1　中亚留学生的社会人口特征

N = 86		频次	百分比（%）
性别	男	46	53.5
	女	40	46.5
年龄	20 岁以下	73	84.9
	21～25 岁	7	8.1
	26～30 岁	6	7.0
国籍	乌兹别克斯坦	15	17.4
	哈萨克斯坦	63	73.3
	吉尔吉斯斯坦	5	5.8
	土库曼斯坦	2	2.3
	塔吉克斯坦	1	1.2
在华时间	0～6 个月	67	77.9
	7 个月～1 年	5	5.8
	1 年以上～2 年	12	14.0
	2 年以上～3 年	2	2.3

中亚学生汉语水平大多属于初级水平，占总数的 75.6%，中级阶段为 19.8%，高级阶段为 4.7%。大多来自多民族文化背景，除了会说国家通用语言之外，还会说本民族语言，由于长期受俄罗斯教育体制和俄罗斯文化的影响，多数学生会讲俄语。学生母语及其他个体特征背景非常复杂，五个国家的学生母语种类为俄语、东干语、哈萨克语、吉尔吉斯语、乌兹别克语、维吾尔语、卡拉卡尔帕克语、土库曼语八种语言。在这些语言中，俄语为哈萨克斯坦和吉尔吉斯斯坦的官方语言之一，也是中亚国家俄罗斯族的民族语言，"东干语是中亚东干族所使用的语言，来源于我国近代汉语西北方言，是一种汉语跨境方言"（林涛，2003），其他六种语言均属于阿尔泰语系突厥语族的语言。值得一提的是，从学生会说的语言上看，70%以上的学生会说俄语，表明"独立后，中亚国家通过语言政策使俄语的地位逐渐'边缘化'，使俄语的使用领域受到极大限制，但是，俄语再中亚社会上仍发挥着不可忽视的功能"（张宏莉、张玉艳，2010）。71%的人会说三种以上语言，含俄语、英语以及本民族或本国官方语言，32.6%的学生会说四种以上语言。语言是文化的载体，是人际交流的媒

介，中亚学生语言能力折射出该群体多元的文化背景。调查表明，在留学期间，中亚国家学生之间交流用语除了汉语以外，还有俄语以及突厥语族的各种语言，中亚国家学生与中国人或来自其他地区的留学生交流时主要使用汉语和英语。与此同时，约有30%的学生只懂本国语言，人际交往中存在较大的语言障碍。

表2 中亚留学生的语言使用情况

N=86		频次	百分比（%）
汉语水平	初级	65	75.6
	中级	17	19.8
	高级	4	4.7
母语	俄语	28	32.6
	东干语	1	1.2
	哈萨克语	36	41.9
	吉尔吉斯语	3	3.5
	乌兹别克语	7	8.1
	维吾尔语	2	2.3
	卡拉卡尔帕克语	2	2.3
	土库曼语	2	2.3
	俄语和乌兹别克语	1	1.2
	俄语和东干语	1	1.2
	俄语和哈萨克语	3	3.5
会说的语言种类	1种	3	3.5
	2种	22	25.6
	3种	33	38.4
	4种	25	29.1
	5种	3	3.5

注：本表中"会说的语言种类"不包括现代汉语普通话。

五、统计结果分析

（一）跨文化适应整体状况描述

跨文化适应量表采用四度量表，均值越低，适应程度越好。如表3所示，留学生在社会文化、学习上的适应程度为中等适应，学术适应优于社会文化适应，心理适应明显低于前两项，呈现出轻微抑郁症状。从对留学生活的总体评价上看，36%的学生认为留学生活非常有意思，54.7%的人认为比较有意思，9.3%的人认为留学生活不太有意思，无人选择完全没有意思。学术适应调查结果表明，47.7%的人表示非常适应学校的教育，43%的人表示比较适应，8.1%的学生不太适应，1.2%的人表示完全不适应学校的教育方式。社会文化适应方面，22.4%的人表示完全适应，74.1%的人表示比较适应，3.5%的人表示不太适应，无人选择完全不适应。心理适应方面，33.7%的人从来不觉得孤独，心理上完全适应现在的生活，33.7%的人表示较少感到孤独，26.7%的人表示有时感到孤独，5.8%的人认为经常感到孤独。相比学业和社会文化方便的适应，留学生的心理适应较差。

表3 跨文化适应整体状况描述

	留学生活总体适应	学术适应	心理适应	社会文化适应
均值	1.73	1.63	2.03	1.81
标准差	0.622	0.687	0.900	0.475
人数	86	86	86	85

1. 学术适应

学术适应与学校的教育项目、管理方式、师生关系、同学关系以及校园生活环境等内容有关。学校的教育项目基本能满足学生需求，74.5%的人表示非常满意或比较满意，24.6%的人给出负面的回答。关于校园内的学习和生活环境，73.5%的人表示非常满意或比较满意，26.5%的人表示不太满意或非常不满意。校园内的师生关系和同学之间关系方面，76.6%的人表示老师非常关心或比较关心学生，14.3%的人表示老师对学生的态度冷漠或不太关心。同学之间的关系较好，48.8%的人表示同学们非常友好，51.2%的人表示比较友好，无人给出负面的回答。关于本人对学业的适应方面，47.7%的人表示比较适应上课时间，43%的人非常适应，9.3%的人不太适应或者非常不适应，43%的人能够按时完成学习任务，45.3%的人基本可以按时完成，11.6%的人不能按时完成学习任务。校园生活中，虽然学生的总体评价属于中等偏上，但从满意度的强弱顺序上看，同学关系最好，其次为师生关系，学生对校园环境满意度最低，其次为教育项目满意度。

2. 社会文化适应

学生对中国社会文化的适应程度属于中等适应。留学生社会文化适应调查内容首先包括对在华留学相关政策的了解、对中国历史和文化的认同以及对中国数字文化的理解程度。调查结果表明，留学生对中国留学相关政策的了解程度最高，70.7%的人非常了解留学签证、法律等方面的相关政策，26.8%的人比较了解，2.4%的人不太了解或完全不了解。从对中国历史文化的认同来看，33.7%的人表示常认同，48.8%的人表示比较认同，15.1%的人表示不太认同，2.3%的表示完全不认同。与中亚学生对留学政策的了解和中国历史文化的认同相比，中亚学生对中国文化知识的掌握程度较低，例如对中国数字文化的简单测试结果表明，64%的人可以正确理解，36%的人基本不理解或完全不理解。从社会生活方面感受到的困难应答情况（多项应答）来看，饮食方面遇到的困难最多（34.9%），其次为就医（27.9%），再次为住宿（23.3%），之后依次为经济问题（10.5%）、人际交流（3.5%）和购物（2.3%）方面的问题。

3. 心理适应

本次调查结果表明，留学生在心理适应程度较低，存在较多的心理问题，留学生的心理不适应主要体现在经常感到孤独和想念家人，较为严重的心理上的不适应还影响到身体健康。从统计数据上看，34%的学生经常想念家人，44.2%的人有时候想念；32.5%的人有较强的孤独感，其中 5.8%的人经常感到孤独，26.7%的人有时候感到孤独；其中一些人感到身体不适，5.9%的人经常感到不舒服，24.7%的人有时候感到不舒服。留学生遇到心理问题时，主要向家人、朋友倾诉，其中 54.6%的人向本国朋友或家人倾诉，22.1%的人向从其他国家来的人倾诉，只有 3.5%的人选择向中国朋友倾诉。值得关注的是，高达 19.8%的人表示不向任何人倾诉。

（二）跨文化适应影响因素分析

1. 个体因素

从个体因素和跨文化适应的总体情况来看，性别差异对留学生活的整体适应产生一定的影响，男性更适应留学生活，除了学术适应以外，在心理适应和社会文化适应方面，中亚男生适应程度明显高于女生。这种性别差异印证其他研究中的发现，来自男性地位较高国家的学生，其性别文化背景在跨文化适应上有所体现（谢苑苑，2010）。学生的语言背景对其跨文化总体适应无显著影响，但不同语言背景的学生在社会文化适应方面呈现出显著差异（相关系数=0.342，P 值=0.001）。具体来说，只会一种语言和五种及以上语言的留学生总体适应能力和社会文化适应能力最强，66.7%的人对留学生活非常满意，掌握 2~4 种语言的人留学生活满意度明显低于前者，社会文化适应能力较低。本次调查结果表明，在掌握 2~4 种语言的学生中，掌握的语言种类越多的学生，在京生活越不方便。该现象可能与中亚学生的多元文化背景有关，一般来说，中亚学生母语为非该国官方语言或非本地区强势语言的情况下，需要掌握的语言种类比其他学生更多。

2. 人际互动

人际互动包括与中国人、本国人以及来自其他国家的人互动，本文主要考察与中国人互动情况。中亚学生与中国人的互动情况主要有"你是否有中国朋友？""中国人对你是否友好？""老师是否关心你？"等问题。从与中国人的互动来看，中国老师对中亚学生的跨文化适应起到关键性的作用，尤其是对留学生活的整体评价与中国老师之间存在显著性相关（相关系数=0.315，P=0.001），对学术适应也有较为显著的影响（相关系数=0.251，P=0.003）。中国朋友与社会上的中国人的态度尚未对中亚学生的跨文化适应产生影响，该结果可能是因为中亚学生融入中国文化的主要媒介依然是中国老师，其他社会资源尚未对学生的文化融入提供有效支持。虽然有90.7%的人表示社会上的中国人比较友好，但16.3%的人表示还没有中国朋友，50%的人表示只有一个至两个中国朋友，与中国人交流时最大的障碍是语言障碍（67.4%），其次是文化差异（8.1%）。因此，在中国遇到困难时，主要向中国老师求助（43%），其次是来自本国的朋友（31.4%），再次才是中国朋友（15.1%）。中亚学生过分依赖中国老师，缺乏与其他中国人互动的现象可能会影响跨文化融入的程度。

3. 中国文化认同

本研究表明对中国历史和文化的认同感越强，越能适应留学生活，该因素与心理适应、学术适应和留学生活整体适应均存在显著相关。中国饮食文化对留学生的社会文化适应产生非常显著的影响，越能接受中国饮食，对中国社会文化的适应能力越强，对留学生活的整体评价越高。留学生对中国文化的理解力同样有助于提升社会文化适应能力，对中国文化理解越准确，越能融入社会文化生活，留学满意度越高。

表4 中国文化认同和跨文化适应相关分析

	总体适应	心理适应	社会文化适应	学术适应
对中国历史和文化的态度	0.371**	0.267*	0.064	0.239*
中国饮食文化认同	0.402**	0.185	0.282**	0.140
中国文化理解力	−0.020	−0.022	0.262*	0.176
中外交流工作意向	0.354**	0.169	0.069	0.219*

注：*为 $p<0.05$，**为 $p<0.01$。

除此之外，中外交流工作意向对跨文化适应起到积极的作用，学生是否愿意从事与中国相关的工作和留学生活总体适应、学术适应之间存在显著相关，被调查者中约有76.7%的学生毕业后愿意从事与中外交流相关的工作，其就业意向中占前三位的依次为商贸业（32.8%）、旅游、交通相关行业（10.9%）和电力、石化等能源业（9.4%），另有18.6%的学生就业意向与中国无关，4.7%的人还没有明确的就业意向。

4. 学术适应、社会文化适应、心理适应与总体适应的关系

留学生的跨文化适应受语言能力、人际互动、中国文化认同等诸多因素影响，但这些因素对学术适应、社会文化适应、心理适应的影响力有所不同。我们认为学生在中国的学习、社会生活、心理各方面的感受共同构成对留学生活的整体评价，本研究表明，我们所考察的各个部分的适应相互联系，相互独立，其中留学生的社会文化适应和总体适应之间存在显著相关，表明在留学生的"学生"身份和"外国人"身份之间，能否以"外国人"身份融入校园以外的社会文化生活对跨文化适应起着至关重要的作用，社会文化适应提升对留学生活的整体评价。

表5 跨文化适应多维度相关分析

		总体适应	心理适应	社会文化适应	学术适应
留学生活	相关系数	1	0.101	0.468**	−0.062
	显著性（双侧）		0.355	0.000	0.568
	人数	86	86	85	86
社会文化适应	相关系数	0.468**	0.077	1	−0.010
	显著性（双侧）	0.000	0.485		0.926
	人数	85	85	85	85

注：*为 $p<0.05$，**为 $p<0.01$。

六、结语

中亚国家幅员辽阔，民族众多，文化多元，来自中亚国家的学生在饮食、宗教信仰、语言背景、行为模式等方面呈现出群体特性与个体差异性，在跨文化适应上面临与其他地区学生不同的问题。本次问卷调查和访谈结果表明，中亚学生的跨文化适应总体上属于中等程度的适应，学术适应和社会文化适应情况优于心理适应，学术适应上的问题主要体现在教育内容和教育方式的不适应上，社会文化的不适应主要体现在饮食、医疗等方面，留学生获得的心理支持主要源于本国的朋友和家人，中国老师和朋友在心理方面给予的支持十分有限，另外，约有 1/5 的学生未获得任何心理支持。从中亚学生跨文化适应影响因素来看，以语言能力为主的个体因素、以中国老师的关心为主的人际互动因素以及中国文化认同相关因素对跨文化适应产生影响。总体来说，中亚学生跨文化适应各个维度之间存在相互独立、相互联系的关系，社会文化适应与总体适应之间存在显著相关。

本研究为针对中亚留学生跨文化适应问题的探索性研究，本次调查发现中亚学生普遍具有多语言的背景，学生的语言背景与文化适应之间存在"U"形相关，即只懂一种语言或五种语言以上的学生跨文化适应较好，中间阶段的学生跨文化适应较差。语言是文化的载体，语言背景表明其所属的文化群体的特征，中亚学生的语言背景和跨文化适应的关系问题有待于进一步的研究。

参考文献

[1] 王丽娟. 跨文化适应研究现状综述［J］. 山东社会科学, 2011（4）.

[2] ALTB. PG, 唐晓杰. 影响与适应: 从比较的角度看留学生［J］. 华东师范大学学报, 1992（1）.

[3] 陈慧. 留学生中国社会文化适应性的社会心理研究［J］. 北京师范大学学报, 2003（6）.

[4] 朱国辉. 高校来华留学生跨文化适应问题研究［D］. 华东师范大学, 2011.

[5] 覃玉荣, 周敏波. 东盟留学生跨境适应研究——基于文化距离的视角［J］. 复旦教育论坛, 2013（4）.

[6] 曹彦, 蔡文伯. 中亚来疆留学生的跨文化适应分析［J］. 兵团教育学院学报, 2010（6）.

[7] 孙宏宇, 贾卓超. 来华留学生跨文化适应研究——以来华中亚留学生为个案［J］. 中央民族大学学报, 2014（4）.

[8] 赵江民, 范祖奎. 新疆中亚留学生汉语教学的社会语言学透视［J］. 民族教育研究, 2010（5）.

[9] 唐红. 新疆中亚留学生课堂教学中的跨文化冲突现象分析［D］. 新疆师范大学, 2012.

[10] 范祖奎, 胡炯梅. 中亚来华留学生的文化冲突与适应［J］. 新疆师范大学学报, 2010（3）.

[11] 范晓玲. 跨文化交际视角下对中亚留学生敏感话题的调查分析［J］. 新疆社会科学, 2015（1）.

[12] 杨兴子. 他者眼中的新疆留学生形象研究［D］. 新疆师范大学, 2013.

[13] 林涛. 东干语在多民族语言接触中的变异现象［J］. 西北第二民族学院学报, 2003（4）.

[14] 张宏莉, 张玉艳. 俄语在中亚的现状及发展前景［J］. 新疆社会科学, 2010（6）.

[15] 谢苑苑. 来华留学生跨文化适应策略与影响因素的相关研究——基于对在杭州日本留学生调查数据的分析［J］. 喀什师范学院学报, 2010（3）.

（本文作者为北京青年政治学院国际学院副教授）

高校留学生跨文化管理及对策研究

刘 巍

引 言

随着中国经济的飞速发展，国际地位的提高，对世界的影响力越来越大，世界各国对中国政治、经济、文化等各方面都表现出极大兴趣，许多国家都出现了学习汉语的热潮。我国的对外汉语教学和对外文化教育事业取得了令人瞩目的发展，越来越多的来自不同国家、地区和种族的留学生来华学习，他们带来了丰富多彩的异国文化，给我国的教育事业注入了活力。同时由于文化差异而引起的留学生跨文化适应问题、与中国社会、中国人之间的文化摩擦、文化矛盾，甚至文化冲突也出现了。这就对留学生管理工作提出了更高、更新的要求。高校外国留学生来自不同的国家和地区，有着不同的种族背景、政治背景、历史背景和文化背景，学历和社会经历各不相同，思想意识、宗教信仰和风俗习惯也各有差异。当他们来到中国，面对新的物质环境、社会环境和文化环境时，大多数人都会或早或迟、或大或小地对环境的突然改变产生一种心理上的不适感。如果这种心理不适应不能得到解决，就会直接影响其正常的学习与生活。这就要求高校外国留学生管理工作能主动解决他们在跨文化适应中所遇到的各种问题，帮助他们顺利地跨越文化适应的门槛、实现其跨文化心理适应过程。随着留学生教育中"以人为本"的教育管理理念呼声渐高，作为一名外事工作者，在来华留学生教育管理与服务工作中，如何培养和提高管理工作者自身的跨文化对话能力，探讨如何以跨文化的视角，运用心理学的基本原理来对外国留学生有效实施科学管理，因势利导地调动其积极的心理因素，疏导和排除其消极的心理因素，化解文化矛盾和冲突，使他们在中国度过富有成效而又有意义的留学生活，具有重要的理论和现实意义，应当成为我们研究的一个重要课题。

一、留学生教育管理中文化冲突产生的原因

所谓文化冲突是指人一时的紧张和不安的心理状态和人一时的精神、情

感方面的失常现象。有人把这种文化冲突称为疾病，常发生在突然离开自己熟悉的本族文化或社会环境而迁移到完全陌生的异族文化和社会的人员身上。决定人们经受文化冲突影响程度大小的因素，是其生活经历、受教育程度和自身适应周围环境的应变能力。自己熟悉的本族文化和社会环境与陌生的异族文化和社会环境之间的种种差别，以及置身其中而所受后者的种种影响是引起文化冲突的原因。主要表现在以下几个方面：

（一）由价值观念、习俗等产生的差异

来华留学生在自己原有的文化熏陶下，已经形成了比较稳定的价值观与行为方式。一旦来到一个相对陌生的文化环境中，就会发现当地人与自己在思想观念、价值取向、行为方式上有很大不同。并且按照已有的思维模式与认识水平，自然很难解释，或者会有错误的解释，就会产生适应问题，甚至文化冲突。不同文化背景和社会环境产生的不同风俗习惯和行为举止的例子不胜枚举、俯拾即是。在行为方式上，留学生很可能发现当地人的行为很奇怪、无法解释、缺乏礼貌、不正确等。比如在中国人的宴席上，主人总是频频举杯为客敬酒，多次代客夹菜以显示对客人的热情。因为中国人遵循"客随主便"的原则。客人总觉得对主人的盛情款待却之不恭，而常常违心地"领情"；在美国人的宴席上，主人从不对客劝酒选菜，全凭客人随意享用，否则就有不尊重客人的意愿，而有强人所难之嫌。因为美国人在待客时遵循的是"主随客便"的原则。待客时违背这两种原则会引起文化冲突。接受礼品时，西方人总是爽快地收下，当着送礼人的面，打开礼品盒，对礼品大加赞扬而对送礼人表示感谢；中国人受礼时，总是推却再三，先说不要，再说几句客套话，最后才勉强收下，但不当着送礼人的面打开礼品盒。不了解东西方人接送礼品习惯的差异，西方人会认为中国人冷漠、虚情假意；中国人会认为西方人贪婪、举止粗野——不同的风俗习惯引起了文化冲突。

（二）深层次的社会文化背景下不同思维方式产生的文化差异

西方社会是一个以"自我为中心的社会"。这个社会强调个人、强调个人尊严、强调个人不可剥夺的一些权利和强调个人在自己进步和成长中所负的责任。因此，所谓的"隐私权"不像在某些国家带有贬义，而带有褒义。并认为隐私权是全人类都需要、都向往、都满意的一个必要条件和要求。若他人侵犯隐私权，就是侵犯属于个人的小天地，必然遭来猜疑甚至敌意。所以，和西方人初交时，要避免打听对方的收入、年龄、婚姻状况、个人经历等属于隐私权方面的话题。西方人不像中国人那样把谦虚看成一种美德。他们把自尊和自负

看成个人心理健全的标志,因而绝不为了表示谦虚而贬低自己,相反却常夸耀自己。喜欢自谦的中国人进入西方社会理应入乡随俗,否则就可能成为因不同的价值观念的差异而引起的文化冲突的受害者。

(三)陌生的自然环境和日常生活事务之间的差异

出国初期,人们会因气候、时差、饮食、作息制度的改变而产生水土不服,身体不适。也会因国外的住房、购物、乘车、看病、去银行、上邮局等日常生活事务与国内的差异而又一次经历文化冲突。但是自然环境和日常生活事务方面的差异是引起文化冲突的次要因素。不同的思维方式、风俗习惯和行为举止产生的差异以及不同的价值观念产生的文化差异才是引起文化冲突的主要原因。

我们必须改变现有留学生管理工作主要沿袭传统的思路,不仅为留学生提供必要的生活服务设施和配置必要的学术支持力量,更要在今后的工作中将重心集中在留学生在华生活所面临的社会文化层面的适应问题上。

二、留学生跨文化管理的具体对策

在来华留学生日益增多的情况下,留学生的教育和管理必须根据新的形势进行调整和改革,将跨文化管理问题作为今后工作的侧重点。

(一)加强留学生管理人员的跨文化交际能力培训,提高管理效率

中国的大学生以及高校中的留学生服务和管理人员是和留学生接触最多的人,也是使留学生形成对中国人印象的最直接的人。通过对大学生以及留学生管理和服务人员的跨文化培训,能够转变他们的认识,使他们能从对方的视角认识其文化,减少一些先入为主的偏见;同时,还能增加其他文化知识,培养对不同文化的热爱。因此,跨文化培训中对不同文化的介绍能够激发中国学生与留学生管理和服务人员对异文化的好感和兴趣,从而丰富他们对来自不同文化背景的留学生的了解,提高服务质量,让来华留学生满意。

(二)加强跨文化沟通,加强外国留学生的心理与情感交流

由于外国留学生来自不同的国家,与中国人有着不同的社会背景、思维方式与风俗习惯,这势必会给留学生管理工作带来一些障碍。面对跨文化管理行为,留管干部必须以跨文化的思维和技巧去应对,如果不熟悉、不理解对方的文化是无法"跨"过去的。因此,留管干部除了诚恳友善、不卑不亢、遵守求同存异、相互理解的原则外,还应了解每位留学生的个性特点及其国家的意

识形态、文化传统、生活习惯、宗教信仰等文化背景；尊重留学生的文化习惯、生活习惯、思维方式、兴趣爱好及人格、信仰和隐私权；容纳各种不同的个性、不同意见的留学生，尽量把文化冲突的负面影响降到最低，为外国留学生营造一种轻松、融洽的管理环境。沟通与交流是消除隔阂、减少分歧的最佳途径。

（三）丰富校园文化活动，创设和谐的校园环境

生活在异乡的留学生都希望有活动、有朋友，来充实自己学习之余的生活，以排解心理紧张、孤独感和思乡情绪。和谐的人际关系能给他们带来稳定、愉悦的情绪。为了帮助外国留学生尽可能快地融入环境，我们通过开展丰富多彩的文化活动来弥补他们心理上的失落感。各种文体活动不仅丰富了校园文化也促进了留学生与中国学生相互的交流与了解，使留学生们真正融入学校生活之中。每逢节假日，留学生与留管干部的联谊活动也可拉近彼此之间的距离，从而为日常工作创造极为有利的条件，保证教学与管理活动的正常进行。这些活动不仅丰富了外国留学生的业余文化生活、减轻了他们的孤独感，而且可以使他们与中国学生的交流增多，与社会的接触面逐步扩大，交友的范围逐步拓展。同时，管理者管理的阻力就会大大减少，冲突的可能性也会大大降低。外事部门通过定期组织留学生外出参观、旅游等形式，让他们耳闻目睹和亲身体验我们的实际生活，逐步深入了解我们的国情、校情和友情。努力营造良好的多元文化共存的、不同文化背景学生互相竞争的校园环境，鼓励和促进中外学生相互竞争、相互学习、共同提高，使学生在学习中互相了解对方的文化背景，养成尊重异国文化的习惯，树立起全球的观念。

（四）利用现代的信息沟通网络，促进留学生参与教育管理

目前我国每年派出大量的人员出国留学，学习发达国家先进的科学技术和管理经验，或者邀请国际知名专家来华讲学，但却忽略了"留学生"这一宝贵的信息资源。留学生分布的国家广泛，学科全面，对世界各地的信息掌握比较全面，这是有待挖掘的信息资源。许多留学生在中国生活了很长时间，对我国的发展问题、教育问题、政策内涵以及文化有较为客观的了解。鉴于此，可以通过建立多种形式的政策咨询活动和信息沟通网络，鼓励留学生参与教育管理工作，并有针对性地提出坦诚而富有见解的意见。

管理是科学，更是一门艺术。高校外国留学生的管理是一种跨文化管理，是日常管理行为的经验总结，也是管理技术与艺术的结合。只有提高留学生管理者自身的跨文化交际意识和能力，才能帮助外国留学生尽快实现其跨文

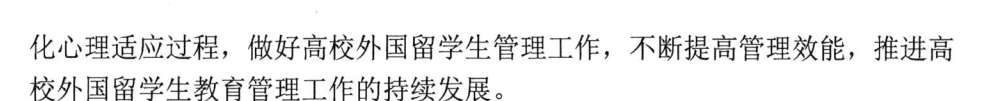

化心理适应过程，做好高校外国留学生管理工作，不断提高管理效能，推进高校外国留学生教育管理工作的持续发展。

参考文献

［1］邵旭平.跨文化交际对重庆高校留学生教育管理的启示［J］.重庆邮电大学学报，2010（1）.

［2］张秋红，李纯丽.留学生跨文化心理探究与高校外国留学生管理［J］.兰州学刊，2009（3）.

［3］陈本义.论不同文化的冲突与适应［J］.四川外语学院学报，1992（4）.

（本文作者为北京青年政治学国际学院副教授）

青年院校图书馆青少年特色文献资源建设现状与对策

王丽娟　李　伟

近年来，共青团系统的普通高等院校在服务共青团事业、服务青少年健康成长方面发挥着日益重要的作用。随着时代的变迁，青年大学生的思维模式、价值观、阅读方式等发生了很大变化。青年院校的图书馆作为学院的文献信息中心，应该以青少年研究领域为依托，深入挖掘文献资源，重点收藏青少年研究文献，加强青少年特色馆藏建设，注重特色文献资源的开发和利用，建立资源共享平台，更好地发挥其资源服务的职能，为学院教学和科研服务，为青少年研究提供独具特色的文献资料。

我们选择了13所青年院校图书馆，通过网站登录图书馆主页进行校外访问，多数图书馆的网站无法链接到特色资源，有的网站不显示特色资源数据库。通过登录中国高等教育数字图书馆CALIS特色数据库导航系统列表高校特藏资源，查找各馆特色资源建设情况。通过实地访谈、问卷调查、电话咨询等进行收集资料，经整理分析，其中5所青年院校调研资料具有可参考性。本文仅以5所青年院校图书馆为例进行论述，研究、探讨青少年特色文献资源建设与未来发展的思路。

通过搜索中国期刊网，使用高级检索精确匹配，关于主题为"特色馆藏建设"方面的文献共有1151篇，关于主题为"特色文献资源建设"的文献118篇。大多数作者关注于某一领域特色文献或特色数据库的基础建设，根据建设目标提出建设思路或策略等，论述了特色馆的馆藏建设方法、实证研究、开展特色服务、数字化等，有的处于建设初期，有的正在筹建中，有的已经建成数据库，发展极不平衡。而国内关于主题为"青少年特色馆藏建设""青少年特色文献资源建设"方面的研究论文尚属凤毛麟角，国外在此方面研究成果甚少，我院前期的研究成果因而颇具意义。据《青少年导刊》2006—2011年期间转载文章的作者单位，主要分布于普通高校、青年院校、社会科学院、青少年研究机构和海外机构（含港澳台大学）。目前，我国青少年研究机构地区分布不够均衡，高校和青年院校学者仍然是青少年研究的主力军。

青年院校图书馆有必要在青少年研究领域挖掘资源与科研成果，收藏青少年研究文献资料，建立青少年特色馆藏，具有非常重要的意义。

一、特色文献资源建设状况分析

（一）特色文献资源建库与主题分布情况

分析青年院校图书馆特色文献资源建设主题分布，有利于了解青年院校图书馆的馆藏特色建设的现状，并对其进行定位，还可以为其他院校图书馆的特色馆藏建设提供参考。[4]从上述5所青年院校看，特色文献资源建设主题分布相比内容较丰富的有广东青年职业学院图书馆、山东青年政治学院图书馆。特藏数量最多的是广东青年职业学院图书馆，建库时间最早的是北京青年政治学院图书馆。但北京青年政治学院图书馆由于人才流失、原有的资料室人员整合等原因，其特色文献资源建设时断时续，2010年在原资料室的基础上建立了青少年思想道德资料库。2013年，作为北京青少年教育与发展研究基地资料库，通过北京市哲学社会科学规划办公室和北京市教委的验收，其特色文献数据库正在建设和完善之中。

（二）特色文献资源类型与主要特色

在收藏文献类型和主要特色方面，本科层次的普通高校好于高职院校（广东青年职业学院除外）。比较文献资源类型，广东青年职业学院图书馆有7种，山东青年政治学院图书馆有6种，中国青年政治学院图书馆、北京青年政治学院、上海青年管理干部学院各有5种。主要特色方面，比较而言，内容较丰富的是广东青年职业学院图书馆，目前已建共青团专题资源库、志愿服务研究专题资源库、青少年心理专题数据库、青年工作信息专题数据库、社会工作专题资源库、青年特色图书资源库等10个数据库，近年来在特色数据库建设方面取得了较好的成绩，走在了青年院校的前列。山东青年政治学院图书馆主要特色库4个，已自建山东省青少年文献信息库特色数据库，整理图书目录7000余条，论文数据3500余条，并在山东青年运动重大历史事件等方面积累了部分资料。中国青年政治学院图书馆特藏3个，主要收藏青少年研究领域为主的学院教职工与学生的知识产出，包括著作、论文、人物、图片，绝大部分文献已数字化，已建中国青年政治学院机构知识库、青少年研究论文题录数据库、邓颖超赠书专藏等特色数据库。北京青年政治学院图书馆主要特色2个，收藏了北京青少年研究所、北京东方道德研究所研究人员的青少年研究成果以及北京青少年教育与发展研究基地资料库文献资料，目前正在筹建数据库。上海青年管理干部学院图书馆主要特色为2个，特藏以共青团、青年研究领域的青年研究资料为中心，整合资源，数据库也在筹建之中。

二、特色文献资源建设存在的问题

近年来，共青团院校图书馆在特色文献资源建设方面虽然取得了长足的发展，但是在调研期间也发现了一些问题值得共同探讨。

（一）特色不够凸显

在调研中发现，多数图书馆主页馆藏目录无法与特色资源建立链接；有的高校图书馆已有特色资源，但在主页设置方面不够凸显，必须打开主页认真寻找才能看到；有的已有特色资源但正在筹建中，也不能很好地链接到；而有的图书馆在简介中能查到，但在主页设置上找不到；有的在简介、馆藏目录、馆藏分布中都没有显示特色资源，在通过发表的论文等方面的资料查找，这就很难得知该校图书馆是否有特色资源。

（二）建设缺乏连续性

青年院校在改革开放之前，各省以省级团校形式办学，主要面对省级团校干部培训和成人教育。改革开放之后，1985年中国青年政治学院在中央团校基础上成立，承担高等教育与团干部培训的双重任务。之后各共青团隶属院校为适应社会发展和自身发展的需要，通过对外办学，扩大招生规模等形成了多层次办学体制，逐渐形成了学历教育——本科教育、高职教育、成人教育、远程教育和非学历教育、培训教育等多种形式的办学机制。各青年院校图书馆面对办学体制的转变，已有的馆藏资源在数量和质量上远远不能满足教学科研的需要，特别是新增专业、特色专业方面的书刊资料欠缺，供需矛盾日益突出。因此多数图书馆把更多的时间投入馆藏建设、回溯建库方面，有的为了办学达标突击购买图书而忽略了图书的质量。因此，在特色文献资源建设方面不够重视、缺乏连续性、持久性。

（三）办馆理念滞后

由于各省级青年院校图书馆条件落后，普遍存在馆藏、馆舍面积不达标，人力资源匮乏，专业人员比例不足，非专业人员素质不高等问题。老一代的馆领导有的思想保守陈旧，办馆理念滞后，多数只满足于完成每天的借借还还等日常工作，在特色文献资源建设方面没有开拓创新方法和思路，再加上学院不重视，经费不足，人才不够等问题，很大程度上影响了特色资源建设的发展。如20世纪90年代前期，我校图书馆原资料室与中国青少年研究中心、中国社会科学院、吉林省图书馆学会共同编辑《青年塑造未来论文文摘》，2000年由于人才流失，机构整合而停滞，经过更新换代，电子版文献已丢失，保存下来的也仅有部分的原始手抄稿件。

（四）数据库建设发展不平衡

目前，从整体看，本科院校好于高职或专科院校，如中国青年政治学院、山东青年政治学院的图书馆均已建特色数据库，而高职或专科院校与本科院校相比较还存在一定的差距。由于青年院校发展瓶颈的制约，馆舍受限，人员不足，缺乏完善的管理机制，特色资源数据库建设在深层次开发方面还不够，需要引进专业技术人才，使用先进的网络技术手段研究开发数据库，进一步推动工作的开展。

（五）共享程度较低

青年院校分散在全国各省区，在特色文献资源建设方面各自为政，各有千秋。多数图书馆是根据本校青少年研究资源，结合地域资源筹建数据库。如山东省青少年文献信息库结合山东青年发展历史自建了青运史数据库，广东青年职业学院图书馆在地方特色方面具有一定的优势，收藏有广东岭南文化资料3.6万余册，校友捐赠资料5万余册。中国青年政治学院图书馆收藏有邓颖超等名人的相关赠书。从长远来看，各青年院校图书馆在建立特色资源共享方面比较弱化，缺乏校与校之间的沟通与协调，没有统一的管理机构和协调机制，从而为青年院校之间特色资源建设的共建共享工作带来不利影响。

三、特色文献资源建设的建议与对策

（一）注重图书馆网站建设

图书馆网站是图书馆对外联络的主要窗口，在对外宣传与咨询服务中发挥着重要的作用。网站内容各馆界面不同，根据需要设计图书馆主页面，读者可以从图书馆主页上获取需要的资源和信息，方便、快捷地完成信息资源检索。图书馆主页平台主要展示本馆馆藏资源、宣传服务内容、特色文献或特色馆藏的平台，读者登录图书馆主页即可浏览。青年院校图书馆在设计图书馆主页时一定要把特色文献或特色馆藏列表置于主页相应的位置，方便读者快速查找特色数据库。如广东青年职业学院图书馆主页有特色馆藏栏目，山东青年政治学院图书馆主页有特色资源栏目，读者点击可以看到特色文献资源建设情况。

（二）制订青少年特色文献资源建设发展对策

多年来，青少年研究一直是青年院校的研究优势，图书馆要利用好自身的优势，依托本校、本地区共青团青少年研究领域积累的大量科研成果，根据图书馆特色馆藏规划制订青少年特色文献资源建设发展政策。如北京青年政治学院图书馆依托北京青少年基地建设平台，建立北京青少年教育与发展研究资料库，图书馆结合学院北京东方道德研究所和北京青少年研究所，以及青少年教育与管理特色专业，收藏相关文献资源，并根据基地建设长远规划，研究制订了我院青少年教育与发展研究资料库特色馆藏发展政策。同时，建立特色文献资源建设经费保障机制，保持特色资源建设的连续性、持久性。

（三）扩大文献收藏内容和范围

扩大文献收藏内容和范围，广泛采集、征集文献。将书、刊、报、音像资料等补充完善，保持文献的持续性与连续性。增加非书资料、捐书资料、多种载体的收藏。增加港澳台文献资料的收藏。对于港澳台文献资料的收藏，要不拘泥于在本地区，而是着眼于全世界，如欧美、亚洲、非洲等。更多地了解港澳台及国外图书馆特藏方面的经验，开阔眼界，但不排除在内地任职或者居住的外籍人士，他们的专著、文集、论文、调查报告、诗歌等。同时对于他们的传记、家谱、年谱、日记等也是研究基地收藏的重要内容。

（四）着力开发青少年特色文献数据库

引进人才，设置特藏岗位，实施专人管理。特藏岗位人员要具备一定的专业知识背景和外语水平以，及熟练的计算机应用能力。熟悉特藏分布，了解文献采访政策。目前北京青年政治学院图书馆特藏文献尚未数字化，当务之急是要把青少年特色文献资源建设作为一项重点工作来抓，集中人力加强调研，特别是要注重加强青年院校之间的交流与合作，了解青年院校特藏建设的情况，参照《CALIS 文献资源数字加工与发布标准》《数字资源加工标准与操作指南》研究制订特色文献数据库规划方案，加快特色数据库建设的步伐，努力研究、开发多种资源访问形式，为用户提供有效的访问机制。

（五）建立特色资源共建共享机制

多年来，青年院校图书馆在特色文献资源建设方面存在相似性，重复建设等现象，沟通与合作意识还远远不够，存在资源浪费等现象。建议建立青年院校特色文献资源共建共享联盟机制，利用现代网络技术手段，搭建共建共享服务平台，由做得比较好的院校牵头，以区域为中心，分工合作，建立联盟机制，改变重建轻用的现状。各青年院校可派专职人员提供远程咨询与服务，做好原文传递和信息服务，实现真正意义上的资源共享，提高特色资源的利用率，在青年院校发挥最大的利用价值。特色文献资源建设是高校图书馆立馆之本，同时直接反映学校的办学实力。高质量的特色文献资源建设需要的过程很漫长，需要长期积累的过程，甚至需要图书馆几代人的共同努力才能完成。习近平总书记强调："中国梦是我们的，更是青年一代的。中华民族伟大复兴终将在广大青年的接力奋斗中变为现实。"青少年教育的责任任重道远，因此，青年院校图书馆有义务有责任做好青少年特色文献资源建设工作，为青少年研究者提供具有实用价值的参考资料。

参考文献

[1] 黄文洁. 对构建共青团院校图书馆信息服务创新体系的思考［J］. 广东青年职业学院学报，2012（3）.

[2] CALIS 特色资源中心服务系统. CALS 专题数据库高校特藏资源导航［EB/OL］. http://www.calis.edu.cn.

[3] 张永汀. 我国青少年研究者及研究机构的状况［J］. 上海青年管理干部学院学报，2013（3）.

[4] 鄂丽君. 高校图书馆特色馆藏建设的现状分析［J］. 图书馆建设，2009（12）.

[5] 王丽娟. 高校图书馆加强青少年特色文献资源建设的思考［J］. 现代情报，2011（2）.

[6] 钱永祥. 我国团校30年发展的历史思考［J］. 中国青年政治学院学报，2009（1）.

[7] 徐咏梅. 我国关于国外港澳台地区特色资源建设研究现状综述［J］. 图书馆界，2014（4）.

（本文作者为北京青年政治学院图书馆副教授）

关联主义视角下的青少年微型学习研究

李 雯

根据 CNNIC 颁布的 2015 年中国青少年上网行为研究报告显示，截至 2015 年 12 月，中国青少年（25 周岁以下）网民规模达 2.87 亿，占青少年总体的 85.3%，青少年网民使用手机上网的比例达到 90%。伴随着互联网及手机网络使用的快速增长，青少年的学习正在发生着巨大变化。网络社交媒体逐渐成为一种新的学习工具，大量微型学习内容涌现，青少年学习资源、学习方式发生了巨大改变。传统的行为主义、认知主义和建构主义学习理论难以表述移动互联网环境下学习的新特点和新趋势，关联主义学习理论为青少年微型学习的研究带来了新的视角和方法。

一、关联主义与微型学习

1. 关联主义学习理论

关联主义是由美国学者乔治·西蒙斯于 2004 年提出的适用于网络时代的学习理论。关联主义是对网络时代的学习行为和学习机制进行分析而提出的一种适应当前社会结构变化的学习理论。

关联主义的学习理论最主要有八条原理：（1）知识存在于节点之上，节点可以是数据、信息、知识、行为，也可以是个人、组织等；（2）学习是将不同专业节点或信息源之间建立联结的过程。学习者若能与学习的网络进行连接，就能获得更多的学习资源，更大地提高学习效率；（3）学习可以存在于非人的设备上。学习者可以通过电子设备进行知识的存储以及认知加工；（4）持续学习的能力比当前知识的掌握更重要。学习者"知道更多"的能力比"当前知道多少"更重要，知道"从何处寻找信息"的能力比"知道信息"更重要；（5）时刻建立或取消不同节点之间的关联，使其知识体系动态发展起来。学习者为促进持续性的学习，需要培育和维护各种连接关系；（6）学习需要提升搜寻有意义节点并建立连接的能力，学习者的核心技能是发现不同领域、思想和概念之间的联系；（7）学习的目的是为了促进知识的流通。学习是创造知识而不仅仅是汲取知识的过程；（8）决策本身也是学习的过程。选择学习什么以及理解新的信息，都是对变化的客观世界做出调整的过程。

西蒙斯关联主义学习理论的核心范畴是节点、连接和网络。节点可以是数据、信息、知识、个人、组织等。连接是节点之间任何形式的关联。网络就是各个节点的聚合。综合关联主义学习理论的八条原理可以得知，知识可以存在于学习者自身之外的实体上，学习是一个缔接个人社会知识网络的过程。学习者要善于发现不同节点、不同网络之间的联系，并且要培育和创建这种联系，将网络中的弱连接变为强连接。学习者个人和整个网络之间是双向促进的关系，知识流在节点和网络中流动和创造，学习者的知识库得以不断更新。

2. 微型学习的特点

微型学习的概念是由奥地利学习研究专家林德纳于 2004 年首次提出，并将其表述为一种存在于新媒介生态系统中，基于微型内容和微型媒体的新型学习。微型学习的特征主要表现在四个方面：（1）学习具有移动性。学习者使用移动终端设备获取学习信息和材料；（2）学习具有微型性。学习的内容短小，学习内容细化为一个一个的知识点，分割为适合零碎时间学习的学习组块；（3）学习具有泛在性。学习者可以在任何时间、任何地点，根据需要进行学习；（4）学习具有交互性。利用移动终端设备，学习者可以进行师生交互、生生交互、学习者与资源的交互。并且，移动终端设备中安装的各种社交软件，便于学习者之间进行交流，共同促进学习资源的开发。

二、关联主义对青少年微型学习的现实意义

1. 促进青少年学习方式的转变

知识爆炸时代，由于知识海量化发展，知识半衰期大大缩减，学习者难以全面掌握某一领域的最新知识。同时，社交媒体环境下，知识不再以线性方式分布，而是以网状形式交互分布在不同的结构和空间里。因此，青少年学习不仅需要知道"学什么"和"怎样学"，更需要知道"从哪里学"。青少年学习过程中，寻找所需知识，获得知识的途径，比掌握现有知识更为重要。

社交媒体环境下，青少年越来越多地习惯于使用移动终端设备在碎片化的时间内获取微型学习内容。在微型学习过程中，学习内容以小的知识组块或片段形式呈现，青少年学习者需要对大量流动的微型学习内容进行关联和结构化重组，进而内化到学习者个人的学习图式中。关联主义者学习理论所倡导的节点的连接能力正是青少年微型学习能力的核心。

在网络时代，区别于传统课堂正式学习的非正式学习成为青少年学习的重要组成部分。作为一种非正式学习的重要形式，微型学习主要发生于社交媒体中，学习成为一个不断交流和共建的过程，成了一系列不间断的个人与集体的互动行为。关联主义学习理论认为，个体之间知识的交流可以为群体的学

习网络做出贡献,群体的学习网络可以将更多的知识回馈给个人。青少年学习者通过共享的、参与的学习方式,由被动的知识接受者,变成积极的信息寻求者。

2. 指导课堂教学方式的转变

网络时代,青少年学习者的知识来源从教师和课本扩展到了网络资源。随着知识半衰期的缩短,随时随地进行高效学习成为青少年学习者的内在需要,而移动终端设备为这种需要提供了物质基础。更小模块的微型学习被广泛使用和欢迎,成为传统课堂教学所面对的挑战。

关联主义学习理论提供了传统课堂教学如何面对社交媒体环境下微型学习的思路。课堂教学要建设好知识存在的节点,将数据、信息、个人以及行为等都统筹为具有知识内容的节点,通过微课程等形式充实、建设节点。教师要促进学习者更有效、更开放地搭建节点之间的连接,将弱连接变为强连接,有目的地引导学生构建个人知识网络。

3. 推动创新型人才的培养

青少年在社交媒体环境下进行微型学习,随时可以分享最新信息和知识,也可以自己设计和发布信息,在快速流动的海量信息中建立关联,对个体的知识网络进行加工、整合、重组、再造,进而创造个性化理解。

关联主义学习理论认为,学习是关联、构建个人知识网络。青少年在微型学习中,确定了知识需求,通过微型学习设备和软件获取知识并且建立了知识节点的连接,将知识进行个性化的存储、传播、运用、创新。这种开放的、动态的知识网络构建过程,提供了创新思维的发展平台,促进青少年成为知识的发现者、探索者和创造者,推动了创新人才的培养。

三、关联主义视角下青少年微型学习的建构

如何在社交媒体环境中构建青少年的微型学习,关联主义学习理论提供了有益的视角和方法。关联主义主张学习即连接节点,构建知识网络,青少年的微型学习系统构建则可将重点环节放在确定知识节点,建立连接,形成知识网络上。

1. 确定知识节点,明确学习需求

青少年网民使用手机上网的比例达到 90%,大量青少年通过手机网络进行娱乐和信息搜索,这个过程有意无意都会包含学习的要素,也就是微型学习产生的现实基础。微型学习的内容一般都比较短小,学习时间和空间比较灵活,如果要使得学习有效,就要明确学习需求。

青少年进行微型学习的过程,应将起点定位于分析、明确自己的学习需求。关联主义学习理论认为,知识存在于节点之上,因此,青少年微型学习首先要确定知识节点。节点可以是数据、信息、知识,行为,也可以是个人、组织等,这

些节点内含了知识信息。青少年个体根据自己的兴趣爱好、学习需求、已有知识结构，明确知道自己需要学习什么知识，以此对节点进行选择和过滤。

2. 建立连接，获取学习资源

明确了学习需求，也就设置了知识节点的过滤器。青少年微型学习的重点是建立不同节点的连接，通过建立或者取消节点之间的关联，获取更多需要的学习资源，使自身知识体系动态发展起来，提高学习的效率。社交媒体为青少年微型学习的节点连接搭建了非常便捷的技术平台。青少年通过各种即时通信工具，例如QQ、微信等，可以实时高效便捷地与相关领域专家、教师进行沟通、探讨。通过微博、博客、社交网络平台等关注专业组织、专业学者的动态，学习发布的资源，同时也发布自己的学习成果。

3. 形成网络，构建学习模式

通过节点以及节点之间的相互连接，就构成了小的学习网络。从宏观角度看，这些小的学习网络可被视为更大网络的节点，继续进行连接，进而形成新的更大的网络。如此循环扩展，就建构起个人整体的学习网络。学习网络构建的规模和质量，会对持续学习产生有益的影响。

根据学习需求的变化，学习者时刻建立或取消不同节点之间的连接，能够使自身知识体系动态发展起来。学习者若要保证持续学习，就需要培育和维护节点之间的连接，保持学习系统动态平衡。

青少年通过博客、微博、微信等社交软件，关注学习信息，掌握相关学习领域的动态，同时也发布自己的学习体会，与教师或者其他学习者进行互动，促进隐性知识转化为显性知识，显性知识整合到自己的隐性知识框架中，加强知识的流通，在学习网络中创造新的知识。

参考文献

[1] [美] 乔治·西蒙斯. 网络时代的知识和学习——走向联通 [M]. 詹青龙，译. 上海：华东师范大学出版社，2009.

[2] 乔治·西蒙斯. 关联主义：数字时代的一种学习理论 [J]. 李萍，译. 全球教育展望，2005（8）.

[3] 卢洪艳，钟志贤. 关联主义视域下的个人知识管理 [J]. 远程教育杂志，2012（4）.

[4] 周忍，钟志贤. 关联主义：改造我们的学习 [J]. 江西广播电视大学学报，2011（2）.

（本文系北京市社会科学基金研究基地项目"社交媒体环境下的首都青少年微型学习研究"[14JDJYC003] 研究成果，作者为北京职业教育与人文北京研究中心副研究员）

北京青年金融消费的特点及发展建议

韩文琰　李一妃

金融消费是指人们为满足自身消费需要，而享受金融服务或购买金融产品的行为。金融服务和金融产品的多样化、电子化，思想开放、易于接受新事物和新消费观念的青年已成为现代金融消费不可忽视的群体，再加之部分青年消费理性缺失、风险意识薄弱等特征，导致该群体的金融消费有别于其他群体的金融消费，因此研究青年的金融消费不仅有利于帮助青年进行理性消费、合理消费和安全消费外，还有助于进一步降低金融机构的经营风险，从而推进金融消费市场的安全运行与发展。但从现有文献看，对青年金融消费这一影响金融业发展的特殊命题，仍未引起理论界的重视，仅有数字 100 市场研究公司（2010）对 60 后、70 后和 80 后的中青年金融消费偏好、金融消费关注因素、金融消费行为等进行调查研究，得出三个年龄段的中青年具有不同的金融消费理念和金融消费风险意识，金融机构应该对不同的金融消费群体开发和营销不同的金融产品和服务。该研究对了解青年金融消费做了有益尝试，但仅仅从年龄上分析金融消费的差异，并未考察不同年龄段青年的知识储备情况、收入状况等因素。本文正是借鉴数字 100 市场研究公司的研究，进一步细化分析影响青年金融消费的因素，旨在对更多的人研究青年金融消费抛砖引玉。

一、调查基本情况

从金融消费的定义可见，金融消费的主体必须具有一定的收入，而且具有民事行为能力，因此本文以北京 18 周岁以上（已经参加工作）40 周岁以下人群为研究对象，采用便利抽样和滚雪球抽样两种方式，对北京市东城区、西城区、朝阳区和海淀区的国有大型企业集团、高新技术领域、政府党群机关、卫生系统、高校系统、新闻单位、科研院所等的 1649 名青年发放问卷，回收 1474 份，扣除不合格问卷 157 份，有效回收问卷 1317 份，有效回收率为 79.87%。1317 位被调查者中男性 681 名，女性 636 名，比重分别为 51.71%和 48.29%。此外，对有效回收的 1317 份调查问卷按照学历、年龄、平均月收入等标志进行分类统计的结果如表 1 所示。

表1 北京青年金融消费调查学历、年龄结构表

月收入（元）	人数（人）	比重（%）	学历	人数（人）	比重（%）	年龄	人数（人）	比重（%）
2000以下	113	8.58	博士研究生	197	14.96	18～25	201	15.26
2000-4000	176	13.36	硕士研究生	461	35	25～30	388	29.46
4000-6000	384	29.16	本科	510	38.72	30～35	417	31.66
6000-8000	361	27.41	专科	105	7.97	35～40	311	23.61
8000-10000	182	13.82	无	44	3.34	合计	1317	100
10000以上	101	7.67	合计	1317	100			
合计	1317	100						

二、北京青年金融消费的特点

根据本次调查整理结果，北京青年金融消费有如下特点：

1. 年龄和性别差异折射出北京青年金融消费的理性与风险同在。被调查的北京青年在选择金融消费时普遍关注金融产品的风险性、收益性和流动性，但年龄、性别不同对金融消费的关注点有所不同，一般而言，年龄越大其金融消费经验越丰富。年龄越大（35～40岁，下同）的女性消费者越青睐风险较小、回报率比较稳定、流动性较好的金融产品，63.75%的被调查者选择银行储蓄存款或定期存款，依次为保本增值理财产品（52.61%）、余额宝等互联网金融产品（21.84%）、基金（13.57%）、股票（11.18%）等（由于调查问卷中的选项为多选题，因此这些选项的比重合计不为100%），并且她们认为在银行或金融机构办理业务风险较小，因此她们更愿意选择实地金融服务而不选择网络服务。追求时尚，年龄较小（25～30岁，下同）的男性或女性消费者都更加喜欢高风险、高收益的金融产品（由于18～25岁青年金融消费较少，因此此处选择25～30岁的青年进行统计），尤其热衷于互联网金融中的新型金融产品和金融服务（男性68.12%、女性60.33%），依次是股票（男性32.11%、女性26.31%）、基金（男性28.64%、女性22.15%）、保本增值理财产品（男性23.26%、女性42.91%）和储蓄或定期存款（男性18.07%、女性30.54%），并且有9.16%的男青年无活期存款。年龄较大的男性金融消费者则在金融消费中最具有理性，尽管他们也比较倾向于务实的金融服务和稳健的金融产品，但与同年龄段的女性金融消费者相比，在出现金融产品亏损时，他们宁愿等待或观望也不愿意盲目以低价赎回。同样，在金融服务选择上，年龄较大的青年更加务实，比如对于银行卡或信用卡的办理上，更加关注银行知名度和安全保障措

施（69.33%），依次为网店的多寡（51.42%）、服务费用（44.67%）、服务态度（35.82%）、服务效率（19.53%）、促销活动（16.75%）和卡片、优盾等外观（6.97%）等。

表2 不同年龄段青年对金融产品消费关注的因素

年龄（岁）	性别	银行储蓄存款或定期存款	保本增值理财产品	余额宝等互联网金融产品	基金	股票	产品公司的实力或背景	亲戚、朋友介绍	宣传及广告
18~25	男性	72.66%	9.78%	26.59%	2.05%	0.92%	43.75%	65.48%	25.31%
	女性	78.93%	6.49%	22.17%	1.11%	0	35.18%	73.26%	21.22%
25~30	男性	18.07%	23.26%	68.12%	28.64%	32.11%	63.27%	49.40%	36.53%
	女性	30.54%	42.91%	60.33%	22.15%	26.31%	56.45%	53.27%	30.42%
30~35	男性	25.16%	37.50%	56.69%	20.45%	23.94%	61.32%	46.15%	39.67%
	女性	32.44%	42.17%	52.12%	17.38%	19.26%	57.11%	50.71%	34.05%
35~40	男性	42.18%	37.69%	30.24%	6.22%	12.36%	43.89%	33.56%	26.15%
	女性	63.75%	52.61%	21.84%	13.57%	11.18%	49.58%	50.77%	32.12%

2. 知识储备、工作性质和收入水平是影响北京青年金融消费理性与风险的内在因素。表面上看，北京青年金融消费差异由年龄差异引起，为分析问题的本质，本文进一步调查了不同年龄段青年金融消费的特性，发现知识储备、工作性质和收入水平是影响青年金融消费理性的深层次原因。

首先，知识储备越多的青年在金融消费时越谨慎，并且越有利于克服金融消费观念的不成熟与金融消费中的短视行为。一般而言，青年思想活跃，对市场的金融消费变化比较敏锐，对市场变化的适应性强，喜欢追求个性化需求，但其计划性不强，因此更注重短期利益。但本文的调查发现，具有博士、硕士学位的青年在金融消费时往往要货比三家，从长远的角度考虑问题，更喜欢选择中长期金融产品和务实的金融服务；相比较而言，学历低的专科生或无学历人员更加注重短期利益，甚至对长期的不确定性持有敌视或恐慌态度，因此不喜欢中长期金融产品的选择，同时在金融产品或金融服务的选择上易受他人影响，表现出较强的"羊群效应"，73.47%的无学历、专科学历青年跟随朋友、同事或亲人选择金融服务或金融产品，而具有本科学历的青年（以下简称本科学历青年，其余的类推）、硕士学历青年和博士学历青年则很少跟随朋友、同事或亲人选择金融服务或金融产品，其比例分别为 45.14%、23.66%和9.01%。此外，在出现金融消费风险时，学历高的青年更喜欢选择法律维权，而学历低的青年则往往选择多一事不如少一事的态度，放弃维权。

其次，收入水平与金融消费风险呈 U 形曲线。平均月收入水平较低的青年（4000 元以下），其多数资产主要来源于父母等长辈，尽管有一定的金融消费意识，但其计划性不强，短期消费需求（如买房、租房、买车等）比较强，有时在互相攀比、急于求成等心态下容易铤而走险，因此这部分青年看重短期利益的同时，往往轻视或无视风险的存在。相比较而言，收入较高的青年（8000 以上），他们往往有一定的生活积蓄，并且对未来收入有较好的预期，因此在金融消费上也比较喜欢高风险、高收益的金融产品。剩余收入在 4000 元至 8000 元的青年，其收入主要用于日常生活，并且一般不愿破坏其比较宁静的生活，因此喜欢选择比较保守和稳定的金融产品和金融服务。

最后，工作性质影响青年金融消费的风险意识，从而影响其风险态度及消费行为。笔者在问卷调查基础上，走访了解了北京地区一些金融机构、国有企业、民营企业、高校、科研院所、党政机关等几家性质不同单位的青年，发现不同机构的青年有比较严重的互相攀比现象，而这种现象为金融消费风险埋下隐患。比如一家银行的几名青年尽管收入不算很高，但他们认为时装品牌、手表品牌、汽车品牌等等对其开展业务有很大影响，因此他们不惜用贷款、分期付款等手段取得资金满足当下消费。

三、北京青年金融消费发展的几点建议

综合本文的调查结论，笔者认为北京青年金融消费既能在一定程度上引领北京金融业的发展，但又由于青年消费观念尚未形成、消费计划性差、消费风险意识薄弱等，他们的非理性消费可能影响北京金融业的健康发展，因此为合理引导北京青年消费，促进北京青年金融健康发展提出如下建议：

1. 政府抓紧金融体系改革的同时，建立健全相关法律制度，营造良好的金融消费环境，保障青年金融消费者的切身利益

首先，政府应该尊重事物发展规律，在不排斥、不袒护传统金融机构的同时接受新型网络金融的出现，依据两种金融方式的不同特点，进行恰当融合，稳定金融市场，严控信用风险，加强立法，保证金融消费者的利益不受侵害。

其次，完善市场，充分发挥金融行业各组织的作用，监管好金融行业的同时，维护良好秩序，避免行业内恶性竞争，并且积极思考创新更加完善的金融体系，建设好金融系统，为青年金融消费的健康发展营造好的环境。

2. 金融机构认真调研青年对金融消费的需求，有目标地加大产品、服务的开发力度和营销力度，积极做好宣传教育工作

首先，金融机构面对追求个性化的青年金融消费群体，要进一步细化金融产品和金融服务功能，尽力做到金融产品、服务开发与营销因人而异，同时

在金融产品和金融服务开发中应注重风险的控制与规避，注重效益和成本的考察，避免不顾效益和成本的恶性竞争。

其次，男性较大年龄的青年是金融消费发展中较有定力的群体，他们在某种程度上可以起到稳定市场的作用；而较小年龄的青年崇尚时尚的心理可以促进互联网金融及其他新型金融产品发展的同时，但其金融风险不容忽视。因此，加大对男性较大年龄青年的吸引，积极引导较小年龄青年合理、理性选择金融消费是金融机构推进青年金融消费发展的关键。

最后，通过书籍、宣传册等一系列平面媒体加大对金融产品、金融服务的介绍力度，让青年熟知这些金融产品和金融服务特点，以及适宜对象等信息，让更多的青年参与到理性选择、理性消费中，从而降低或规避青年的金融消费中的逆向选择和道德风险。

3. 青年金融消费者要强化风险意识，合理安排资金

对青年金融消费者而言，首先应该从小抓起，引导建立正确的金融消费观，在自己进行判断的情况下，合理选择适合自己的金融产品和金融服务；其次保持理性的头脑，不轻信一些空高的投资收益承诺，理性分析投资前景，根据自身收入等实际情况做出合理选择，同时提高自我保护意识，学会用法律武器保护自己；最后，适当学习金融知识，认真研读金融产品和金融服务介绍条例，合理进行资产组合，有效规避金融非系统风险。

参考文献

[1] 资料来源：http://baike.baidu.com/view/8679804.htm?fr=aladdin.

[2] 数字100市场研究公司. 60后70后80后金融消费调查 [J]. 金融博览（银行客户），2010（9）.

（本文第一作者为北京青年政治学院管理系副教授）

情绪社会化与青少年价值观形成

董 辉

情绪不仅是人们感受世界及理解世界的媒介，也是人们行为的重要动力源泉。在青少年成长过程中，情绪的发展规律遵从由简单到复杂的形式，随着个体社会经历的丰富而不断丰富。由于青少年理性思维与社会价值观尚未完全形成，也缺乏对情绪的自省，同时，情绪活跃度处于高峰期，因此青少年在情绪上具有多变性的特点。

一、情绪的社会化发展

情绪是每个人的"天赋"成分，与生俱来，挥之不去，形影相伴，每个人都有自己的情绪特点，这是个人情绪的"内因部分"，内因和外因相互作用才构成完整的个人情绪。内在的情绪和外部社会相互作用，即情绪的社会化发展。

个体在成长过程中的情绪会随个体成长而分化复合，并由低级向高级，由简单向复杂过渡。伴随着意识与思想的不断丰富，社会实践经验的累积会形成种种价值判断，这些判断再经情绪的同化与整合形成价值观。在情绪社会化过程中，实践起着决定性作用。在实践中只有符合自身情绪评价标准的事物，才会被自身情绪同化与肯定，并形成稳定的价值取向判断。

对于社会实践较缺乏的个体（不局限于青少年），其情绪评价与认定的标准一般只表现为简单的"是否符合自我的喜好"，或是"利我还是利他"的判断。从根源上来说，这个评价与认定的标准源自于维护个体的存在与延续的本能，是生物竞争的遗存，无可厚非。

影响或决定情绪社会化进程的主要因素有家庭氛围，社会风气氛围，文化氛围，社会规则，社会角色及角色丛等。家庭氛围是情绪社会化的起点，对青少年个性及价值取向形成具有首要作用；社会风气氛围及文化氛围，代表着一个社会的文明程度，是情绪社会化的环境决定因素；社会规则是青少年成长的硬性约束条件，也是情绪社会化的一个不可逾越的准绳；社会角色是情绪社会化过程中的一个重要节点，对青少年内在价值观的跃升具有重要推动作用。

情绪社会化是一个由内而外，再由外而内的过程，这个过程不但伴随着知识与思想的不断丰富，也伴随着价值观的不断形成。家庭氛围，社会风气氛围，文化氛围，社会规则构成了情绪社会化的外部环境因素，社会角色则与价值观的形成密切相关。厘清情绪社会化的一般特点与过程，有助于青少年健康成长与素质提升，亦有助于青少年价值观的塑造。

二、情绪社会化发展与社会价值观建立

个人本能价值观是社会价值观的基础，离开了个人本能价值观，社会价值观亦不会产生。社会价值观是本能价值观的升华，是个人基于整个社会或国家利益基础上形成的价值观。

个人本能价值观告诉个体如何在生物竞争中生存与延续，社会价值观告诉我们一个社会如何长治久安，一个民族如何永续经营。因此，整个社会或国家相当于一个由社会全部个体构成的"大人"。这也是一个国家和社会最大的政治，也只有站在这个高度，才会清楚地领悟如何理顺本能价值观与社会价值观间的关系，才能更清晰地看到社会成员的社会化方向，才能更清楚地知道我们这个社会应该倡导什么，应该反对什么。

由此，个人本能价值观与社会价值观是个体与整体的关系。情绪社会化是价值观诞生的前提与基础，对于理性思维尚未完善的青少年来说，对某种价值的肯定或否定都离不开情绪的作用。一旦肯定情绪（喜欢或接受）与外部事物形成稳定的结合或对应，价值观就会随之诞生。反之，一种价值观念的有效传播，也会使个体产生相应的价值观念。这一点对校园政治思想教育具有重要启示，一个理念或一种价值的阐发能否被受众情绪所受纳是衡量教育效果的重要标准。

对于许多青少年个体来说，情绪社会化过程多是在潜移默化中完成的，情绪教育仍属校园教育的一个空白。此外，青少年因缺乏情绪教育及情绪疏导而产生的令人扼腕的事件时有发生，这种现象说到底就是情绪社会化欠缺以及由此引发的价值观的错位。

情绪社会化是青少年价值观形成的前提，也是促进青少年个人价值观向社会核心价值观飞跃的必由之路。只有立足于此，才能最大程度上发挥社会核心价值观的引导作用，促进青少年完美身心向自主人生迈进。

三、以社会主义价值观为引导促进青少年向自主人生迈进

我们可以把情绪看作独立于外部世界的一种精神活动，种种情绪状态只有投射于外物之上，才表现为诸如喜怒哀乐等种种情感。情绪状态需要投射于外物上的要求，为青少年塑造价值观念提供了可能。从青少年情绪演变特点出发，可以发掘促进青少年向自主人生迈进的情绪社会化之路。将一个社会所倡

导的正确的价值观内化于自身，并自觉指导个体的社会实践活动。

个体源于本能的价值观不是一成不变的，也会伴随社会化的进程而产生质的飞跃。适时促成青少年本能价值观向社会价值观飞跃，完成价值观上的小我向大我的飞跃，是当代青少年教育的重要课题。

中华文明是延续了五千年的文明，中华文化也是世界最优秀的文化，先哲们的思想诸如"人与自然和谐相处""天人合一"等传承至今已结出了丰硕成果，正引领中华民族向生态文明迈进，并彰显出一个民族的强烈自信心。

党的十八大提出，倡导富强、民主、文明、和谐，倡导自由、平等、公正、法治，倡导爱国、敬业、诚信、友善，简洁的 24 字涵盖了社会主义核心价值观的核心内容。

富强、民主、文明、和谐是国家层面的价值目标，自由、平等、公正、法治是社会层面的价值取向，爱国、敬业、诚信、友善是公民个人层面的价值准则。既阐明了社会主义核心价值体系的内核，也体现出社会主义核心价值体系的根本性质和基本特征，反映出社会主义核心价值体系的丰富内涵和实践要求，是社会主义核心价值体系的高度凝练和集中表达，也是对每一个社会成员价值观形成的引领与要求。

社会主义核心价值观是人类社会永续经营的基础，是社会长治久安的基本要求。社会主义核心价值观既蕴含着先哲的智慧，也反映着时代的特征，同时，也是对青少年社会化的重要指引。

综上所述，情绪社会化是个体社会化的起点，也是个体社会化的立足点与着力点。适时对青少年进行情感教育，才能从正面促进个体价值观由本能价值观向社会价值观飞跃。社会主义核心价值观是上承先哲智慧，下合时代需求的先进理念，是人类社会永续经营，社会长治久安的基本要求。青少年正处于价值观形成的关键节点，只有适时以社会主义核心价值观为引领才能促进其价值观的飞跃。将社会主义核心价值观内化于心，外化于形，才能实现个体的最大社会价值，使广大青少年实现向自主人生的飞跃。

参考文献

[1] 孟昭兰. 情绪心理学 [M]. 北京：北京大学出版社，2005.

[2] 江可达. 益智情绪学 [M]. 北京：人民出版社，2008.

[3] 戴维·波普诺. 社会学 [M]. 北京：中国人民大学出版社，1999.

[4] 郑杭生. 社会学概论新修 [M]. 北京：中国人民大学出版社，2003.

[5] 吴忠民，刘祖云. 发展社会学 [M]. 北京：高等教育出版社，

（本文作者为北京青年政治学院医务

女性青少年成长过程中的"林黛玉困境"

杨茂义

林黛玉是《红楼梦》中的悲剧人物。文学批评往往将林黛玉是作为封建文化的叛逆者,她的悲剧也被说成是对封建社会的控诉。这种评价当然也是言之有理。但是,人们在评论人物时,往往把人物当作成人对待,评论其是是非非,忽略了人物的年龄特征。和贾宝玉、薛宝钗等人一样,林黛玉进贾府不过十来岁,林黛玉从进贾府到死亡,正处于由少年到青年的成长阶段。在这个意义上说,《红楼梦》也属于成长小说,它记录了一群贵族少男少女的成长史。他们的悲欢离合,都带有青春期的精神特征。林黛玉的痛苦忧郁,是青春期的痛苦忧郁。林黛玉陷入这种忧郁不能自拔,最后死于非命,也可视为那个时代青少年成长过程中遭遇的精神困境。虽然时过境迁,但是,林黛玉身上表现出来的病态人格,在青少年成长过程中带有普遍性,许多青少年在成长过程中也不同遭遇了林黛玉困境。因此,审视林黛玉的成长和精神悲剧,对于研究青少年成长的种种问题,也有借鉴意义。

一、林黛玉困境解析

林黛玉困境实际上是青春期的交往困境。从童年进入少年,再由少年进入青年,交往实际上是青少年成长的重要途径。亲情、友情、爱情是青少年交往情感的基本需求,也极容易引发种种烦恼。林黛玉进贾府,是她告别童年后人生的新阶段,但她一开始就陷入亲情、友情和爱情带来的种种烦恼。在她成长过程中,这种烦恼非但没有解脱,反而是不断加重,由此她也陷入了人生困境。

林黛玉首先遇到的是亲情之困,进而发展到友情之困和爱情之困。失去双亲的痛苦似乎成为林黛玉一切痛苦的起点。问题是,没有双亲的黛玉被外婆家收留,一般情况下,这可以成为父母之爱的替代品。但是,林黛玉即使在外婆家也依然感受不到温暖和幸福,反而常有寄人篱下的辛酸。"一年三百六十日,风刀霜剑严相逼"竟是她在外婆家的深切感受。她把自己比喻为四处飘飞的落花,无人赏识无人爱怜,在闺阁世界中找不到知心朋友。和人见人夸的薛……得很孤立。薛宝钗没有敌人,林黛玉没有朋友。姐妹间林黛玉说得上话的人不多，没有一个可以真心倾吐内心的对象。林黛玉和宝钗始终处于冲突和防范的关系中，和史湘云也经常冷嘲热讽，和迎春、探春、惜春这样接近至亲姐妹的人也是没有交心的可能。林黛玉由此与周围人渐行渐远，甚至连与外婆贾母也对她失去热情，"不得于姐妹，不得于舅母，并不得于外祖母"，是她的真实处境。

爱情是林黛玉最大的寄托，也是最大的痛苦。痛苦的原因并不仅仅发生在贾母等人的棒打鸳鸯，让有情人难成眷属，更存在于爱情的过程中。她与贾宝玉有着木石前盟的前世姻缘，一见面就似曾相识，此后的日子里也渐渐心心相印，于是彼此便将对方看成心上人。但是，爱情也成了她痛苦的包袱，但是，林黛玉的爱情是痛苦的。一是她总是担心贾宝玉见了姐姐忘了妹妹，因此有求全之毁。更重要的是她困惑于父母不在，无人做主，因此经常陷入痛苦的内心纠结。林黛玉一生中最怕失去的就是贾宝玉，但是，最终却没有得到贾母的认可。失去了贾宝玉。致命的一击让她进入花落人亡两不知的悲惨结局。

清代涂瀛在《石头记论赞》中总结说："人而不为时辈所推，其人可知矣。黛玉人品才情，为《红楼梦》最，物色有在矣。乃不得于姊妹，不得于舅母，并不得于外祖母，所谓曲高和寡者，是耶?非耶?宁语云：'木秀于林，风必摧之；堆出于岸，流必湍之；行高于人，众必非之，其势然也。'于是乎黛玉死矣。"林黛玉确实有人格上的纯粹性和独立性，这也是她与环境格格不入的原因之一。但是，单纯地将林黛玉的困境归结为"木秀于林，风必摧之"，也忽略了林黛玉困境的个人原因。林黛玉的困境实际上也是她自身的心理困境。她的痛苦包含着自我放大的成分，她的孤独，隐现着自我孤立的高墙。

在贾府，林黛玉并非没有得到亲情的关爱。贾府固然充满了复杂的人际关系和利益关系，且不说贵族阶级的道德堕落，但就是贾府上下为了各自利益而明争暗斗，处处充满虚伪和算计，就显示出末世的气象。就个人和时代的关系而言，林黛玉的时代是一个黑暗的时代。但是，贾府中的种种矛盾和斗争，首先不是直接针对着林黛玉的。林黛玉作为一个贾府外甥女，在贾府得到了很好的照顾。贾母对于黛玉一开始是呵护有加的。贾母一见到林黛玉就痛哭失声，表明她对黛玉的同情和爱怜，因此，她对黛玉的关照超过了贾府中的小姐。"寝食起居，一如宝玉，迎春，探春，惜春三个亲孙女倒且靠后"，听说贾宝玉和黛玉拌嘴吵架，贾母心中也担心，为这两个不省心的冤家操心，贾母甚至有过成全宝玉和黛玉婚姻的想法。王熙凤对待林黛玉也没有恶意的算计，她和黛玉开玩笑也都是善意的。林黛玉在内心中最不信任的大概就是薛宝钗了，但是，在她们的矛盾中，经常处在攻击位置的是林黛玉。王夫人不喜欢黛玉，但是，也没有主动去伤害林黛玉。姐妹之间也基本上能够和谐相处。根本看不到所谓的"风刀霜剑"。但是，林黛玉对自己的身世特别敏感，想的更多是自己的孤儿身份，总是觉得没有人关心和保护。一遇到挫折，就联系到自己的身份，油然生出寄人篱下之感。第二十六回，林黛玉听见贾政叫了宝玉去了，一天没回来，边想去问问怎么样了，可叩门的时候，因为晴雯不开门，有一段描写：林黛玉听了，不觉气怔在门外，待要高声问他，逗起气来，自己又回思一番："虽说是舅母家如同自己家一样，到底是客边。如今父母双亡，无依无靠，现在他家依栖。如今认真淘气，也觉没趣。"一面想，一面又滚下泪珠来。在感情交往上，林黛玉总是以自我为中心，总是将自己放在中心位置，在潜意识中总是要求他人把自己放在第一位，否则就是不真诚。第七回，周瑞家的受王夫人之命送元春赏赐的宫花，当时黛玉不在自己房中，而是在宝玉房中解九连环。周瑞家的进来笑道："林姑娘，姨太太着我送花儿与姑娘带来了。"黛玉便问道："还是单送我一人的，还是别的姑娘们都有呢？"周瑞家的道："各位都有了，这两枝是姑娘的了。"黛玉冷笑道："我就知道，别人不挑剩下的也不给我。"送宫花这样一件不大的事情，林黛玉居然计较先后，直接把自己放在被人嫌弃和歧视的位置上，恶言相向，宫花不但没有给她带来信息，反而让她感到自己的孤独。多少有些小题大做。因此脂砚斋点评说他心中没有"丘壑"。这种没有"丘壑"，实际上是自我防卫过当的表现，林黛玉在贾府总是有一种不安全感，总是觉得自己一直处在被人攻击和算计的圈套中，因此，每遇到自己不顺耳不顺心的事情，就尖酸刻薄，毫不留情。处处留心。有一次，王熙凤开玩笑说一个小旦长得像一个人，心直口快的史湘云直接说像林妹妹，此事在黛玉心中引起很大的不快，耿耿于怀，在贾宝玉面前疯狂发泄。对于贾宝玉的态度，林黛玉更是庸人自扰，贾宝玉对她的爱是全心全意的，她不止一次地表白，除了老太太、老爷、太太，林姑娘就是她最在意的，请求林黛玉放心。林黛玉却总是不放心，整天心事重重，折磨自己也折磨别人。遇到重大挫折时，林黛玉不是抵抗，而是退却，用自我折磨的方式摧残自己。可以说，林黛玉每天都生活在痛苦的阴影中无法自拔，也与她自己给自己制造痛苦有关。

二、林黛玉困境的心理学分析——自恋到偏执

林黛玉困境既是社会学问题，也是心理学问题。从心理学角度看，陷入精神困境不能自拔，敏感多疑、人为放大自我痛苦的倾向，是自恋的表现，这种自恋性的极度发展，必然产生人格偏执。林黛玉在成长的过程，没有能够克服自恋，反而因自恋走向自虐，存在着严重的人格偏执。她受到的伤害，不仅来自社会环境，也来自自我折磨。

"自恋"一词源于古希腊神话故事,说的是一位叫纳西塞斯的青年因爱上自己的水中倒影,跳下水去想拥抱而溺水而死,这种顾影自怜的行为被后人称为自恋,或者叫"纳西塞斯情结(Nareissim)"。自恋是个体对自身、自身想象以及自身在他人心目中的地位的过分专注和痴迷。对自身重要性有夸张性认知以及强烈的自我优越感。自恋者有较强的特权意识,一方面有较高的显性自尊,另一方面,在感受到威胁和遭遇挫折后,会产生高度愤怒,对他人产生敌意甚至攻击,缺少随和性。隐形自恋者将注意力集中在内心的自我感受和自我扩张,但他们往往对环境缺少抵抗力,常常产生自卑感和不安全感,幸福感较低。

林黛玉的精神困境,也带有鲜明的自恋色彩。孤芳自赏,顾影自怜,对别人求全责备,总觉得比人对自己不真诚,总觉得自己的价值没有被别人认可,因此将自己看成最不幸的人,并将自己不幸的责任归咎于他人。是林黛玉的精神特征。正是在这种自恋意识的不断发展,才导致了林黛玉巨大的精神痛苦。心理学认为,人对自我的关切是与生俱来的,每个人身上都不同程度地存在着自恋情结。但是,正常情况下,随着自我和社会的交往,自恋意识会逐渐淡化,至少不会成为主宰自己人格的力量。因此,人的成长过程实际上也是克服自恋的过程。自恋之所以没有被克服而且变成一种精神性症候,是因为原有的自恋能量未能在交往中释放,转换成交往的力量。弗洛伊德认为,自恋的原因是本能性能量被迫从对象世界撤回后,力比多无法找到返回对象的路径,于是将全部能量转向自我。这个原理是说,自我作为一个交往主体曾经有在客体对象上释放能量的愿望,但是,这种愿望被拒绝或者是主体无力抵达客体,这种能量的返回必然是带着挫折和不愉快的。对于林黛玉也是如此,从主观上讲,林黛玉自幼就拥有自我优越的资本。一是她出身官宦之家,书香门第,从小又娇生惯养,父母因为膝下无子,因此是把她当作小子养的,受到极多的宠爱,受宠容易引发自我中心;二是林黛玉天资聪慧,才华出众,来到贾府后,其才学也在姐妹兄弟中出类拔萃,这无疑也让她自视甚高,经常瞧不起别人。刘姥姥这样的村妪被她贬为"母蝗虫",就连北静王这样的达官显贵也被她称为"臭男人"。大观园姐妹平日朝夕相处,但是,她对她们,也是挑毛病,冷嘲热讽。林黛玉虽然因此保证了自我的独立,但也让她因自负变得格外孤立;三是失去双亲导致了她向自我的主动回撤。林黛玉之所以有寄人篱下之感,主要是因为她失去了对双亲的依靠。在需要双亲陪伴和保护的年龄,失去双亲让她更加敏感于自我的命运,担心受到伤害。因此,她即使住在外婆家,也要把自己和别人区别开来,始终将自己当作贾府的"外人",无法融入贾府社会中。因此,防范意识也比较强烈。此外,文人气息是林黛玉走向自恋的助推器。文人向来都有自恋倾向,感伤身世、孤芳自赏,历来都是文人气的特征。

文人在审视自己的时候，往往能用审美的或者哲学的方式，将自己的情感身世极端化。这在审美上可能造成极致的美，但在心理学意义上，她也容易让人格走向极端。林黛玉也经常将自己的境遇审美化，并由此将自己夸大为人间对大的受难者。《葬花吟》就是这种诗化、哲学化和审美化的具体表现。葬花是因为在她眼中，花是高贵纯洁的象征，对花的欣赏也代表着自己的欣赏，葬花是对花的命运的同情，也是对自己的同情。"今年葬花人笑痴，明年葬吾知是谁。"简直就把花与自己融为一体了。诗化的文人化的表达加深了林黛玉孤芳自赏的自我感觉，同时，也将她对自我不幸的感受大大提升了，自恋情结正是在对现实困扰的诗化感受中走向偏执。客观上说，贾府也没有为林黛玉提供一个很好的成长环境。封建社会对青少年成长的关注是由局限的。他们只是关注外部成长，关注他们如何按照社会的规矩成长，忽略了他们的内心世界。贾府虽然给了青少年优厚的物质环境，但是，对他们的内心需求是漠不关心的。如果说是有关心的话，那也是不容许他们有内心需求。林黛玉虽然住在外婆家，但是，得不到亲人一样的情感交流。和贾宝玉相爱并白头偕老是林黛玉最大的情感需求，但这个需求在贾府中是不能容许的。贾府不能让后代自己安排自己的命运，这一点，林黛玉是知道的。因此，她的诉求不会被认可，她只能提心吊胆，恐惧地等待命运的安排。这样的境遇中，她陷入困境不能自拔也是在情理之中的。

林黛玉的精神困境给她的成长带来了严重的后果。一是加重了她的精神负担，偏执型人物因为只相信自己，因此，当他们处在困境时候，很少求助别人，而是独自咀嚼痛苦，在咀嚼的过程中，将痛苦放大，最后走向绝望，并容易通过自虐的方式表达对人生的绝望情绪。林黛玉也是，每当遇到痛苦时，就无法自拔，时间一久，成为常态，便没有人关心理会，连亲近丫头也是如此："紫鹃雪雁素日知道黛玉的情性：无事闷坐，不是愁眉，便是长叹，且好端端的不知为着什么，常常的便自泪不干的。先时还有人解劝，或怕他思父母，想家乡，受委屈，用话来宽慰。谁知后来，一年一月常常如此，把这个样儿看惯，也都不理论了。所以也没人理，由他去闷坐，只管睡觉去了。"这主要是因为放不下，放不下使林黛玉每天都处在精神抑郁中，生活的幸福感荡然无存。二是不断地使自己走向孤立。由于偏执而导致对他人的不信任，这种不信任造成在交往中的排他性，也不能在周围找到知心朋友。林黛玉没有朋友，是她的真实处境。三是精神折磨导致了肉体的毁灭。精神折磨必然影响到肉体。林黛玉的悲剧不仅是精神悲剧，而且也是肉体生命的悲剧。小说特意让她先天不足，从小就体弱多病。而多病往往和多心有关。每当她生气郁闷时，病情就加重。王太医在给她瞧病时说的那样："即日间听见不干自己的事，也必要动气,且多疑多惧。不知者疑为性情乖诞,其实因肝阴亏损,心气衰耗,都是这个病在那里作怪。"因此,她的病总是不见好。因此,当她和宝玉的因缘无法实现时,林黛玉也就走向绝望,身子也随之不堪一击,最后魂归离恨天。

三、当代青少年成长过程中的林黛玉困境

林黛玉困境不只发生在小说中。小说中的经典人物,总是会在现实中找到对应者。从成长的角度看,林黛玉困境实际上也经常出现在当代青少年尤其是女性青少年身上。许多女性青少年,都和林黛玉有相似的成长道路,独生子女,从小受到不同亲人的疼爱和呵护,在童年时期一直处在家庭的中心位置,这种成长环境,使多数青少年在童年时期就存在着巨大的优越感,自我中心色彩浓厚,普遍存在着人格自恋。

进入青少年阶段,许多人的这种人格自恋未能得到克服,甚至不断增强。由此也使得许多人出现了严重的交往障碍,孤独、淡漠、敏感多疑,受困于自己不被承认的压抑中,严重者,会形成精神疾患。

当代社会青少年成长环境主要是在家庭和学校。中学和大学是青少年成长的两个重要阶段。在这两个阶段中,极容易出现林黛玉困境。女性更为严重。

中学阶段和大学阶段不同。中学阶段主要表现为心理断乳期的交往烦恼和人生迷茫。如同林黛玉进贾府,她要生活在与家庭不同的世界当中。但是,家庭的中心人物,到了学校就不会再成为中心人物,很多青少年在进入学校后不能在新的环境中进入新的角色,在内心深处,依然认为自己是这个世界的中心。但是,事实上,学校的环境是平等的,也是竞争的,同学不同于亲人,老师也很难成为父母。许多学生在老师同学那里得不到自己期待的肯定,因此,便经常变得抑郁感伤。因为女生情感纤细,并有着比男生更强烈的被肯定的愿望,女性学生对学校同学失望的概率往往大于男性,抗压力也低于男生。在对几个中学初三学生的调查中,问及对于升高中后的伙伴关系的选择,男生大多愿意和原来的同学在一起上一个学校,但是,女生大多数不愿意再和自己的初中同学再上一个学校,不愿意再见到自己的同学是普遍的想法。原因回答是,男生想和同学在一起,主要是因为他们是共同的玩伴,他们不计较竞争造成的差异。但是,女生认为,女同学都个个自私,对自己不友善,跟她们在一起很压抑。而自己的压抑就是老师不公平和同学的自私造成的。这种心态,说明再中学阶段,正式步入长大成人阶段中,环境对青少年影响的重要性。而少女阶段的女生在这个阶段很多过得不幸福,她们自认为自己是完美的,她们的完美没有得到肯定,因此产生了对老师和同学的不满和怨恨。这种心态虽然没有对她们造成致命伤害,但是,抑郁的心理依然影响了她们的成长,大多女孩子再

心中存在的阴影。根据调查，造成这种情况的原因是不外乎家庭情况，受人歧视，不被同学理解，不被老师理解，考试成绩不理想，前途问题。这与林黛玉困境的原因有一定相似。

高中阶段，高考的巨大压力往往淡化了学生对于周边环境的关注。进入大学后，新的问题就会产生。一般来说，刚入大学的学生对新生活充满向往，她们准备在这里建立新的人际关系，度过友善的完美的大学生活。在新生入学后，同宿舍同班级的同学往往表现出空前的热情和友善。许多宿舍往往以姐妹相称。但是，这中友好的温暖的关系不会持续很久。一般情况下，在半个学期之后，班级或者宿舍就出现了分裂。大家或以群分，或者彼此疏远，友好的气氛不再延续。部分学生开始走向孤立。她们对新生活新同学充满失望和怀疑。同时，她们在意别人对自己一点一滴的评价。各种评比和投票都成为检验同学对自己友善程度的风向标。有些女生因为一票都会耿耿于怀。有些学生产生了严重的交往障碍，对他人的友善缺少感知。自我压抑感严重。假想敌太多。这种状况影响了一些学生的正常生活甚至造成精神伤害。

大学生遇到的这种交往困境，既与大学的特殊环境有关，也与大学生自身思想意识和心理状态有关。大学对于刚度过中学时代的学生来说，属于真正要长大成人的阶段。面对新生活，一般大学生都会将大学生活理想化。他们试图在同学关系中建立一种准亲情关系，作为他们疏远父母家庭后的情感补偿。在这种补偿意识下，他们期待彼此之间有一种胜似亲人的感情，在一年级入学时刻，他们就迫不及待地建立这种关系。同时，他们将大学看成一个纯净的自由的理想场所，期待值过高。但是，大学与社会之间，并不存在着天然的鸿沟。每个人都有自己生活，每个人都有自己的追求，在彼此关照的同时，不可能无条件地去温暖别人，也不可能无条件地喜欢别人。每个人都有自己的界限。大学也是一个充满竞争的场所，每个人都有优点，也有弱点。带着完美理想的大学生，不能容忍别人对自己有保留，也不能容忍他人身上表现出的利己倾向。由此，他们便陷入自我矛盾中。一方面，他们自己就是有保留地把自己放在优先地位的人，另一方面，又希望他人无条件地无保留地肯定自己温暖自己。也就是说，每个人实际上首先做自己，然后再顾及别人。这样的结果，必然招致大学生对大学生活的失望。由此，他们一方面不满环境，另一方面，孤独情感不断加强，无形中进入自我孤立的状态。一些处于弱势的学生因弱势而敏感，产生一种被歧视感。造成心理压力。这种压力也被放大，变成群体对自我歧视，有"风刀霜剑严相逼"的感受。如同林黛玉，不断主观地价高自己痛苦的高墙。

四、如何避免林黛玉困境的发生

青少年成长的理想目标是让他们有健康的人格。健康人格是学生自立于社会心理基础。因此，在青少年成长的过程中，学校家庭乃至社会，要为青少年人格健康创造条件。

奥尔波特曾经从人本主义的立场他提出了健康人格的六个特点：（1）自我扩展的能力。健康成人参加活动的范围极广。（2）密切的人际交往能力。健康成人与他人的关系是亲密的，富有同情心，无占有感和嫉妒心，能宽容自己与别人在价值观与偏偏上的差异。（3）情绪上有安全感和自我认可。健康成人能忍受生活中不可避免的冲突和挫折，经得起一切不幸遭遇。他们还具有一个积极的自我形象。（4）体现知觉的现实性。健康成人看待事物是根据事物的实在情况，而不是根据自己希望的那样来看待事物。他们在评价一种形势和决定顺应这种形势时认为明白。（5）体现自我客观化。健康成人对自己的所有和所缺都十分清楚和准确，理解真实自我与理想自我之间的差异。（6）体现定向一致的人生观。健康成人表现出定向一致，为一定的目的而生活，有一种主要的愿望。这种定向一般来说是属于宗教的，但不一定就是宗教。

奥尔波特的观点，基本上正确表述了人格健康的基本要素。它既是目标，也可以视为方法。作为一种方向，它说明，青少年成长可以迈向健康人格的。在对青少年的教育培养中，教育者应该联系青少年的实际，在不同阶段，采用不同的手段，帮助青少年渡过心理难关，走向成熟与健康。

积极进行疏导与关心，对个体进行干预。林黛玉困境是隐蔽的内向的方式存在，每个人的境况和原因都各不相同。如果不是一对一地进行了解和干预是不能发现和矫正的。林黛玉的问题就是没有人了解她的内心。在青少年阶段，家庭、学校和社会和青少年个体之间存在着一定的树立关系。青少年与家庭处于不断分离的关系。学生这一时期，更热衷于走向独立，家庭对学生的内心需求和心理健康状态往往缺少了解，另外，青少年对家庭存在着依赖性。只是这种依赖性被青少年的独立意识暂时掩盖，影响了彼此沟通。学校教育经常倾向于整体化，对于具体个人关注不够，因此，也容易让许多陷入困境的学生得不到关注和引导，影响其健康成长。社会对青少年大多不能进行直接的干预，其作用主要是作为环境因素施加影响。这一切，都影响了对青少年个体人格的塑造。林黛玉困境实际上也与贾府缺少个体关怀有关。疏导和沟通，对于青少年走出自我封闭，具有重要意义。《红楼梦》有两个故事可说明这个问题。一是在林黛玉羡慕宝钗能享受母女天伦的时候，感伤落泪，薛姨妈以母亲般的热情安慰林黛玉，林黛玉为此感受到了温暖。林黛玉一贯将薛宝钗视为对手，甚至认为她内心藏奸，但是，薛宝钗似乎不在乎这些，主动给林黛玉送去燕窝，并彼此以金兰语诚恳交谈，一度化解了林黛玉内心的痛苦，并意识到自己过去对薛宝钗过于苛刻，这种变化连贾宝玉都感到惊讶。这种方法，也可为青少年教育参考。

开展各种合作性的团队活动。团队活动是促进学生交往的有效手段。团队活动的作用主要表现在几个方面。一是共同的团队目标可以增强凝聚力和彼此交流的愿望；二是团队协作可以让学生认识到彼此的价值，彼此尊重；三是团队合作能够让学生看出自己的长处和不足，从而能够客观地评价自己评价别人；四是团队合作能够让学生找到志趣相同的朋友，扩大自己的社交圈，获得人际交往的轻松感，大学生活和自身的满意度，这种轻松感和满意度必将促进学生积极地客观地面对成长中的烦恼而健康成长。《红楼梦》中也有类似情节。大观园诸艳曾成立诗社，大家彼此交流，坦率评价彼此的创作，达到了交流、交心的目的。林黛玉在诗社中是积极的健康的。

让学生承担各种社会责任，通过责任担当转移心灵困惑。所谓林黛玉困境的重要原因是她们除了自己的身边生活无事可干。无事可干，便将自己的悲欢看得非常重要。施加责任，让青少年从责任担当中体验自我与他人、自我与社会的关系，从中为自己的存在定位。责任担当也有利于发挥个体的才能，使个体重新认识自己，从而从对自我的痴迷中解脱出来。

（本文作者为北京青年政治学院社科部副教授）

从德育视角看青少年犯罪行为的防范控制

张子荣

青少年阶段是形成一个人正确的思想道德基础，树立科学的世界观、人生观和价值观的关键时期。当前，我国青少年的思想道德素质状况主流是好的，但近些年来青少年犯罪案件时也有发生，犯罪率有所上升，已经引起全社会的高度关注。立德树人是我国教育的根本任务，更加注重学生人文素质的培育，构建有效防控青少年犯罪的德育运行机制，既是应对国际国内社会环境重大变化、维持校园安全稳定、预防青少年犯罪工作的现实需要，更是实现现代教育目标、提高国民整体素质和建设社会主义和谐社会的必然要求。

一、德育在青少年犯罪防控中的地位和作用

法律是最低限度的道德。在全社会特别是在学校中加强道德教育，有利于维护社会稳定，减少违法犯罪现象的发生率。犯罪是对道德最严重的违反，青少年犯罪行为是对青少年基本道德底线的触犯。学校通过构建科学合理的德育机制，宣扬优秀传统文化和传统道德的价值观念，注重法制教育的实践效果，发挥校园文化主阵地对青少年文化修养素质的积极影响，引导青少年树立正确的道德观，培育青少年高尚的道德情操，有利于使青少年懂得生命价值的可贵，有利于促进青少年的全面发展，有利于使青少年从思想上自觉远离和抵制犯罪行为。

二、青少年犯罪防控体系中德育的基本构成

青少年思想道德教育主要由三大平台构成，即以思想政治理论课为主要内容的课堂教育，以课外活动和校园精神为主要内容的校园文化，以家校配合和社区协同为主要内容的社会环境，三者共同构成青少年犯罪防控体系中的德育基本框架。

（一）课堂教育

课堂教育是中学德育教育的主要方式，重要承载课程是思想政治和思想

品德课。德育课程在引导当代青少年树立正确的世界观、人生观和价值观，坚定社会主义理想信念等方面发挥着重要作用。中学德育工作应坚持育人为本、德育为先，把思想品德、思想政治教育摆在首要位置，在课程设置上加强德育与思想政治理论课的结合，实现思想政治教育和道德价值教育的互补互利。思想政治理论课要进一步改进教育教学方法，激励青少年树立远大理想信念，自觉提高对自身的道德要求。针对青少年的犯罪类型单一、犯罪高智商化、突发激情犯罪多等特点，要在思想政治理论课程教学中切实加强法制教育，引导学生按道德规范和法律法规自我约束，有效提高青少年法律意识和守法素养，从根本上预防违法犯罪行为。

（二）校园文化

校园文化营造中学德育教育的"小环境"。校园文化作为与青少年关系最密切的文化现象，在各种社会文化的冲击中，对青少年的影响更直接。健康向上的校园文化，能在潜移默化中培养青少年特有的文化品格和个性修养。良好的校园文化，可以使青少年自觉主动抵御低俗低劣文化的侵蚀。学校应主动发挥校园文化的导向功能，突出校园文化的宗旨和积极目标，着眼于人文精神建设，着眼于直接服务于青少年日常学习生活，提高青少年参与活动的积极性和创造力，为青少年的全面发展提供精神源泉。青少年如果长期置身于校园文化形成的健康氛围中，就能够塑造良好人文素养和个人品格，拥有一副主动抵制犯罪的精神甲胄。

（三）社会环境

德育是无所不在的教育，需要全社会多种因素共同发挥作用。要达到有效预防青少年犯罪的效果，学校应该与社会、家庭联合起来，多管齐下构建预防青少年犯罪的防控体系。通过与社会相关部门、社区、家庭的共同配合，相互协作，来预防、减少青少年犯罪，并挽救、矫治犯罪青少年。通过学校外部环境的资源整合和共享，提高青少年德育的深度和力度，增强学生遵纪守法的主动性和自觉性，从而预防青少年犯罪。

三、以德育加强防控青少年犯罪的建议

在多元文化交融和价值观念冲突的时代，人们对学校德育的要求也越来越高。青少年的德育教育教学工作应从多角度、多层次采取综合对策，切实提高教育的实际效果，积极预防和控制青少年犯罪行为。

（一）提升德育工作者能力素质

德育教师是青少年德育课程的讲授者，更是校园德育的引领者，青少年思想道德品行的重要塑造者。一支高素质的德育工作者队伍，是青少年德育教育成功的关键。对于德育工作者而言，一要具备高尚的人格。"学高为师，身正为范"，教师的人格力量对于青少年有着极其重要的影响力和感召力，德育教师必须具备远高于青少年的个人品质素质，才能在教育过程中树立权威。二要具备合理的知识结构。德育是做人的思想工作，德育工作者必须掌握相对丰富的思想政治理论、法律、社会学、青少年心理学知识等。三要掌握正确的教育方法。针对未成年人教育对象，要善于以青少年适宜接受的方式方法开展教育工作。建设一支高水平的德育工作者队伍，要把师德培养纳入师资队伍建设计划，对教师特别是德育教师开展以职业精神、职业道德、理想信念、道德品质为主要内容的相关教育；要健全师德监督机制，加强德育工作的科学考评；建立激励机制，在职称评审、晋级、年度评优等方面对师德优秀的德育工作者给予政策倾斜。

（二）强化德育中的"三生教育"

在一定意义上，部分犯罪行为是对于生命的冒犯。要在德育工作中，把"生命、生存、生活"教育作为重要内容，整合学校教育、社会教育的力量，激发学生的主体认知和行为实践，培养学生的理想信念，最终达到青少年确立正确的世界观、人生观、价值观。发挥德育在预防和控制青少年犯罪中的作用，必须打通德育与其他教育门类的经络联系，以人的生命、生存和生活需要为基本出发点，在本源的意义上进行学校德育的设计。一是加强生命教育。生命的存在是一切的前提，没有生命，学生身心健康就无所依附。教育要把重视学生的生命质量、提升学生的生命强度、优化青少年的生命意识作为共识，坚持以人为本、以青少年发展为本，加强生命美育教育，塑造青少年对于生命意义的深刻内化，珍爱生命，远离危害生命的犯罪行为。二是加强生存教育。由于生存和教育环境所致，青少年的生存自主、自防、自控、自救能力普遍比较薄弱，要通过青少年乐于接受的形式教授生存技能和生活自主能力，使他们在各类潜在犯罪威胁面前能够勇于面对、冷静判断、规避风险、自救救人。三是倡导健康生活。促使青少年从学习和生活中的点滴做起，推动形成良好的生活习惯。

（三）加强德育与法制教育相结合

要把法制教育融入德育教育之中，以我国现行的法律法规所规范的内容为基本题材，结合青少年在日常学习生活中较为普遍存在的不良习气、心理认知误区、自我防范意识弱等问题，加强其思想政治教育和遵纪守法教育。结合实际，提出适合青少年年龄和心理特点的行为规范，将严肃的法制教育融入具体日常行为的规范和矫正。要做好法律课程与思想政治、思想道德课程的结合，如法律课与思想品德课、科学课等相关学科的结合。要求各任课教师紧密沟通、了解各学科的内容，在教学实施中使各科教学内容相互渗透，达到使学生在多种学科教育中融会贯通的效果，促进德育和法制教育同时获得预期的效果。要避免法制教育流于形式，只有从道德教育入手进行法制教育，才能使法律深入人心，真正形成守法意识。同时，由于把道德教育融入法制教育之中，必会在提高法制观念的同时大大提高道德水平。

（四）重视德育环境的感化性

环境是一种非常重要的教育力量。人创造环境，同样环境也改变人。青少年德育过程作为德育活动的现实展开，是时刻处于特定的环境中的，青少年德育功能的发挥必然受到这种特定环境的制约。良好的环境和风气，能够极大地促进德育的实施和青少年思想政治品德的成长。因此，要努力营造有利于青少年德育的环境，积极发挥环境的作用，促进青少年德育功能的有效发挥。要充分利用德育内外环境的积极作用，对内要充分发挥德育的教育功能和文化优势，对外更要充分利用、争取德育的外部环境，使德育教育以一种潜移默化、润物无声的方式来教化学生。建立学校、家庭、社会教育一体化德育体系。学校教育具有目的性、计划性和组织性，校园德育教育的长处在于全面、系统，但容易陷入唯知识化，德育的实践教育环节不足。家庭德育具有亲缘关系的特殊优势，利用亲子之情进行道德感化的效果明显。要借助各种家校互动平台，通过成立家委会、举办家长学校等形式，沟通学校与家庭的联系。社会特别是社区教育在青少年校外生活中扮演重要角色，要加强社区的管理和服务职能，在社区建立培训学校、青少年活动中心、社会实践基地、校外辅导员队伍等，丰富青少年的校外生活，对青少年施加积极影响，促进学生的社会化发展。

（五）推进互联网时代德育教育创新

面对当前信息越来越庞杂的时代、面对越来越混沌的世界，德育工作面临着各方的利益拉扯。当前，互联网络已经成为人们日常生活的一部分，没有网络的生活对青少年来说是不可想象的。网络给青少年的学习和生活带来各种便利和乐趣，甚至很多人沉溺于此。网络的虚拟性和匿名性也为犯罪分子开辟了网上市场，在对青少年造成人身和财产侵害的同时，也在诱发青少年自身的网络犯罪行为。无论互联网"双刃剑"的利弊如何，对于中学德育都意味着，受教育的学生群体发生了重大变化。移动互联时代的青少年与前互联网时代的青少年已经大不相同，如果学校还按照传统对青少年的理解去开展德育，还主要采取课堂讲授、展板、广播、平面媒体等传统方式进行，效果自然不会理想。面对互联网时代，青少年德育工作者要摆脱传统的德育模式，主动占领网络思想政治教育新阵地，积极利用网络教学的新模式。要注重德育对于青少年的体验，一切以青少年体验为出发点和落脚点。现代德育要关注互联网时代新的社交工具，比如青少年普遍流行用"微博""微信""QQ"等，学校可以使用这些工具进行德育工作。可以利用互联网进行调查研究、评估督导、校园文化建设等，创设生动活泼的虚拟现代生活环境，开展对青少年的思想品德教育、爱国主义教育、行为规范教育，提升学生参与兴趣，变被动教育为主动教育，从而提高德育工作的实效性，有效遏制青少年网络违法犯罪和其他形式的违法犯罪行为。

参考文献

[1] 涂尔干. 道德教育 [M]. 上海：上海人民出版社，2001.
[2] 张国强. 论孟子的道德教化观 [J]. 湘潭职业技术学院学报，2007（1）.
[3] 檀传宝. 德育原理 [M]. 北京师范大学出版社，2007，9（2）.

（本文系北京市社会科学基金项目"新媒体时代青少年核心价值观教育'新三态'研究"阶段性研究成果，作者为北京青年政治学院社科部讲师）

高校青年教师专业化成长的阶段特征与路径分析

田宏杰

教师专业化是指教师在整个专业生涯中，通过终身专业训练，习得教育专业知识技能，实施专业自主，表现专业道德，并逐步提高自身从教素质，成为一个良好的教育专业工作者的专业成长过程。也就是从"普通人"成长为"教育者"的专业发展过程。[1]高校教师与中小学教师相比往往接受过更高层次的教育，专业知识更为扎实，但大多数教师不是毕业于师范专业，在教育性上没有受过专业训练，加之高校在人才培养、科学研究和社会服务上的高水平要求，使得高校青年教师在专业化成长的过程中面对着更大的压力和挑战。在这一过程中我们需要对高校青年教师专业化成长的阶段特点进行分析，对其成长中的困惑进行探讨，以探索其专业化成长的路径。

一、高校青年教师专业成长的阶段性特征分析

（一）生涯周期理论与高校青年教师专业化成长

休伯曼等人根据教师职业生涯周期的研究，提出教师职业生涯周期模型，将教师职业生涯分五个时期。[2]

（1）入职期，指从事教学的 1~3 年，休伯曼将这一时期的主要特征定义为"求生和发现期"。在这一阶段，教师个体因为刚入职，会根据自己的职业追求和职业探索开始生涯发展，主要表现出与"求生"和"现实的冲击"相联系，在这一阶段将自己原有的特点和向往与职业进行匹配表现出很大的矛盾性，一方面因为自己刚工作时的热情使得个体在对待教学、学生管理方面出现积极乐观的特点，但同时因为课堂环境的复杂性、不稳定性及偶尔持续出现的失误而产生怀疑的情绪，不确定自己能否胜任教学工作。

（2）稳定期，指工作后的第 4~6 年，这一时期教师开始逐渐适应职业环境，由关注自己的状态进而转向关注教学活动，此时教师初步掌握了教学方

法，不断改进教学技能，不断形成了自己的教学风格，对教学和教师生涯具有了一定掌控感，同时外在表现出自信、愉悦和幽默。

（3）实验和重估期，指工作后 7~18 年，这一时期教师随着教育知识不断积累和巩固，已经不满于职业生涯发展的现状，并开始重新审视自己所从事的职业。教师此时会试图进行教育改革的实验，不断地对自我和职业进行挑战。但也可能有一些教师在改革无效或者在教学中找不到创新点和成长点引发自我危机，开始怀疑自我，并对自我进行重新评估。

（4）平静和保守期，指工作后 19~30 年。这一时期，教师开始在各个领域成为专家，在经过自我怀疑和自我危机后对自我进行了重新地接纳，前一时期所拥有的教育经验和技巧使他们逐渐对教师工作充满自信。但同时随着生涯的发展，教师进入平静期，表现为志向水平开始下降，对专业投入开始减少，有些教师失去了专业发展热情和精力，变得较为保守。

（5）退休期，指工作后 31~40 年前后。教师职业生涯逐步进入终结阶段。

根据休伯曼的教师职业生涯周期模型，教师的生涯出现了阶段式发展，从关注生存，到出现怀疑，再到稳定，之后开始新一轮的不满现状，再平静直至退休，而每一个阶段的变化中教师都有质性的成长。这一理论比较清晰地描述了教师在每一个阶段的成长困惑及成长路径。根据这一理论，高校青年教师在职业生涯中处于从生存与发展阶段发展到稳定期，向实验评估期过渡的阶段，在每一个阶段教师都发生了三方面的变化，即关注点、教学方法和自我效能感都在发生变化，从积极投入到怀疑，再从怀疑到稳定。所以根据休伯曼的职业生涯周期理论，高校青年教师在每一阶段都有其特定的发展任务，在职业心态上会存在较大的职业压力，同时也存在着较强的变化和成长的职业动力。

（二）生涯关注理论与高校青年教师专业化成长

生涯关注理论将教师的专业发展看成动态的与职业生涯发展相伴随的过程。这一理论将生涯发展聚焦在专业发展领域，从教师知识、能力和理念三个部分看教师在专业领域成长过程中的变化过程，依据教师在不同生涯阶段关注的重点形成了教师生涯的关注模式理论。[3]福勒认为在教师的专业发展过程中，在不同的发展阶段教师所关注的事物是不同的，其发展遵循一定的秩序。

（1）教学前关注阶段，这一阶段主要指教师未进入职业之前，一般为师范生教育阶段。这阶段的个体身份还是学生，因为有进入教师行业的准备，所以这阶段教师已经开始对教学的生涯有一定的思考和向往。但因为没有实际的教学经验，所以此时个体还主要是关注自己。作为未来的教师，当他们对已任教教师进行观察时常持有否定、甚至敌视的态度。

（2）关注生存阶段，这一阶段个体开始进入教学岗位，开始从学生角色向教师角色过渡，在这一过渡过程中个体关注自己较多，关注自己的教学过程和课堂控制能力，在教学中关注自己对教学内容的掌握，关注教学督导如何评价自己的教学。由于关注点在自身的教学内容及他人对自身的评价上，所以此时个体工作压力很大，较难将关注点放在学生身上和教学情境中，因此称为关注生存阶段。

（3）关注教学情境阶段，这一阶段中个体将关注点从对自身生存的关注转移到对教学情境的关注，此时教师的关注点既包括生存关注，也开始包含对教学上的需要以及限制或挫折的关注。因此教师不但关注教学内容，也关注特定的教学情境下如何开展教学以及完成教学任务；不但关注知识和能力、技能和技巧，更关注如何将知识、能力和技巧运用于相应的教学情境之中。但总的来说，这阶段教师的关注点仍在教学表现上，还不能将专注点转移到教育对象上。

（4）关注学生阶段，这一阶段个体开始将关注点集中在学生学习表现与情感需要上，关注如何能够通过自身的教学来促进学生的成绩和表现。此时教师仍然会关注自己的教学知识、能力和技术，但主要是基于如何能够更好地促进学生的发展的角度来在特定的情境下使用这些知识、能力和技术。这一阶段教师因为将关注点集中在学生身上，所以能够真正地基于学生的成长需要做出相应教学情境下的最恰当、最合理的反应。

福勒关于教师生存发展阶段的研究指出，教师的生涯发展是一个稳定的和秩序更新的阶段性过程，在这一过程中教师从关注生存到关注情境，再到关注学生，关注是逐渐更迭的，表现出教师的胜任能力的变化。高校青年教师一般学历较高，在入职初期对职业已经有相当多的认识，储存了相关的能力，但由于高校在教学和科研上的要求也较高，而且近年来大学生在学习特点和心理特征上也有很大的变化，使得高校青年教师在从关注生存到关注教学情境，再到关注学生过渡时较为困难，需要教师不断地自我反思和自我提升。在这一阶段需要通过各种途径和方法促进教师的教学水平和教学胜任感，促进教学的生涯关注点的转变和发展。

（三）生涯自我实现论与教师专业化成长

斯蒂菲在人本心理学理论的自我实现论的基础上对教师的生涯发展进行分析，提出了教师生涯的自我实现理论。该理论尊重个体发展的自身需要，认为每个个体都有着自我实现的需求，并具有完成自我实现目标的资源，每个个体都有潜能达成自身的生涯发展目标。根据个体自我实现的追求和状态，斯蒂菲将教师生涯划分了五个阶段。[4]

（1）预备生涯阶段，这一阶段，教师处于教师职业生涯发展的初期阶段，教师由于对生涯的期待和已有准备，对生涯形成了自己的初步目标，具有理想主义、活力、创造力、纳新和成长取向等特征。

（2）专家生涯阶段，这一阶段教师在任教的过程中逐步掌握教学能力，形成教学经验，发展教学技能，此时教师在教学上开始能够运用自由，并对学生管理表现出一定的信心和掌控力。在工作中教师通过教学的实践，不断地激发教学潜能，达到自我实现。

（3）退缩生涯发展阶段，此时教师度过了生涯发展中的蜜月期，开始觉得倦怠，表现出了一定程度上的退缩，消极行为。首先是出现初期的退缩，此时个体开始对教学出现倦怠感，较少进行教学创新和教学改革，所教的内容开始与前面重复，不再创新课堂，同时在人格上也表现出沉默、从众和消极行事。然后，教师在专业生涯上出现退缩的现象，对职业产生倦怠，对学校的教育制度，家长和学生的现状不满，将教育责任推卸，并表现出对教育的失望，抗拒任何教育变革，此时教师容易出现一些心理和社会问题，最后教师进入深度的退缩期。

（4）更新生涯阶段，此时教师已经度过了生涯发展的退缩期，尝试采取相对积极的措施来应对自身出现退缩和倦怠的不良状态，同时教师致力于追求自身的专业成长，不断吸收新知识，达到辩证的更高水平的自我实现状态。

（5）退出生涯阶段，此时教师开始离开教学岗位，有些教师选择进行生涯的持续，继续追求个人的专业成长，有些教师开始安度晚年。

根据自我实现的生涯发展理论，个体都有在专业生涯发展上都有自我实现的潜能，并且每个教师都有成为自身特点的教育专家的潜能，教师可以通过不断地追求自我成长和不断地自我反思，逐渐达到高水平的自我实现。高校青年教师在自我实现上的要求更为强烈，更多地追求自我生存和生涯的意义，希望能够通过生涯上的努力和发展达到自我实现。

二、高校青年教师专业化成长的困惑与挫折分析

（一）高校青年教师专业化成长过程中的角色冲突

角色冲突是角色理论中的重要概念，是指当个体在复杂的社会活动中所有扮演的多种角色和个人期待发生不一致时所产生的冲突。教师的角色冲突主要是指教师在教育教学中，为实现与其角色所对应的权利和义务时表现出来的态度和行为模式与社会期望的不一致时的现象。因为教师生活在复杂多元

的社会关系中，所以社会赋予它的角色是比较多元的，因此教师也拥有多种社会身份，同时不同的社会角色也会携带着不同的角色期望，这些角色期望会对教师在角色认同方面产生压力。随着学校功能的日趋复杂化和多样化，教师的作用也发生了变化。学校里的教师不仅仅是教课的角色，同时还是学生群体的领导者、管理者、心理咨询师，还是学生的知己和朋友等，这么多的职业角色需要教师在实际的教学和学生管理过程中能够不断地分析和了解自我，和解多方面自我的冲突，完成自我的整合统一，以充分发挥自己在教育教学中的主导作用。

一般来说，研究者将角色的冲突分为三类：角色外冲突、角色间冲突和角色内冲突。其中角色外冲突是指两个不同的角色扮演者之间的矛盾和冲突；角色间冲突是个体所扮演的不同角色之间所产生的冲突；而角色内冲突是指个人在同一角色之中所产生的冲突。美国学者威尔逊认为，所有对社会和他人高度负责的职业角色都要经受很多的内在的冲突和不安全感。[5]高校教师这一角色是社会责任和对他人责任水平都很高的职业角色，因此研究者认为这一角色会面对比较典型的角色冲突情境。尤其是青年教师由于其职业素质、年龄层次的特殊性，使得其在各类职业角色冲突的过程中面对较强的冲突压力。在角色间冲突上，教师一人身兼多种角色，但由于时间的限制，使用他在完成社会对他不同角色的期待时会无法达成社会需求而产生冲突。这些冲突包括朋友角色与教育者角色的冲突、家庭角色与职业角色之间的冲突、教学者角色与科研者角色的冲突，这些冲突常常使得高校教师压力很大，在工作的过程中产生焦虑紧张和挫折等负面情绪，影响到青年教师的生理和心理健康。

因为高校青年教师所受教育程度和文化程度较高，他们对于自我和教育关系进行了更多的思考，对于教师的角色期待有着更多的关于自我实现的需求，在教育教学实践中高校青年教师角色定位方面，其理想化的角色期望与现实性的角色认知上常常存在差距，主要表现在两个方面，一方面是教师的理想化角色期待较高，个体无论在自身的认知、行为能力及心理素质等方面都无法达到一个"完美"教师的角色要求，这些局限使得青年教师对自身的角色表现不满意，产生挫折感。另一方面是青年教师刚刚进入教师角色，所以角色的意义还没有充分的了解，不能够完全和系统地掌握这一角色的要求和期待，因此在实际行为中使得个体的行为与这一角色期待的行为之间产生偏差。

因此，在对高校青年教师心理特征的研究中，我们需要从教育心理学理论出发突破对于教师的职业角色的机械、单一和片面的界定，形成更为灵活的、多元的和全面的界定，要让青年教师从教育的神坛上走下来，开始以一个完全人格，有着自己创造性的个体的身份走进学生的教育教学实践中。这种灵活、多元、全面的界定对于解释教师的职业角色是恰当的，对于高校青年教师来说尤其合理。

（二）高校青年教师专业化成长过程中的角色压力

角色压力理论源于组织压力理论的研究，该理论认为人的能量不是取之不尽的资源，而是整体容量有限的资源，在有限资源的前提下，如果要求一个人同时承担多重责任是困难的。根据这一理论，个体每承担一种社会角色，并履行这一角色需要耗费一些能力资源，所以当个体需要扮演多重角色，并承担多种责任时，个体的能量资源就会被耗尽。因此，为了能保证个体将有限的资源用于重要的社会角色及其功能，个体就有必要将能量资源进行分配，根据自身角色的特点和重要性排序将能量分配到一个或两个领域的角色之中。如果个体不能很好地在角色间和角色内进行能量的分配会导致能量资源被耗尽，从而产生职业角色方面的倦怠感。

高校教师是广大教师队伍中的一个特殊群体，他们既是某一学科的专家，又是教育教学工作的承担者。作为一种特殊职业，他们要完成培养人才、科学研究和社会服务的三大任务，因此教育者、科研者和社会服务者是高校青年教师最重要的三种职业角色。[6]尤其是随着科研型、综合型大学的发展，教师需要很好地完成这三种角色任务，需要能够对自己的时间和精力进行分配，并且需要在三种职业角色间相互转换与协调。但是由于三种角色的内涵和期待是不同的，三种角色的任务之间存在着不可协调性，所以当青年教师面对超重的工作负荷，并受个人时间和精力的限制时，常常很难在三种角色之间进行转换和协调，不能够将能量在三种角色间进行有效的分配，因此他们常常产生着严重的角色压力。[7]

尤其是教学和科研角色间的资源竞争常常是高校青年教师角色压力的最大来源。马克斯·韦伯曾指出："每一位受着情感的驱策，想要从事学术的年轻人，必须认识到他面前任务的双重性。他必须具备学者的资格，还得是一名合格的教师，两者并不是完全相同的事情"。[8]在教学者角色上，要求教师具有适当的教育观、专业的确学科知识、有效的教学技能，能够根据学科特点和学生的心理学特点来安排教学，因此教师既需要高水平的知识技能，也需要掌握教育教学的规律，同时拥有教育者智慧。对于高校青年教师来说完成教学角色方面的社会期待就会使得个体长期面对较大压力。在科研者角色上，科学研究能力是当代高校青年教师的重要能力，根据科研者角色的期待，高校在人才选拔、考核和职称评定方面都需要青年教师拥有较高水平的科研能力。而科研工作虽然非常重要，一般来讲都不会是非常紧急的工作，所以在青年教师入职之初很容易忽视，这样使得个体在后期的评价和职称评定方面受到限制而产生强大的挫折感和紧迫感。可见对于高校青年教师来说教学者角色和科研者角色是一对相关但性质差异较大的角色任务，根据角色压力理论当每种职业角色中所需的资源彼此冲突而各自都需要占有较多资源时会使得个体的资源不足，产生耗损现象。因此当高校青年教师时间和精力不足以同时满足教学者和科研者角色需求时，就会角色压力。

（三）高校青年教师专业化成长中的平原期现象

在心理学领域中，"平原期现象"是指学习尤其是技能形成的过程中出现的进步的暂时停顿甚至退步的现象。目前，关于教学中平原期现象的研究结果发现，在青年教师进入学校开始工作的前五年，教学教研能力与教龄的增长成正比关系，在第五年至第八年期间的工作状态较为稳定，教学和科研的动力最强且投入最多，教师的素质和能力状态出现第一个高峰。但是在第八年后，随时工作时间的增长，教师的职业发展会出现停滞，有时甚至出现下滑的现象。这可能是难以实现能力的发展或工作的晋升，教师在入职之初的目标经过努力后无法实现，则可能会在心理和行为会受到一定的打击，而出现倦怠感，不愿继续投入和努力，此时进入平原期。[9]近些年高校实现了跨越式发展，为了适应社会需要和学科发展需要，一方面很多高校不断进行专业教学改革，要求教师能够用创新的方法教学和开展工作，实现专业的实践性和有效性；另一方面，由于各大学在教育综合水平上的竞争，要求教师在科研和教学上都要有所发展，尤其是对科研能力的要求越来越高，很多教师发现科研上完成任务时的压力较大，很难保持专业的领先性。在这一过程中，青年教师的教学和科研任务都很重，但受职称评定的要求和学校岗位的限制，高校的青年教师有时很难达到晋升的理想目标，久而久之则形成职业的失望情绪和挫折感，进而出现自身认知的偏差、技能水平的下降和职业责任感的下滑等现象，在职业生涯上形成了平原期现象。

由于高校青年教师的职业角色本身具有一定的复杂性，使得青年教师需要面对来自各方面的压力，而且社会期待和高校组织等客观因素，以及教师个人个性倾向、职业心态、价值观念等主观因素也会影响到其职业生涯发展。所以在高校青年教师的职业生涯发展中，如何优化青年教师的职业生涯发展渠道，完善青年教师的职业成长和激励机制，促进青年教师内在价值的发展是高校人才培养的重要工作。

三、"英雄之旅"理论与高校青年教师专业化成长路径

"英雄之旅"理论源于 Joseph Campbell 的《千面英雄》一书，该理论是电

影故事情节构建中最为著名的模型之一。该理论认为传统电影叙事情节大致可以分成三个部分，首先主人公生活在平静的生活中，突然遭遇磨难或面临艰巨任务而开始自己的旅程；然后历经艰难，在智者或仙人的指引下与磨难反复较量；最终战胜困难，同时完成自身成长，获得英雄桂冠。[10]这一过程与高校青年教师的专业化成长之路非常相似，高校教师从学生向教师转变的过程中同样经历着"混沌无知—遭遇困难或面临机遇—进入旅程—完成任务"的过程，在这一过程中他们完成了职业角色的认识和专业能力的提升。英雄之旅理论认为成长中有三个关键因素，一是重重考验，随着磨难的来临主人公需要踏上冒险的旅途，经过次次磨难，不断过关，在每一关挑战自己的能力限制并获得新的自我认识；二是智者指引，智者就是老师，挑战者在老师的不断鼓励和教导下，终于获得战胜困难的智慧和勇气；三是目标层级系统与极限的突破，主人公在成长的路上会碰到不同的困难险阻，在一步步突破的过程中会获得成功的喜悦，直到终极挑战中突破自我极限达到目标。结合我们之前对高校青年教师的发展阶段特征和职业与挫折的分析，可以发现"英雄之旅"的这三个因素对于高校青年教师的专业化成长过程非常重要。

（一）重重考验是高校教师专业化成长的动力之源

高校青年教师的专业发展过程是非直线性的，而是有起有伏、螺旋上升的过程，这一过程甚至有时会出现停滞和倒退。青年教师的专业发展基本上都遵循"混沌—实践—提升—再实践—再提升—直至成熟"这样的一个螺旋式上升的过程[11]。这一过程中每一种职业选择和职业行为对于后面的职业发展都是有意义的，每一个当前的职业行为都是其后面职业行为和职业选择的"因"，为后面的职业行为做能力和经验准备，而每一个当前职业选择也都是前面职业行为的果，依赖于前面的职业行为在能力上的铺垫和心理上的引导。所以，当我们从职业成长的后期往前看时，每一种职业的发展与之前一步步的职业考验有关，个体在突破重重的职业考验的过程中获得了经验的沉淀和能力的提升，才能使得后面的职业行为厚积薄发。

在为青年教师开展生涯规划时，我们会请教师撰写自己成长历程中"成就故事"，每一个故事都应当包含四个要素：一是在那个成就故事中你想达到的目标，即需要完成的事情；二是你面临的障碍、限制或困难；三是你的具体行动步骤，即你是如何一步步克服障碍、达成目标的；四是对结果的描述，即你取得了什么成就。通过对以往多个成就故事的分析，青年教师会改变职业信念，发现每一种职业选择无论是否成功，它对个体的职业发展都是有意义的。而研究发现，那些对个体职业发展贡献最大的事件常常不是最顺利的职业事件，而是让个体有挫折，并在通过努力克服挫折的过程中获得了个人升华的事件，也就是"英雄之旅"。所以当青年教师面对课题申请、教师基本功大赛、教学改革这些重重考验的时候就不会退缩，在面对职业选择时也不用纠结于对错或成败，只需要思考在这个事件中可以发展自己哪一方面的职业能力，当经过多个职业事件之后找到自己真正的职业方向时，才会看到各个事件在我们职业生涯发展中的意义。

（二）智者指引是高校青年教师专业化成长的智慧之眼

高校青年教师的专业能力的发展和职业角色的成长不是完全自发和自觉的过程，它需要有计划、有组织的培育。国外大多数高校都成立了教师专业发展机构，其主要职能则是为校内教师的专业发展提供服务和帮助，有计划地组织实施各类培训活动。我们在青年教师培养的过程中，需要遵循教师专业发展的阶段性规律，依据学校学科专业发展需求和现有青年教师的专业化发展的实际，科学制订切实可行的青年教师培养计划。

鉴于高校教师专业化发展的阶段性特征，对不同成长阶段的高校青年教师要建立不同的培养机制。在入职之初，要进行全面有效的入职培训活动，带领青年教师融入学校组织体系中。此时，应着力加强教育学、心理学等理论性知识和教学法、班级管理等实践性技能的培育。同时还要进行学校组织文化的培训，促进教师完成学校组织的社会化，从而成为学校组织体系里合格的一员，能够顺利地开展教学研究工作。通过入职培训，使青年教师了解学校的办学理念和精神文化，逐步认同学校的组织文化，以便更好地融入组织文化中，产生归属感。在适应期，要充分发挥"智者"的作用，为青年教师分配导师，或引导其进入教学科研团队，由导师或团队对青年教师的教学计划、课堂管理、教学技能、科研课题、论文写作等方面进行具体指导，促进其教学能力和研究能力的进一步提高。同时还可以让他们参加国内外的学术研讨会，激发思想碰撞，引发自身反思，从而推动其教学、研究能力的不断发展。在成熟期，为了使优秀教师成长为卓越教师，可以引入合作指导机制，比如选派优秀教师作为访问学者到国内外著名大学进修，选派一些优秀教师同国外本学科领域内的领先者合作搞科研，获得学科前沿的国际动态，促进其专业化的完成。

（三）目标层级是高校青年教师专业化成长的进阶之路

高校青年教师处于专业化发展的重要阶段，科学合理地制定专业发展规划，根据专业化成长各个阶段的特点，明确自己职业发展目标，不断实现各阶段的目标，对于教师的专业成长和生涯发展特别重要。比如入职初期，这一阶段教师刚刚进入职业生涯，此时的主要任务是努力适应日常的教学工作，在工作中寻求学生、同事以及领导的认可，所以这一阶段青年教师为自己设计的目标是适应新的角色，完成从学生到教师的角色转变，提高自己的"生存"能力。在能力建构期，这一阶段教师适应了教师职业的要求，能够胜任工作，开始寻求新的教学方法和策略，并逐渐建立自己的教学体系和教学风格，所以这一阶段教师为自己设计的职业目标是多维能力的建构，青年教师需要在实践中不断地提高自己的教学能力和科研能力，也不断接受与吸收新的教学观念，开始愿意接受有挑战性的工作。在稳定成长期，这一阶段教师在职业能力水平建立后，热爱教学工作，不断地追求个人的自我实现，积极与学生互动，不断寻求新的教学方法，有较高的工作满意度和工作责任感。所以这一阶段的教师为自己设计的目标是成为专家型的教师，通过不断地教育实践和反思，提高自己的教学能力和研究能力，走向自主式发展，实现自我超越，完成教师的专业化成长之路。

参考文献

[1] 教育部师范教育司. 教师专业化的理论与实践［M］. 北京：人民教育出版社，2003.

[2] 贝蒂·斯黛菲. 教师的职业生涯周期［M］. 饶从满，译. 北京：人民教育出版社，2012.

[3] 陈时见，周虹. 高校教师教学发展的内涵特征与实践路径［J］. 高等教育研究，2016（8）.

[4] 彭绪梅，徐晗. 大学教师职业生涯管理策略探析［J］. 高等教育研究学报，2014（9）.

[5] 连榕. 教师职业生涯发展［M］. 北京：中国轻工业出版社，2008.

[6] 胡益波. 地方性高校教师专业发展的内涵、阶段及特点探析［J］. 煤炭高等教育，2008（11）.

[7] 鲁烨. 高校教师专业化成长阶段的研究［J］. 扬州大学学报（高教研究版），2010（5）.

[8] 马克斯·韦伯著，冯克利译. 学术与政治［M］. 北京：生活·读书·新知三联书店，1998.

[9] 洪仙瑜. 教师职业生涯设计与发展［M］. 杭州：浙江大学出版社，2010.

[10] 谢榕琴. RPG 教学游戏设计模式研究——基于"英雄之旅"理论的视角［J］. 佳木斯职业学院学报，2017（4）.

[11] 王璇，李志峰，郭才. 高校青年教师发展阶段论［J］. 高等教育评论，2013（1）.

（本文系北京市教委社科计划重点项目"北京高校青年教师心理特征研究"［SZ201511626028］研究成果，作者为青年政治学院青少年教育与管理系副教授）